イデアと世界

―哲学の基本問題―

イデアと世界

―― 哲学の基本問題 ――

藤沢令夫著

岩波書店

目　次

第Ⅰ部

第Ⅱ部

第Ⅰ部

第一章　言　葉

——基本問題への導入のために——

1　言葉への態度

夕暮れちかく、私はいま、窓の外に濃淡をなして重なり繁る緑の木の葉に見入っている、とする。家人から「いま何をしていますか」と聞かれたら、私は、よほど機嫌のよいときなら「窓の外の緑の木の葉をながめている」とでも言うだろうが、ふつうならただ「外をながめている」とか、あるいはおそらく、「何もしていない」とだけ返事をするであろう。安定した日常生活のなかでは、特別のことでもないかぎり、言葉は簡単に無造作に使われ、そしてそれで充分に事は足りる。あるいはむしろ、われわれはなるべく簡便に事を足らせるためにこそ、言葉を使う。

けれども、かりにもし私が、この樹々の葉の重なりが夕方の光のなかでつくり出している緑の光彩と陰影に特殊な感動をおぼえて、その様子を私自身のためにせよ、他人のためにせよ、正確にそのまま描写して伝えたいという衝動にかられたとしたら、事情はたちまち一変するであろう。

むろん、先に言われた「私は緑の木の葉をながめている」という記述文などは、私が感動し、私の痛切に記述したいと欲しているものを、まったく何ひとつ伝えてはいない。だいいち、私は「緑の木の葉」などという大ざっぱで一般的なものを見ているのではない。私が描写し記述したいと思うのは、他のどれでもないほかならぬこの樹々の葉の、ほかならぬ今この現在この時刻における、このただ一回きりの色調なのである。それは、夕暮れの不思議な大気の光のなかで、刻々とその濃淡と彩りを変え、その変化そのものが、私の心情に微妙な作用をあたえている。逆にまた、その私の心情、そしてそのときの私の個体内条件のすべてが、私の知覚内容にやはり刻々と参与して、影響をあたえる。

「緑の木の葉」という言葉の向こう側には、このような純個別的で純瞬間的な「事象」の具体的全体がある。これに反して、言葉はその本性上、一般的なものを固定的にしか表現できないようにできている。私は、あらゆる形容と修飾の語を総動員して、「緑の木の葉」という言葉を拡大し、たとえ百万語を費やそうとも、この純個別的な具体的全体を埋め尽くして、私の現に見ているものをそのまま伝えることは、ついにできないであろう。言葉はしょせん、「事」の「端《は》」でしかない。

万物流転の観想に徹したギリシアの哲学者クラテュロスは、このゆえに、何ごとも言葉で語らず、ただ指を動かしたという。事実、ことさらに木の葉の重なりがつくり出す色調というような面倒なものを例にとらなくても、他のどのようにありふれた事物、たとえ鉛筆一本、インクびん一つにしても、他のどれでもない今ここにある個物としてのそのものを、そのものとしてそっくり他人に伝える手段は、ただ指さすという単純な行為だけであろう。

だがクラテュロスは、味や臭いの場合にも、やはり同じことをしたのであろうか。まして、心のなかの微妙な感情の動きを人に伝えようとして、指さしてみても意味はない。「わが胸の底のここには……」(高見順)と言っても、他人には見えないのである。

詩人は、ただ一度きりの貴重な感性の自然消失に敢然と抵抗して、言葉のもつあらゆる可能性——ひびき・律動・連想・意味の相互作用など——を最大限に活用しつつ、原感性の保存と再現につとめる。けれども、このようにして

「再現」された感性は、しばしば事実以上に感動的で原感性以上の価値をもつこともあるとはいえ、しかし当然のことながら、あくまで詩人によって経験された裸の原感性そのものと同じものではない。すべての基準を自己自身の直接の経験のほうに置くかぎり、「感じがすべてだ。名は天の火を包み曇らす霞と声とにすぎない」(『ファウスト』)というのが、やはり基本的な実情なのである。

言葉は、絵が事物を描写しうるほどには事物を描写することができず、音楽が感情を表現しうるようには感情を表現することができない。言葉の記述能力についての若干の反省がわれわれに気づかせるのは、経験される事象(「外的」なそれも「内的」なそれも含めて)が個別的で、具体的全体的で、直接的で、自然ありのままで、自分だけのものであるのに対して、言葉は一般的で、抽象的部分的で、間接的で、作為的で、公共的なものである、ということであろう。

人がどこまでも自然ありのままのものや自分だけのかけがえのないものを尊重し、自己自身に誠実であろうとして、しかも右のような言葉と事象とのあいだの、本来的に避けられない距離とギャップを切実に経験するとき、その人はしばしば、ミソロゴス(言葉ぎらい)の心情におちいるであろう。哲学上の立場としても、基本的にこのようなミソロゴス的な立場は多い。真の認識にとっていっさいの言葉・理論・説明はよけいな邪魔ものであって、人はそうした言葉の間接性を排して、事象そのもの・実在そのものに直接近迫し、直観し、あるいは一体化せねばならぬという主張が、精粗さまざまのレベルで行なわれているのをわれわれは知っている。

言葉と事象とのあいだのこのようなギャップは、人間のもっと一般的な生き方の場面においては、言葉と行為との対比のかたちをとって現われる。人びとは「不言実行」と言い、「言うは易く行なうは難し」と言う。ミソロゴスという言葉も、それが出てくるプラトンの対話篇『ラケス』(一八八C〜E)では、もともとこの関連で使われていた。素朴な武人であったラケスは、言葉に人格や実行動の裏づけが伴わないとき、その人が美しく立派に語れば語るほど、いっそう自分はミソロゴスになるのだと説明している。がんらい、あまりにも美しい言葉は、何かそれだけで人に警戒心を起こさせるものがあり、あまりにも口達者な人は、そのことだけでうとまれる傾向さえある。逆にまた、自分の行為を人に説明しようとして、話してもしょせん分かってはもらえまいと思い、あるいは自分と相対立する立場を前にして、話し合っても無駄だと感じるとき、われわれのミソロゴスと言葉への不信は、かなり根ぶかいものがあるといわねばならぬ。人はただ口をつぐみ、自分の内にとじこもる。

しかしながら、もともと、言葉に対応するもの、言葉が指し示そうと意図しているものへの、注意と凝視があればこそ、両者のあいだの距離と断絶もまた、つよく意識されるのであって、この注意と凝視がはじめから不在であるならば、人は容易に言葉を信じ言葉に没入するであろう。かくて、自分の言葉に単純に陶酔できる楽天的な詩人や作家や弁論家や思想家は、実状としてむしろあまりにも多いのである。事実との対応への無関心のために、意味不明の言葉だけに勝手なひとり歩きをさせるのを得意とする哲学者もいる。先のミソロゴスに対して、これらの人びとは、「ひとりよがりのピロロゴス(言葉好き)」とでも呼ばれるべきであろう。

現代は、マス・メディアと呼ばれるものの圧倒的な発達に支えられた、情報と宣伝の時代であり、つまり、言葉の氾濫の時代である。言葉が本来もっている公共性と社会性は、たんなる名目にすぎぬものに対しても、容易に実在の仮象をあたえる。まして言葉の氾濫のなかに生きて、われわれは言葉に麻痺し、それがいかなる事実に対応するかを自分で確かめるという手続きの完全な省略のもとに、言葉を受けとめ言葉を使うように刻々と習慣づけられているのである。現代を支配しているのは、言葉への懐疑であるよりは、やはり言葉への軽信であろう。もともと、動物のなかでただ人間だけが、「愛」「自由」「正義」「祖国」「平和」「革命」等々の言葉のために、自分の生命さえも捨てることができる。このことは人間の光栄であり、その言葉の内実すべての把握と確認のもとになされるとき、かぎりなく尊いけれども、盲信による危険と悲惨の可能性もまた、きわめて大きいといわねばならぬ。

いつの時代においても、特定の権力や特定の集団が宣伝する名目を軽信して踊らされるのは、ひごろ「ひとりよがりのピロロゴス」であるような種類の人びとなのであって、このことは偶然ではない。われわれは、われわれ自身の生活のもっとも基本的な場面において、まずこの種のピロロゴスであることを断じて拒否しなければならぬ。さればとてしかし、先のミソロゴスの立場が、果たして人間としてあるべき最終的な立場であろうか。

「ミソロゴス」が「ミサントローポス(人間ぎらい)」とならんでかなり大きく扱われているプラトンのもうひとつの対話篇、『パイドン』(八九D〜九〇D)では、ちょうど「人間ぎらい」の根本原因が、人間性に関する洞察と心得なしに特定の人間を盲目的に信じることにあるように、ミソロゴスの心情もまた、根本においては、言葉(ロゴス)に関する真の認識の欠如から由来すると言われている。そして、ミソロゴスの人は、そのような自分をとがめる代わりに、苦しまぎれにすべての責任をロゴスのほうに押しやることで満足し、それから後は生涯ロゴスを憎みつづけるけれども、しかし責はもともと自分自身の無知にあるのだと注意される。

われわれもまた、この『パイドン』の注意にしたがって、言葉の限界と欠陥らしきものを早急に断定して言葉を責めるより前に、そもそも人間にとって言葉とは何であるかを、もうすこし見きわめることに努めなければならないだろう。

2　言葉と知覚・行動

a　知覚のなかの言葉

そこで面倒ではあるが、手続きとして最初、人間が生物としてたんに生きているという、いちばん原本的な事実にまで思いきって下ってみて、そこから出発して考えて行くことにしよう。

生きるとは、基本的には、環境に対して反応し対処しつつ生きることであり、すなわち、行動することである。そして、そのような反応・対処のための手がかりを提供し、行動を有効にみちびくための合図となるのが知覚にほかならない。知覚の機能は、環境から無差別的に来る無数の作用・刺戟のなかから、その生体に利害関係のあるものを選択して感受し、事象の絶えまなき流動・変転・不定形をしばしとどめて、対処可能な有形の姿態をこれにあたえることにある。

だから、知覚はすでにそれ自体がひとつの選択と抽象と作為の結果であるといえるのであって、けっして「事象そのもの」——それが何を意味するにせよ——を、直接そのまま受けとめるわけではない。知覚の前段階ともいうべき感覚機構、刺戟の伝導機構そのものが、すでにそのようにつくられているのである。

すべての動物が、このようにして、それぞれの動物から見られたそれぞれに特有の世界のなかに生きているように、人間も人間として、はじめから種的に条件づけられた人間にのみ固有の識別世界と行動世界のなかに、はめこまれている。そして、人間のそのような世界の特質は、それが言葉によって滲透され、言葉によってつよく支えられつつ成立しているということである。知覚の行なう有形化は、かりにもし知覚が知覚だけであるとしたら、たちまち崩れ去ってしまうものであって、人間が人間としてそれに対処し、行動し、生きて行くための充分な手がかりとはなりえなかったであろう。知覚の行なう有形化を堅固にしているもの、それが言葉であり、要素的には命名の作用である。われわれは好むと好まざるとにかかわらず、それと気づかずに——つまり潜在的なかたちで——言葉を通じてものを見、言葉に包まれた事象を感受しているのである。

したがって、言葉のまったくあずからない知覚を行なう者がいるとすれば、その人は、充分な意味において人間としての行動と生活をすることができないであろう。七歳になってはじめて事物が名前をもつことを知って言葉の秘密を啓示されるまでの、有名なヘレン・ケラーの生活と行動の記録は、ちょうどそのことをよく示しているといえる。盲目で唖であった彼女は、しかし、七歳のある朝、自分の手の上を流れている冷たい不思議なあるものが、先生の手のw-a-t-e-rという動きと対応するものであることをさとったのをきっかけに、はじめて魂をめざめさせる。彼女の表情に新しい輝きがあらわれ、彼女はその直後から、歓びに充ちて物から物へととび歩きながら、手でさわるものすべての名をたずね、数時間のうちに三十の新しい語を覚えたと報告されている。ふつうは二歳ころからあらわれる「名への飢え」と呼ばれる現象が、彼女の場合には七歳になって一挙に突然に発現したわけであり、そのことによって、それまで渾沌であった彼女の世界に秩序(コスモス)がつくり出されて、彼女はあらためて正式に人間の仲間入りをすることになったのである。

このようにしてわれわれは、人間にとって言葉というものが、抜きさしならぬ重要性をもつことに思い至り、同時に、「事象は個別的、言葉は一般的」云々という、われわれがはじめに述べた対比の図式が、かなりの保留条件を必要とするものであることを知る。事象そのものを直接とらえるはずの感性が、それが人間の感性であるかぎり、すでにかなりの程度に潜在的な「言葉」の規制下にあり、そのような言葉的感性に可能的にすらまったく染まらぬ純粋無垢の「事象そのもの」などというものは、われわれにとってまったく無意味な存在であって、非存在であると言いかえられてもよいであろう。人間にとっての「事象そのもの」とは——そしてわれわれは人間であることをやめることはできない——まさに言葉的な事象にほかならず、したがって言葉が一般的であるならば、事象もまた少なからず一般的であり、言葉が自然に対立するひとつの作為であるならば、人間にとっての「事象そのもの」もまた、幾重にも作為の結果なのである。むしろ、そのような作為こそが、人間にとっての「自然ありのまま」であるというべきだろう。

b　言葉の実体化作用と区別の作用

それでは、言葉は、知覚や行動と関連しながら、とくにどのようなはたらきをしているのであろうか。

知覚が言葉から受けていると思われるはたらきで、さしあたり目につくのは、言葉の行なう実体化作用、あるいは物化作用とでも呼ばれるべきものであろう。

先のヘレン・ケラーの場合、彼女はそれまでにも、w-a-t-e-r という先生の手の動きのことは知っていたのであるが、それはそのときそのときの個々の状況にのみ密着した記号にすぎなかった。それが、言葉の秘密を啓示された決定的瞬間以来、「もの」の名前へと転化したのである。その後の彼女の行動は、「物から物へととび歩きながら、手でさわるものすべての名前をおぼえる」(サリヴァン先生の報告)ことであった。つまり、言葉の秘密の啓示は、それまでにはばらばらの「状況」しかなかった彼女の触覚的世界における、「もの」のシステムの成立を意味し、そのような「もの」のシステムの成立が、彼女にとって、人間としての世界(コスモス=秩序)の成立だったのである。通常の人間の幼児期にあらわれる、先に触れた「名への飢え」の現象も、同じ意味をもつであろう。

しかし、七歳のヘレン・ケラーが、その瞬間の深い衝撃の直後にまっさきに求めたのは、ほかならぬサリヴァン先生の名前であった。つねにつきそって彼女を世話してくれていた先生は、彼女にとって、いちばん大切な「もの」だったのである。これは通常の幼児が行なう命名作用のはじめにおける「ママ」その他の、母親を指示する名に相当するであろう。母親は、多くの異なる機会にさまざまの欲求を満たしてくれる「もの」であり、機能はいろいろと変化しても「もの」としては同じである。それを指示する「ママ」その他の呼び名は、個体名のはじまりであり、さまざまの局面と状況を通じて単一の事物を指す言語機能の標本であるとみなされている。言葉はこのような実体化作用・

物化作用をもつ。

われわれはこのようにして「もの」(事物)を知覚することになる。これに対して、動物の知覚は「もの」(事物)に対してはたらくよりは、むしろ単純な性質(特定の色、特定の振動など)や、そのときそのときに固有の「状況」に対してはたらくことが、多くの観察や実験によってたしかめられている。クモのあるものは、巣にかかった虫には間髪を入れずにとびかかるが、巣にかからない場合には、同じ虫が目前に歩いてきても、まったく無関心でいる。言葉をおぼえる前の人間、あるいは、かりに言葉の能力を取り去られたとした場合の人間もまた同様であろうことは、今やわれわれは充分の確信をもって推測できるであろう。

まったく個別的・瞬間的な特定の色彩の拡がりを「木の葉」としか表現できないことは、われわれのなげきであったが、しかし人間はもともと正常の状態においては、言葉の実体化作用・物化作用の規制下にそれを「木の葉」としてしか知覚できないようにできている、ともいえる。そこに、人間の人間としての優越性も、そしてまた悲劇もはじまる。

しかしながら、われわれの知覚がこのように「言葉」の規制下にあるとしても、最初に見られたように、私の今この瞬間における知覚の内容は、私があらためてそれに向きなおって凝視してみるかぎり、それを記述し描写しようとする「言葉」をかぎりなくすり抜けることに、依然かわりはない。知覚は知覚、言葉は言葉である。われわれは、右に見られた実体化作用ということに導かれながら、これと密接に関連するもうひとつの言葉独自の機能に注目してみよう。それはプラトンが、「オノマ」(語・名前・名指し言葉)を扱った対話篇『クラテュロス』(三八八B〜C)のなかで、そのオノマを「区別のための道具」(ディアクリティコン・オルガノン)と呼んでいるのを知るとき、われわれに示唆されるような機能である。

私はいま、「緑の木の葉」を見ているという。しかし、私に見えている視覚的映像そのものに視点をとどめるかぎり、「緑」と呼ばれた色だけを「木の葉」と呼ばれたものから区別して、そこから切りはなすことはできない。私に見えている視覚的映像としてのこの木の葉から、緑色を取り去ることは、事実上、木の葉の全体、木の葉そのものを取り去ってしまうことを意味するであろう。

けれども、この視覚的映像がいったん「緑の木の葉」という言葉に移されると、われわれはこの「緑の木の葉」という言葉の全体から、「緑の」という語だけを確実に切りはなすことができる(紙に書かれたりテープに吹きこまれたりしている場合には、鋏で物理的に切りとることさえできる!)。そして、そのようにして別々に切りはなされた「緑の」という語も、「木の葉」という語も、それぞれ語として独立自存して、単独に意味をもつことができる。だからまた、状況が変われば、それぞれの状況に応じて別のこのような独立的要素語と結びついて、「緑の-カーテン」とか、「大きな-木の葉」とかいった新たな結合体を形づくることもできるのである。「木の葉」も同様にして、「木の」と「葉」に切りはなされて、「木の-実」とか「草の-葉」とか、あるいは「言《こと》の-葉」といった特殊な仕方でも、新たな結合体を形成することができるであろう。

このことは、現実の知覚像が知覚像であるかぎり不可能なことであって、言葉のもつ一つの大きな機能は、このように、現実の知覚的映像においては区別と分離の不可能な要素を、区別と分離の可能な独立的部分に変えることにある。語(名前)としての言葉はこの意味において(プラトンの言う意味を多少はみ出るけれども)、まさに「区別のための道具」なのである。われわれは先に、知覚それ自体がすでにかなりの程度に一般化・恒常化の結果であることを見たが、しかしその一般性はこのような区別不可能の、あるいは区別以前の一般性であり、これに対して言葉の一般性は、このような区別を伴った一般性であって、そしてまさにこの区別可能性により、言葉の一般性は本来の意味での一般性、すなわち普遍性を獲得している、ということもできよう。

c　言葉の行動的起源と、行動の有効化のはたらき

言葉のこうしたはたらきがいずれも、もとをただせば先に述べたような、人間が生物として環境に有効に反応・対処するという意味での、原本的事実としての行動とふかいつながりをもつこと、しかも言葉は、そういう動作的反応から一歩はなれた間接的な場面においてこそ、まさに言葉として成立すること、この二つの点をわれわれは、ともにしっかりと念頭に置かなければならない。われわれの考察の行方に、重要な関係をもつからである。

心理学上の学説としての「言語の行動主義理論」なるものを、それ自体として検討する余裕は今ない。しかし、そういう学説の是非のことは別として、かりに言葉の本質のすべてが行動一元によって説明し尽くされないとしても、これまで見てきたように、生存のための環境への有効な対処(つまり行動)の手がかりとなる合図が知覚であり、言葉はその知覚の合図をさらに強化し堅固にするためにはたらくという、一連の基本的事実だけは疑うことができないであろう。

行動とは目的と手段・道具との連関からなるが、言葉は行動の目的を指示し、目的を合図する道具(オルガノン)であるというのが、すくなくともその生い立ちにおけるあり方であろう。幼児が火箸を指して「これなに?」と聞かれたとき、その名を知らずに「コウスルノ」と言って炭を挾む様子をしてみせたことが、報告されている(矢田部達郎)。大人も「火箸」という言葉(名前)によって、炭を挾むものというその用途を思い浮かべる。火箸を火箸として知覚することは、炭を挾むという行動目的への合図を受けとることであり、「火箸」という言葉は、さらにこの火箸の知覚像への合図または記号となることによって、同じ行動目的を合図するといえよう。モリス(C. Morris)の用語を借りれ

ば、言葉は行動への「準備刺戟」ということになる。「しかし」とか「もし」とかいった種類の言葉についてさえも、「しかし」のうちには両立しない二つの動作に対する態度の名ごりが感じられ、「もし」のうちには動作の一時的保留が感じられる、と説く学者もいる(M. Washburn)。言葉の起源は、行動の層にふかく融けこんでいる。

他方しかし、言葉は、その発生においてこのように行動とふかく結びつきながらも、それがまさに言葉として成立するのは、あくまで、行動から一段階も二段階もはなれた場面においてである。つまり、ちょうど今「もし」について言われた、動作の一時的保留ということが、言葉の成立の本質的な条件なのである。行動と密着した音声は、悲鳴や掛声にしかならないであろう。

われわれは先に、言葉による事物の記述が、最後にはクラテュロスがそうしたように、指さすという——言葉以前の——行為に飛躍しなければならないことを見た。しかし、この指さすという行為は、じつは動物のうちで、その充分な意味においてはほとんど人間だけにしか見られないような、きわめて高級な行為なのである。指さすということは、その対象に対して直接反応的行動をとる前に、それをひとまず控え、一歩退いて対象を対象としてただ指示するという間接的な立場の成立を意味する。人間においても、指さすという行為を理解できるようになるのは、単語が言えるようになるのとほぼ同じ時期、自分で自発的にそうするようになるのは、言語機能習得より数カ月後であるという。こうしたデータの正確度や普遍度はともかくとして、いま重要なのは、言葉の機能の成立のためにはこのような間接的立場の確立が不可欠の基盤である、ということである。この点は、先へ行ってからまた別の角度から触れられ、補足を受けるはずである。

先ほど注意された言葉のもつ実体化作用や区別の作用も、このような間接的な立場の上にこそ、はじめて可能となり、そしてこれによって言葉は、たんなる行動の次元をはるかにこえた広範囲にして複雑な効力と機能を獲得することになる。しかし同時に、広い意味における行動の有効性ということもまた、この間接性に支えられた実体化作用や区別作用によって、飛躍的に強化されることに注意しなければならない。

言葉のもつ実体化作用は、人間に「原因」の追及を教える。原因(アイティオン)という言葉はもともと、「責任者」の意味である。言葉をもたぬ動物は、そのときそのときにあたえられる個々の状況に直接反応することしか知らない。しかし人間は、その状況をひき起こした「責任者」を名指しで追及しようとする。病気の診断とは、病名をあたえることであり、外にあらわれた症状に名前をつけることによってそれを実体化すること——つまり、その症状は何の症状であるかを指定し、その症状を支える実体・本体・正体を推定し、その症状をひき起こした「責任者」(原因)をつきとめることである。

そして、いったんこうして名指しを受けた実体・本体・責任者(たとえば、「結核菌」「ガン細胞」など)は、それが甲の身体の症状のもとにあっても乙の身体の症状のもとにあっても、種的に同一な「もの」であるはずであるから、それに対する対処と療法もまた、若干の外面的な現われの差異にまどわされることなく、有効に決定できることになる。同様に、強風雨を、ただ強風雨というそのときどきにあたえられる状況として受けとめなければならない場合と、それに「台風」という名前がつけられて、その実体の動きがあらかじめ、はるか南方海上に追跡されている場合とでは、対処のための行動の仕方に大きな差異が生じてくるであろう。名づけによる実体の措定は、予見を可能にするのである。

ただし、その代わりに人間は、こうしたはたらきをする言葉というものをもっているばかりに、ただ眼前にあらわれる状況だけを虚心に送迎しているならばなくてすんだであろうような、多くの心労を背負って生きて行かなければならない。われわれの不安、恐れ、あるいは現実の感覚すらも、すべて言葉のこうしたはたらきによって支えられ、強められ、ときには純粋に言葉だけによって成り立っているとさえいえる。

それはともかく、行動の有効化、あるいは識別世界の拡大化は、「区別の道具」としての言葉のはたらき方についても、同様に言いうるであろう。先に、現実の知覚的映像そのものにおいては区別と分離の不可能な「緑色」と「木の葉」とが、言葉に移されるとそれぞれ独立的な要素語として区別されることが見られたが、幼児や未開社会の言葉ほど、われわれにとっては何でもないこのような独立的な共通要素となる語の数が少なく、むしろ個別的な状況や事物に密着した、共通の要素をもたない非合成的な語が多いという事実は、注意されてよい。この意味での言葉による区別の可能性は、知見の増大の可能性でもある。そもそも人間は、言葉の上で「緑の」と「木の葉」が切りはなされうるという事態がなかったならば、たとえば、じっさいに緑色の木の葉に薬品処理か何かをほどこして、緑色の「色素」をそこから抽出するというようなことを、思いつかなかったであろう。科学的探求とは、このように言葉のはたらきのゆえにこそはじめて区別されるものを、技術的な工夫によって、じっさいに独立存在化(＝実体化)し、それとして確認するという手つづきを含んでいる。

ただ、ここにはじつは、哲学的にきわめて重大な問題がひそんでいる。そのことを考えてみるまえに、しかし、われわれは言葉のもつさらにいくつかの特質を、別の局面においてしらべておかなければならない。

3 「互いに教え合うための道具」としての言葉

これまでのところ、人間が与えられた環境のなかで生物としてたんに生きて行くという、原本的事実から出発する建前のもとに、言葉の機能は主として、知覚や行動——環境への対処の意味における——との関連において考察されてきた。われわれはつぎに、言葉のさらに本質的な面ともいえる、その社会性へと目を向けなければならない。先に見たプラトンの『クラテュロス』の規定においても、言葉は「区別のための道具」であるとともに、まず何よりも「互いに教え合うための道具」(ディダスカリコン・オルガノン、三八八B～E)でなければならなかったのである。

このような社会性・間人間性の面で言葉の成立事情を説いたもっとも古いまとまった記述は、おそらく、紀元前一世紀のディオドロス(Diodorus Siculus)という学者の著作に見られるつぎのような記事であろう。これは、原子論で有名な例のデモクリトスの著作からとられたものと推定されている。

「はじめ人間たちの音声は無意味(しるし・合図――セーマ――を示さない)で無区別であったけれども、しだいにすこしずつ、音節の区切りをつけることによって言葉をなすようになった。そして人間たちは、ひとつひとつの事物についてお互いに対してしるし(シュンボロン)をきめて、あらゆるものに関する言明を、自分たちお互いどうしのあいだで理解し合えるようにしたのである。

このような言葉の体系は、人間が住む地上のいたるところで生じたけれども、それぞれの人種が自分たちの言葉を組織づける仕方は偶然的なものであったから、全人間が同じ語り方をするというわけには行かず、このために、ありとあらゆる特徴をもったさまざまの地域語が存在することになった」(I. 8. 3～4=Diels-Kranz 68 B5)

この素朴な記述のなかには、言葉というものがもっている基本的な性格に関する、いくつかの重要な指摘がふくまれている。すなわち、言葉がまず音声の分節によって生じたこと(分節的音声記号)、言葉が「シュンボロン」(シンボル)であること(象徴性)、それが一定の民族集団のなかで、言明の相互理解のために約束によってきめられたものであること(社会契約的共同製作性)、そのような言語体系が異なった形でいくつも存在すること(言語的相対性)、などがそれである。これらの一つ一つの点は、それぞれがきわめて多くの事柄を含意している。その見きわめの努力は、哲学にとって重要な課題であろう。われわれもまた、許されている限られた範囲内においてではあるが、その努力の一端に参加しなければならない。

a　シュンボロン（シンボル）とセーマ（サイン）

言葉がシュンボロン（シンボル・象徴）であるということは、どういうことであろうか。「象徴」という漢字はむずかしくて意味深遠に見えるけれども、元の言葉の「シュンボロン」（σύμβολον）は、文字どおりには「合わせもの」であり、一つの品を二つに割って、二人の人間がその片方ずつを持ち、証拠の必要な場合に両方を合わせてみるのに使う「割符」が、その具体的な元の意味である。しかし、証拠として使われるのは割符だけではない。「シュンボロン」という語は、この原義をはなれて、たとえば裁判官が裁判官席に入るためのシュンボロンを渡されるというような場合をはじめ、預り証・領収証・入場券などについても用いられるような、一般に証拠のしるし、約束のしるしという意味をもつようになる。

しるしとは、何かのしるしであり、証拠や約束は、そのしるしが他の何ものかと対応することの証拠であり約束である——裁判官のシュンボロン（裁判官証）には裁判官席が対応し、預り証には預り品が対応し、領収証には受け取った金が対応し、入場券には観覧席が対応するように。

さて、言葉がシュンボロン（シンボル）であると言われる場合も、このような元の意味を失っていないと思われる。それでは、とくにシュンボロンとして規定される場合の言葉は、何の「しるし」であり、何と対応するのであろうか。

すでにこれまでにも、われわれは、言葉がすくなくともその発生においては、知覚される事物やそれに対する対処としての行動への「合図」であり、「しるし」であるということを語ってきた。しかしこれは、「しるし」ではあっても「シュンボロン」（シンボル）ではない。ヨーロッパのいちばん元の語で考えるならば、これまで語られてきた「合図」「しるし」には、むしろ、いま引用されたディオドロスの文章の最初のところに括弧で註記した「セーマ」(σῆμα)を、これに配当したい。

同じく「しるし」であっても、「シュンボロン」が文字どおり「シンボル」であり「象徴」であるのに対して、「セーマ」は、たとえば*semiotics*(記号学)といった英語からもうかがわれるように、むしろ「記号」であり、「サイン」や「シグナル」の意味のほうに本来つながる。ギリシア語そのものの用例にそれほど截然たる区別があるわけではないが、われわれの考察のためには、この二つの語のこのような意味上の区別を保持して行くことがのぞましい。

では、シュンボロン(シンボル)としての言葉と、セーマ(記号・サイン・シグナル)としての言葉は、どのように違い、どこで区別されるのか。

アリストテレスは、『命題論』——直訳に近づければ『言明(ヘルメーネイアー)について』——の冒頭において、「声に出して言われているものは、心のなかの状態のシュンボロンである。文字に書かれたものが声に出して言われたもののシュンボロンであるように」(一章16a3〜4)と述べる。「心のなかの状態」——想念や観念——の先に、事物(プラーグマタ)があることはむろんである。いま、書かれた文字のことはさしあたって別とすれば、言葉と、想念・観念と、事物とが、シュンボロンとしての言葉による言明行為のなかにおいて、三本の柱となっているわけである。わが国の昔の人が、「言《ことば》と意《こころ》と事《こと》とが相かなう」と表現した(本居宣長)事情も、これに通じるといえようか。

いずれにせよ、言葉がシュンボロン(シンボル)としてはたらく場合は、言葉と事物とのあいだに想念や観念が介在して、言葉と事物とは直結しない。言葉を聞いてわれわれが理解するのは、直接には事物そのものではなく、お互いの考えである。これに対して、セーマ(サイン)としての言葉の場合には、言葉は直接事物や、あるいはその事物への対処・反応としての行動を指示する。シュンボロン(シンボル)が、「ことば」—「こころ」—「こと」の三項関係であるのに対して、セーマ(サイン)は、「ことば」―「こと」の二項関係である。

言葉がもと、直接に事物や行動を合図し指示する二項関係的なセーマ(サイン)として発生したことは、すでに見られたとおりである。もっとも、「直接に」といっても、二項関係であるかぎり、ただの音声反応と違って、指示するものと指示されるものとがすでに分化していて、言葉と行動とのあいだに一段階の距離がある。このことも、先に述べた。(i)反射的な叫びや掛声は、完全に行動または反応に密着しているが、(ii)号令や、スポーツなどの専門的な指令語(ボートにおける「イージオール」など)や、シュプレヒコールなどになるとすでに、指示する音声と指示される行動とが分れて二項関係となり、セーマ(サイン)としての言葉の原初形態を示す。さらに、(iii)言葉により指示される「行動」が直接現在の行動でなく、回想されまたは予想される行動となり、そのようにして心に思い浮かべられた行動を言葉が語るようになるとき、はじめて、言葉―想念・観念―行動(事《こと》)という三項関係を含む、シュンボロン(シンボル)としての言葉が成立する。言葉のこのような発展段階は、マリノフスキー(B. K. Malinowski)が未開社会の言語活動の調査によって、くわしく跡づけたところであった。

しかし、なぜわれわれは、このような両者の区別にこだわらなければならないのか。それは、言葉はシュンボロン(シンボル)にまでなることによって、はじめて、まさに言葉として完全に自立するように思われるからである。

言葉のセーマ(サイン)としての機能は、言葉以外の手段によっても代行できる。しかしシュンボロン(シンボル)としての機能は、その当の言葉以外の何ものによっても、けっして完全に代行されることはできない。「食事」という言葉がセーマ(サイン)として、つまり行動への合図として使われる場合の本来の機能は、ベルやブザーやラッパの音によって代行されうる。同様に、「盗塁」という言葉のセーマ(サイン)としての機能は、相手チームには分からぬひそかな身振りによって代行されうるし、また代行されなければならないだろう。そしていずれの場合にも、これらの言葉のそのような機能そのものは、代用されるベルやブザーやラッパの音や、ひそかな身振りの機能と、端的に同一である。

けれども、かりに同じこれらの「食事」とか「盗塁」とかいった簡単でありふれた言葉をとってみてさえも、そのシュンボロン（シンボル）としての機能の全体は、けっして右のような他の手段によっては、代行されえない。「エッセン」とか「スティール」とかいった同義の外国語によってさえも、代行されえないといえる。いわゆる万国共通語としての身振り手まねによって代りに果たされるものも、結局は言葉のセーマ（サイン）機能的な部分だけである。これは、「語感」「ニュアンス」「語のひびき」等々と呼ばれるものの違いとなってあらわれるような、不定形で微妙な個人差のある想念や観念が、この「食事」「盗塁」という語そのものに付着していて、そのシュンボロン（シンボル）機能に介在し参加しているからである。もっと高級(?)な、いわゆる象徴言語の典型的なものについては、この事情はさらにいちじるしいであろう。

想念・観念が、独立してそれ自身の領域をもちつつ言葉の機能に参加するということは、言葉の行使において、現前する状況——事物や行動——にとらわれない、想念・観念どうしの自由な結合と展開を可能にする。すなわち、言葉はシュンボロン（シンボル）とまでなることによって、はじめてまた、たんなるオノマ（名）にとどまらず、ロゴス（理）へと発展する可能性を獲得するのである。先にわれわれは、言葉の実体化・物化作用や区別作用が、原因追及その他の科学的探求のかたちにおいて、当初の目的であった行動の有効性ということを飛躍的に強化することを見たが、そこに至るまでには、このような言葉のシュンボロン（シンボル）性に支えられたロゴス的機能がなければならぬことは、いうまでもない。シュンボロン（シンボル）としての言葉は、行使の仕方によっては、それがもともとそこから発展してきたセーマ（サイン）機能の目的とするところを、想念・観念の媒介による間接化によって、より有効確実に達成させることができる、ともいえよう。

ただし他方、言葉の機能においてこのように、想念・観念が介在してそれ自身の領域をもっているということは、もともとのセーマ(サイン)機能が合図すべき状況が存在しない場合にもその言葉を発する可能性をも意味し、ひいては、「嘘を言う」ことの可能性をも意味する。動物も訴えや呼びかけなどの情報伝達の機能を果たす音声を発するから、かりに言葉の機能をこれらの点だけに求めるとすれば、動物もまた、かれらなりの「言葉」をもつということになろう。けれどもかれらは、そうしたさまざまの音声を、それが指向する異性や、食物や、害敵などが存在しないときにも自発的に使用することは、けっしてできないであろう。このような仕方での嘘ということは、ただ人間のみがなしうる高等な行為であるといえる。

高等な、と言ったのは、あらゆる文学的創作はそれが創作であるかぎり、本質的にこのような嘘を言うことから成り立っているからであるが、ただ、状況や事実との非対応ということを広く解するならば、一部の「哲学者」が使う言葉も、この部類に入ることになるであろう。ふつうの意味の「嘘」の場合は、言葉は想念・観念を介して、じっさいには存在しない(あるいは、存在しなかった)けれどもしかしありうる(ありえた)事実を指示することによって、言葉のセーマ機能そのものは保持されている。すなわち、セーマンティコス(有意味)である。ギリシア人はこのことから、「嘘を言う」とは「あらぬ(ありもしない)ことを語る」ことであるが、しかるに嘘を言う人はとにかく何かあることを語っている、したがって「嘘を言う」ことは不可能である、というパラドクスをつくり出した(クワイン(W. V. Quine)はプラトンの対話篇に出てくるこの種のパラドクスを、「オッカムのカミソリ」に対する「プラトンのヒゲ」と呼び、このヒゲは歴史的に見るとしばしばカミソリより堅かったと言う)。

しかるに、ある種の哲学者が使う言葉(文)においては、介在する想念・観念がまったく私的な、それ自体として不可能な結合と展開を行なうために、言葉はもはや、ありうる事実との関連すらも失い、本来の三項関係のうち、結果として言葉とその人の想念・観念だけが残されることになって、セーマ機能を完全に喪失する。すなわち、無意味となる(実例をあげたいが、さしさわりが出てくると困るからやめる)。ひとつひとつの用語がもともとセーマとして関連していた事実には無頓着に、それらの語の「語感」や「ニュアンス」や私的なイメージや連想にのみ頼って「考える」とき、そういう現象が起こりがちであるといえよう。われわれは最初、「ひとりよがりのピロロゴス」の一種族として、この種の哲学者のことに触れた。

さて、ここで問題になるのは、われわれがこれまでやや無造作に使ってきた「想念」「観念」——アリストテレスの言う「心のなかの状態」——なるものの正体は何かということであろう。しかし、これについて触れる機会は、もうすこし後で来るはずである。いまは話の順序として、言葉のシュンボロン(シンボル)性ということがもっている、別の面に注意を向けることにしよう。

b　言葉のノモス性、言葉と貨幣

われわれは、シュンボロンがもともと「約束のしるし」であったことを、忘れてはならないであろう。言葉は、——この場合はそのセーマ機能をも含めて——人間により、お互いどうしの約束や取りきめの上に立って、作られたものであり、また作られうるものである。

このことは、先にわれわれが見たディオドロス(デモクリトス)の文書のなかで言われていた、言明の相互理解のための約束による共同製作性または共同製作可能性ということと、そのまま直結する。アリストテレスもまた、言葉の成立は「自然」によるものではなく、それが「シュンボロンとなる」とき、すなわち、「取りきめにもとづいて」意味があたえられるときであることを強調し、そのことを示す事実として、「動物たちの非分節的な音声もやはり何ごとかを明らかにするものであるけれども、しかしそのどれひとつとして語ではない」ことを指摘している(『命題論』二章16a28〜29)。じじつこのような、約束・取りきめによる共同製作性としてのシュンボロン的性格ということは、いわゆる「動物言語」にはけっして見られないところの、人間の言葉だけがもつ特質の一つであろう。動物たちは、われわれのように必要に応じて相互承認——正式のそれであれ暗黙のそれであれ、また社会全体の承認であれ、小集団内での承認であれ——の上に、名や言葉(に相当するもの)をつけ替えたり、作り直したりすることはできない。

言葉はこのような意味においては、自然(ピュシス)による存在ではなく、社会的な習慣や約束(ノモス)による存在である。この意味でのシュンボロンの代表的なものとしては、言葉のほかに、貨幣がある。貨幣が品物と対応し品物と引きかえができるのが、社会的な約束にもとづくように、われわれの音声が言葉となって直接間接に事物と対応し、事物と結びつくのも、われわれのあいだの約束が基盤となっている。この対応と結びつきは、アリストテレスの言うように、またその前にプラトンが先の『クラテュロス』において指摘しているように、自然的なものではない。同じ対応関係でも、たとえば身振り手まねとそれが表現するもの、肖像画とモデルとのあいだには、類似という自然的な関係があるが、百円貨幣とロングピース一箱が自然的にすこしも似ていないように、「み・ど・り」という音声はすこしも緑色をしてはいない。「名は体をあらわす」ことがまれであるというのではない。そもそも「名が体をあらわす」ことが可能なのは、日本語なら日本語という一つの約束のシステムの内においてはじめて保証される、ということである。対応と結びつきを保証するもともとの社会的約束が破られれば、貨幣も言葉も、そのシュンボロンとしての意味を失い、何ものとも対応せず、何ものとも引きかえがきかなくなる。紙幣が一片の紙きれとなるように、言葉もまた「こ**と**の葉」であることをやめて、ただの「葉」となる。先ほど触れたような無意味言語が、これにあたるであろう。

貨幣の価値が社会的変動によって動揺し、百円がやがては必ずやロングピース一箱とさえ対応しなくなるであろうように(注。現にもう対応しなくなった)、言葉もまたしかりである。ペロポネソス戦争を記述した前五世紀の歴史家トゥキュディデスが、戦争が道徳的価値観念のなかにもたらす変化について、「言葉がものごととの関係においてもっている通常の意味が勝手に変更された」(III. 82. 4)と書いている事情は、われわれによってもまた体験された。平凡な例ではあるが、「忠君愛国」という言葉はこんにち、かつてもっていたその絶大な購買価値をほとんど失い尽くしている。「おそれ多くも」という音声が、つぎに続くべき「上御一人」(天皇)という言葉を予告しつつ、すでにそれ自体で直立不動という行動への合図(サイン)であったような状況は、若い世代の人びとには想像することすら困難ではあるまいか。逆に昔の学生は、「大衆団交」という語の意味そのものをすら、果たして解しえたであろうか。

そしてまた、流通する貨幣が国によって異なるごとく、言葉もまた、民族集団によってまったく異なった言語組織が存在する。このことは、先のディオドロス(デモクリトス)の文書における、つぎの言語的相対性ということへわれわれを導く。言葉が、すでに見たように知覚のなかにまで滲透し、またとうぜん予想されるように思考のはたらきをも規制しているとすれば、われわれがどのようなシンタクス(構文法)にしたがったどのような言葉を使うかによって、世界の見方そのものにまで、思いがけない差異が出てくるであろう。われわれは外国語を学ぶことによって、しばしばそのことを痛感させられるが、アメリカ・インディアンの諸部族その他の言葉を綿密に調査して普通のヨーロッパ語と対比することにより、強調的にこのことを――つまり言葉の違いに応じて、世界の「見方」というよりは、世界それ自体が違うのだということを――示そうとした学者もいる(E. Sapir, B. L. Whorf)。この点は、われわれが世界それ自体の構造であると思っているものが、じつは、特定の地域語にのみ固有な文法の反映でしかないかもしれないということに、われわれの反省をうながす機縁となる。

c　言葉(ロゴス)の対話(ディアロゴス)的性格、「内語」としての思考

さて、故あって後に廻したが、最後に、言葉が音声の分節化によってまず成立するものであること、簡単に言って、言葉が音声であることは、何を意味するであろうか。言葉が声(vox)であるという、この一見何でもないように思える事実は、じつは、重大なことがらを含意しているのではあるまいか。

なぜなら、音声は、それを発した人が自分でそれを聞くことができるからである。言葉が音声であることによって、語り手は自分自身の語る言葉を自分で聞くことができ、したがって、自分の音声に託された意味に対して他人が反応するのと同じように、自分もまた反応することができる。意志伝達の手段となりうる数ある媒体のなかで、この特性をもつのは音声だけであろう。たとえば身振り手まねが一種の言葉であるといっても、しかし身振り手まねは、鏡でも前に置かないかぎり、動作者自身によって充分に認識されることはできない。自分の言葉を文字に書きながらそれを自分で読むことはできるが、しかし読むということは、音読はもちろん黙読(後で述べるような事情により)でさえも、自分の声を自分で聞くということに還元されるであろう。

しかも、語り手が自分の語ることをみずから聞くということは、動作者が鏡を前に置いて——間接的に——自分の動作を見るというのとは、事情がまったく違う。身振りする者はもちろん、べつに鏡を前に置いて自分のすることを写してみなくとも、身振りすることができる。しかし、語る人は、自分の語ることを同時に聞きながらでなければ、はじめから語ることはできないのである。むしろ、聞くということは語ることに間接的にともなう付随的行為ではなく、語ることがそれ自体本質的に聞くことでもあり、語り手は本来的に自分自身の聞き手であるというべきであろう。

生まれつき耳の聞こえない人は本来――つまり、何らかの別の条件が加わるのでなければ――物を言うこともできない。

「語る」ことはそのまま「聞く」ことであり、「語り手」はすなわち「自分自身の聞き手」であるということ、このことこそ、言葉(ロゴス)がそれ自身のうちにもっている対話(ディアロゴス)性の根源であり、そしてこのロゴスのディアロゴス性こそは、思考ということの本質をなすものにほかならない。思考とは、自己自身との対話である。それは人が自分の語る言葉を聞きながら、みずからそれに反応し応答しようとするという事実を基盤として、成立する。

注意すべきことは、語ることはすなわち聞くことであるという、このはじめの事情は、われわれが声を出さずに物を言うことができるようになってからも、そのまま変わらずに持ちこされることである。言葉が音声からしだいにつぶやきとなり、さらにそのつぶやきが心の内にとどめられるようになったときにも、われわれは依然、「語り手」であると同時に「自分自身の聞き手」である。このことは生理学的には、内部的な言葉もまた運動感覚的反応を伴うという事実によって検証されるが、これがつまり、「内心の声を聞く」という言い方で表現されるところの事態であろう。それは内的な対話としての、本格的な思考のはじまりをなす。プラトンは思考を、「声を伴わずに内部で心が自分自身と行なう対話」(『ソピステス』二六三Eその他)と規定した。

ただし、一口に内的な対話としての思考といっても、そこには事実上、さまざまの段階または様相の差異がありうる。われわれは、心のなかで意識的にはっきりと言葉を言ってみながら、一つ一つ順序を踏んで考えることもあるけれども、もっと不定形に漠然と、しかしもっと一挙にすばやく事柄の全体を把握するような仕方で、考えることもある。古人が「風のように速い」(ソポクレス)と形容した思考の本来の姿は、むしろ後者のほうであろう。とすれば、いまのプラトンの規定の仕方がそう解されるように、外に出された言葉による対話と、内的な言葉による対話としての思考との違いを、ただ声を伴うか伴わないかという点にだけ帰すること、あるいはその前に、内的な言葉とはただ一律に外的な言葉マイナス音声であるとみなすことは、すくなからず疑問に思われる。もしすべての思考が、それにただ音声が加わりさえすれば、そのまま外的な言葉となって表明されるのであれば、われわれは自分の内なる考えを人に語り文章に書くのに、いかなる場合にも、なんの苦労も要しなかったであろう。

かくして、音声を媒体とするところの言葉がそれ自身のうちに対話的な契機をふくみ、それが内面化されるとき、自己自身との対話である思考へと発展するということは、基本的かつ本質的に正しいけれども、しかしわれわれは、このいわゆる「内語」(inner speech)には、「外語」とは違った「内語」独自の構造と特性があると考えなければならないようである。右に言われたように、われわれの内なる想念は、音声として口外される言葉とくらべて、ましてや文章として文字で書かれる言葉とくらべるならば、同じ事柄をはるかにすばやく、全体として一挙に、直接的に把握する。この点について、内語の研究家ヴィゴツキー(L. S. Vygotzky)が、内語独得のこのような圧縮性と単純性の文法的秘密を、「述語化」ということ——主語と述語が分化して「SはPである」という構文をとらずに、主語が述語のうちに吸収されること——に見ているのは、興味ぶかい指摘である。

4 哲学の課題

「はじめに言葉ありき。」——「言葉」について語ろうとすれば、おのずからすべてについて語ることになる。言葉の機能や特性について、その主要なものだけでも検討を尽くそうと思いながら、一つ一つの点がかぎりなく波及していく問題の行方に気を取られがちなうちに、多くのことが語り残されたようである。とまれしかし、これまでの概観をふりかえり顧慮しながら、哲学が哲学としてなさねばならぬことだけは、確認しておかなければならないだろう。

言葉は世界のすべてに名をあたえる。事物は名を得ることによって、はじめてその事物として認識され、世界は人間の世界としての秩序を獲得し、かくて人間ははじめて、人間として行動することができるようになる。

しかしながら、生物としての人間は、生物としての人間にとどまるかぎりでは、もともと自己中心的にしか世界を見ることができない。名を得ることによってそのものとして成立した事物は、最初はまだなお、人それぞれに固有の差をもつ知覚を原点として構成された事物である。名づけられた事物は各人各様にしか現われないが、人間が生物として直接それに反応し対処するためだけなら、それで充分である。

けれども、行動範囲の拡大と、そのよりいっそうの有効性のためには、やがてはそれだけでは不充分になる。その事物には他のさまざまの面、さまざまの特性があることを、学び知らなければならなくなる。そのことを教えてくれるのは、他人の考え(観念)――つまり、他人がその事物の名によって何を考えているかということ――であり、あるいは、自分自身の度重なる経験ごとに得た考え(観念)の比較綜合である。すなわち、このことが可能であるためには、まずその当の名によって同一の事物が指されるという前提が約束されていなければならないが、しかしその「名」はすでに、その事物への直接的な行動的対処への合図(サイン)を本来の任務とするセーマ的機能の段階から一歩すすんで、観念(考え)が介在する三項関係的なシュンボロン(シンボル)的機能を獲得していなければならない。

われわれはこのことを、名はセーマからシュンボロンとなることによって、たんなる「名」(オノマ)にとどまらず「理」(ロゴス)へと発展する可能性を獲得すると言った。ロゴスとは、他人ないし自分のもつ相異なった観念どうしのつき合せの上に成立し、このことはまた、他人ないし自分との対話(ディアロゴス)ということにほかならない。われわれは、言葉がもともと音声を媒体とすることによって、思考へと発展すべきこのような対話的契機を、それ自身のうちに可能的に内包していることを見た。

いずれにせよ、「言葉をもてる動物」としての人間は、このようなロゴスの力により、事物やものごとの認識を新たにしながら、最初の自己原点的な世界からしだいに脱却して、より開かれた世界をわがものとしていく。天動説が捨てられて地動説が成立するためには、自己中心性からのこのような脱却が必要であったが、人生の諸事においてもまた同様であろう。かぎられた知覚の世界がまず「記憶の補充」によって拡大され、それが「人間なかまのコミュニケーション」によってより拡大され、そしてさらに「論理的推論」としての思考によって拡大されるという、心理学者が跡づける人間の環境と生活圏の拡張過程には、すべて言葉が参加している。それはすでに、アリストテレスが『形而上学』の冒頭と『分析論後書』の巻末において、「知覚」―「記憶」―「経験」―「知識」・「技術」という発展の諸段階として述べたところであった。

――そこで、哲学にとって重要なのは、このような言葉の世界形成力による発展が、最後の「知識」の段階において、さらに最終的にどのようなあり方を指向すべきか、ということであろう。

言葉がその発生において、環境に対する人間の関心的なはたらきかけとしての行動とふかく結びついていることが見られた。行動は、それが関心的なはたらきかけである以上、すべて何らかのかたちで目的追求の行動であり、そして目的は利害(よい・わるい)にかかわる。言葉はもと、この「よい・わるい」を合図する知覚の強化・堅固化をその役割とするものであった。その後言葉は、直接の行動の次元から離れたところで自立するようになったが、もし生い立ちや生まれつき(ピュシス)をもって、そのものの「自然」と呼ぶならば、言葉の自然本来のあり方は、このような「よい・わるい」の指示にあるといえるであろう。

言葉が本来、このような役割のものとして人間にあたえられたのであるならば、先に述べたような言葉による世界の新たな形成と拡大、アリストテレスの言う「知覚」―「記憶」―「経験」―「知識」という発展もまた、最終的には、言葉のこの自然のあり方に沿った方向をこそ、指向すべきではないだろうか。それが、言葉の自然本来の（ピュシス的な）行使の仕方ではあるまいか。

およそどのような動物でも、それが生体として生存するということは、それぞれの環境に対し利害関係（よい・わるい）にしたがって反応し対処することであって、そのかぎりにおいては、いかなる動物にとっても「生きる」ことは「よく生きる」ことを指向しているといえる。けれども、言葉なき動物たちにとって、この「よく」には一定の限度があって、それ以上にこれを伸ばし高めることはできない。その限度・制限範囲は、それぞれの動物における種的・個体的な存続のための、欲求充足に要する範囲とほぼ一致するであろう。

けれども、ひとり人間の場合のみは、この「よく」は、まさにすべてこれまで見てきたような諸特性をもつ言葉の力により、生物としての欲求充足の範囲をはるかに越えて、ほとんどかぎりなく伸ばし高めることのできる可能性を内包する。科学が、言葉のロゴス的行使によって達成した成果もまた、言葉の当初の役割であった行動の有効性（「よく」）を飛躍的に強化するものであったことは、われわれの見たとおりである。

しかしながら、科学がすくなくとも最近までそれに準拠することによって前進し、そして成功をおさめてきたところの世界の把握方式は、この「よく」の追求を、最終的には閉め出すような性格をもっていることに注意しなければならない。

われわれは先に、実体化（物化）作用と区別作用と呼んだところの言葉の基本的なはたらきが、科学的な探求を動機づけている事情について触れた。関心をもつ状況に直面して、人間はその状況を引き起こしている実体（責任者＝原因）を名ざしで推定し、その実体がまさにその実体であるがゆえにとうぜん予想されるべき次の状況（すなわち、その実体の作用・ふるまい方）に対して、あらかじめ対処策を講ずる。「緑の葉」という言葉が言葉の上で「緑の」と「葉」とに切りはなすことができるということ、そして「緑の」は形容語であり「葉」は名詞であるということは、事実の上でも緑色という属性が、葉という基体に付加されて存在するという考え方を示唆する(そこでこんどは、緑色という属性そのものの内に同じく実体—属性の関係をあらためて持ちこみ、緑色という「状況」の本体・実体をものの形で追求することになる)。いずれの場合にも、そこに想定されているのは、作用者があってその作用があり、実体があってその属性があるという、事態の把握方式であろう。文の形式に直せば、両者それぞれ主語(作用者・実体)と述語(作用・属性)の関係にある。

このような「主語—述語」＝「実体—属性」という関係においては、形容詞として言表される属性は名詞として言表される実体に依存してあるのに対して、名詞として言表される実体は形容詞として言表される属性なしにも独立自存しうると考えられるから、とうぜん実体のほうが、第一次的な資格をもった存在ということになろう。そして「よい・わるい」は形容詞的な属性のほうに属する。だから、これをもし一つの哲学的立場として世界理解の中心にすえるならば、「よい・わるい」という価値的なものは、第二次的・付加的な資格のものとして、実体を中心とする窮極的な世界記述のなかに、位置を占めることができないことになるわけである。

しかしながら、世界と人生を哲学的に探求しようとするとき、われわれは、この把握方式が絶対的・固定的なものであり、これが「ロゴスにおける考察」の唯一最終的なあり方であると、考える必要はないし、また考えてはならないであろう。

私に現に見えている知覚像そのものだけにあくまで視点をとどめるかぎり、「緑」と呼ばれた色だけを、「葉」と呼ばれたものから区別して切りはなすことはできないということもまた、先に述べたように、とにかくひとつの事実であった。とすれば、まずこの言語以前の知覚的事実をも、ときにはふり返ってみる必要がある。現実の知覚的事実だけに目を据えるならば、この葉から緑を取り去ることは葉そのものを取り去ることを意味し、したがってまた、名詞とその形容詞、実体とその属性という関係に見られるような一方的な依存関係(形容詞は名詞に依存し、属性は実体に依存するという関係)も、現実の知覚的事実そのものには存在しない。緑が葉に依存するとすれば、まったく同等に葉は緑に依存している。だからこそ両者は、言葉の上以外には、切りはなせないのである。

われわれはまた、言葉が内化されてわれわれの思考をかたちづくるところの、かの「内語」の世界においては、言葉はかならずしも、主語と述語とに分化されたうえで再結合する(「SはPである」)という構文をとらず、主語は述語のうちに吸収されて、事態はこの述語的直接性において一挙に把握されるということが、指摘されていたのを思い起こさなければならない。じじつ、もっと一般的に考えても、われわれは、たとえばこよなく美しい花を見るとき、よほど散文的な心の状態にあるのでもないかぎり、いちいち「この花は(主語)美しい(述語)」などとは言わないであろう。われわれはただ「美しい！」とだけ思い、あるいは口にするのである。「主語―述語」という把握方式は自然的なものでなく、まして唯一絶対のものではないことを、知らねばならない。

そしてわれわれは、ここにおいてこそまた、言葉が社会的な約束の上に成立するものであって、したがって、国や処によって約束のシステムが違えば言葉もその文法も違うという、相対的な性格をもつものであったことを、想起しなければならない。各種国語の実証的調査によってこのような「言語的相対性原理」を説いた一人の学者(B. L. Whorf)は、西欧哲学の中心を占めてきた実体と属性、作用者と作用などの「双極的分割」が、主語―述語構文から由来する特殊な文法的所産であること、そしてそれにもとづいて推進されてきた西欧の誇る科学の精密さとは、そうした西欧語的構文内での「方言」的文法への忠実さにほかならないこと、を述べている。まさにそのとおりであろう。しかし、かれの言う「西欧語」とても、その元にあるギリシア語は本来、場合によっては(とくに人称代名詞が主語である場合)「主語」なしですませることのできる言葉だったのである。ことさらに「主語」を強調し、「主語―述語」＝「実体―属性」という方式を世界理解のための思考の中心に据えたのは、アリストテレスであった。あるいはすくなくとも、アリストテレス以後の西欧の哲学であった。

しかも、このような把握方式への反省は、こんにち科学そのものの進行につれて、科学自身の内部からも帰結していることに注意しよう。科学の基礎学をなす自然学(物理学)が素粒子論的レベルにまで進展するにおよんで、もはや右のような把握方式ではどうしても記述できないようなさまざまの事態が、現われなければならなかった。原子内に起こる出来事のすべてをどのようにして記述できるか――とうぜん、「これは物理学の問題であるとともに言葉の問題でもある」「さまざまの困難な問題は事実にかかわるものであるよりも、むしろ言葉にかかわるものである」(ハイゼンベルク)という反省が行なわれるようになる。

このようにして、われわれは、人間の言語活動に関連するさまざまの面から見て、この「主語―述語」＝「実体―属性」という方式がけっして絶対的なものではなく、「ロゴスにおける考察」の決定的な路線でもないことを知る。それは基本的には、みずからの使う言葉の構造を、そのまま実在の構造であるとみなすことであった。

われわれはしかし、言葉の実体化作用や区別の作用も、もともとは「よい・わるい」の合図としての知覚の強化・堅固化のためのはたらきにほかならず、それ自身ひとつの手段として、その先にある目的を予想し、その目的に依存していることを確認しておかなくてはならない。右の把握方式は、このような行動の有効性(「よく」)のためのはたらきである実体化作用や区別の作用から由来しているかぎりにおいて、あるところまではこの「よく」を飛躍的なまでに強化することもできたのであるが、しかしそれは、言葉の構造をそのまま実在の構造であるとみなすという、まさにそのことによって、かえって手段的なものを目的から切りはなして、それ自体として絶対化する結果となり、かくて「よく」の追求を最終的には排除するような性格のものとなったのである。いわゆる「科学の没価値性」ということも、このことから由来する。それは、価値(よい・わるい)は人間的なことであるから、自然の客観的で厳密な理解のためには排除されなければならぬ、という立場であった。しかしここでも、先の事柄と関連しつつ、そのような人間不在の自然科学の存立自体が、自然科学自身によって問題とされるようになっている。この点について、先に触れたハイゼンベルクは、「自然は人間より古い。だが人間は自然科学より古い」という、物理学者・哲学者であるヴァイツゼッカーの言葉を引く。

このようにして、人間の行なう「言葉(ロゴス)における考察」は、言葉の自然本来のあり方に沿って、どこまでも「よく」を伸ばし高めることへと向かわなければならない。そして、人間の追求する世界のあり方についての真実と、自分の生き方についての真実とは、最後的にこの「よく」において統一されるということができるだろう。両者が二つの別々の領域のこととして、非本来的な仕方で分けられているかぎり、科学のもたらす行動の有効性(「よく」)は、結局は人間にとってすこしも「よく」はないことになり、人間はますます便利になっていく生活環境のなかで、全体としてますます動物の状態へと逆もどりして行くかもしれないのである。言葉のもっている可能性は、誤用と悪用の可能性でもあることを忘れてはならない。

すべて以上のような事柄を念頭に置いて、われわれは、人間にあたえられた言葉のもつあらゆる特性を、積極的に行使しなければならぬ。シュンボロンとしての言葉には、「言霊《ことだま》」という語ができるのも当然なほど、さまざまの不思議な力が秘められている。ただの一語によって瞬間的にある状況の全体を心に現前せしめ、あるいはその人を通常の状態からある特権的な状態へと容易に移行せしめる強烈な触媒作用、言葉の意味が互いに交渉し合って、思いがけない新たな事態の洞察へと導くような比喩的機能等々、これらはけっして、詩人や文学者の言葉だけに特有なものではない。科学にとっても、さらにはなかんずく哲学にとっても、認識のなかで不可欠の役割を果たしているし、また果たさなければならないのである。

最初に触れた「ミソロゴス(言葉ぎらい)」の心情は、結局、言葉によって人間にのみあたえられたほとんど無限の可能性を、みずから放棄することを意味するであろう。生き方の上においても、われわれは、自分の現状を基準として固定し、言葉をそれに合わせるために縮小させるという仕方で「誠実」であろうとするよりも、むしろ、言葉のロゴス的行使によって積極的に理想としての真実を求め、自分の現状のほうをその基準へと高め近づけるように努力するのが、「言葉(ロゴス)をもてる動物」としての人間の、本来のあり方ではないだろうか。

そしてまた、自己の立場に固執して対話をこばむこと、あるいは、表面的には語のやりとりが行なわれても、自己の立場の絶対化のためにことさら視野を狭く限ることは、文字どおりの固定観念にしか対応しない名目に固執し、その名目を一方的に相手に押しつけることである。つまりこの場合、言葉はオノマ(名)のままにとどまって、ロゴス(理)へ発展する可能性を閉ざされているわけである。そしてそれだけ人間は、行動の原始的直接性の段階に逆もどりし、それだけまた動物に――「言葉(ロゴス)をもたざる動物」に――近くなっているわけである。

哲学は、最終的なものを指向するがゆえにこそ、最終的でないものを最終的であるとみなすことのけっしてないように、つねに広い総合的な視野をもつことにつとめることによって、みずからの拠って立つ基盤にたえず批判と反省を加えなければならぬ。ロゴスのディアロゴス性、対話の精神とは、相手との問答を通じて、より高い「理」を得るためにいつでも自分の立場を捨てる用意のあるような、常時的な仮設の意識をもつことである。

言葉は、われわれが見てきたように、人間の生そのものの基盤であり、したがって哲学にとっても、そのもっとも根底的な基盤である。この意味において、先ほどの「主語―述語」＝「実体―属性」方式批判においてその事情の一端がうかがわれたように、哲学はまず言語批判でなければならぬといえるであろう。しかしそのことは、あれこれの最新の言語学説や哲学上の立場にとらわれることではない。言葉というこの特殊な場合――あるいはむしろもっとも普遍的な場合――にあっては、何よりも自分自身の経験と思考しか、頼りになるものはないのである。

第二章　形而上学の存在理由
――二つの歴史的原型をめぐって――

形而上学がどのような存在理由をもつか、あるいはもたないかという問へのわれわれの答は、「形而上学」という言葉の中身のとらえ方いかんに、ほとんどそのすべてがかかっているといってよい。漠然と一口に「形而上学」といっても、その実際のありようはさまざまであり、存在理由の有無を有効に語るためには、どのような形而上学についてそういえるのかという、当の「形而上学」の内実を明確に規定しなければならない。

ただし、この「形而上学」(metaphysics, Metaphysik, etc.)という言葉は、はっきりとした歴史的な由来をもった言葉である。つまり哲学の歴史のあるときから、ある学問の内容と課題を示すために新しく用いられるようになった名称である。とすれば、われわれ自身が形而上学の内実をどのようにとらえようとするにしても、まずこの歴史における大本のあり方を押えて、われわれ自身の理解しようとする内容がその物差しに照らしてどのような意味をもつかを、できるだけ確定的に提示することが望ましいであろう。この手続きによってわれわれの理解が公共性を獲得し、恣意的であることを免れるというだけでなく、人間が世界を知ろうと努め始めて以来今日に至るまでの、「形而上学」をめぐる哲学的営為の長い行程のあり方を全体的に俯瞰して、照明を当てるための視座を得ることができると期待されるからである。そしてまさにそのことによって、形而上学的思惟が本来もつべきあり方を規定しようとするわれわれの努力そのものが、そのまま同時に、現代の状況に対するできるだけ有効な哲学的対処としての意味をもつことが目指されなければならない。「存在理由」は、そのことのうちにおのずから示されるであろう。

そのような課題を望見しつつ、しかし以下において試みられるのは、そのためのささやかな一基礎作業である。

1　アリストテレスの「形而上学」について

a　「形而上学」の主題と位置づけ

「形而上学」という言葉は、歴史的にはまずアリストテレスの名と結びつく。ただし周知のように、この名称(τὰ μετὰ τὰ φυσικά)そのものはアリストテレス自身の言葉ではなく、彼の著作集の編纂(アンドロニコス、前六〇年ころ)以後、アリストテレスが「知恵」「神学」「第一哲学」等の名で呼んだ特定の主題を内容とする書物(論文集)を指すのに用いられるようになった、ひとつの書名である。この名称が最初に出てくる文献はダマスカスのニコラウス(アウグストゥス時代)であるが、しかし学問としての「形而上学」の課題について明確な発言を見出すことができるのは、やはり新プラトン派の哲学者たちによって書かれたアリストテレスへの注釈書においてである。要旨を抽出すると、

——『形而上学』の主題としての「形而上学」は自然学的著作(τὰ φυσικά)の後に(μετά)位置づけられることによってこの名で呼ばれるものであり、それは自然的事物を超えた(ὑπέρ, ἐπέκεινα)存在について考察する学問であるが、神的と称すべきそのような最高義の存在に関わることによってまた、存在全般を普遍的に考察すること、そしてすべての個別的学問の諸原理を説明することが、この学問の課題となる——

ということになる。[1] これは、今日ふつう「形而上学」についてもたれている観念と、ほぼ一致するといえるであろう。われわれは、こうして抽出された一般的規定がどのような内容的裏づけをもっているか、その基本的な諸点をアリストテレス自身のうちに見とどけなければならない。

アリストテレスの「形而上学」(「神学」「第一哲学」)の特質を知るために重要なのは、学問の分類におけるその位置づけである。『形而上学』(E巻)や『ニコマコス倫理学』(Z巻)を中心に語られているところを要約して表示すると、次のようになる。

思考の働き			(対象の性格)	
ソピアー(知恵) エピステーメー(学問的知識) ヌゥス(知性・思惟)	観想的	神学	「独立に存在」し、かつ「不動」	必然的
		数学	「不動」であるが「独立に存在」しない	
		自然学	「独立に存在」するが「不動」でない	
プロネーシス(思慮,実践知) テクネー(技術)	行為的	倫理学・政治学等		非必然的
	製作的	各種製作学		

以下、この表についていくつかの注意点と補足的説明を述べる。

(1)「観想的」学問の内における自然学―数学―神学という、それぞれの対象の性格にもとづいた序列に従うならば、神学(第一哲学)としての形而上学は、けっして「自然学の後」(メタ・タ・ピュシカ)ではなく、「数学の後」(メタ・タ・マテーマティカ)でなければならないはずである。[2] にもかかわらず「形而上学」は、その語義においても内容においても、あくまで「自然学の後」なる学問として伝統のなかに定着されたことは興味ぶかい。事実、神学を第一の学問とみなすべき理由を述べた言葉(*Metaph.* E 1. 1026a27～30)を見れば明らかなように、アリストテレスにとっては、この言葉の直前における右のような三序列の提示にもかかわらず、実際に「第一哲学」というタイトルを神学と争いうる学問は、数学ではなくて自然学なのであり、数学はこういう大事な最終判定の場面では、彼の念頭に浮んでこないのである(プラトンの場合と比較せよ)。

(2)　そのようにして最終的な優先順位を判定された神学としての形而上学と自然学とが、『形而上学』Λ巻や『自然学』Θ巻において、どのような内容的連関のもとにとらえられているかは、周知のところであろう。自然学が「動」をもつ存在を対象とすると言われるとき、その動きとは、可能態としての質料(素材)から現実態としての形相へと向かう発展的運動にほかならない。神学の対象である「不動」の存在とは、この動きが最後に到達すべき極限として、もはやいっさいの質料＝可能的な要素をもたない純粋の形相であり、完全な現実態そのものである。まさにこのことによってそれは不動なのであるが、しかしまた同じくこのことによって、それは自然のすべてがそれを希求する最高の目標であり、「愛されるという仕方で」他のすべてを動かすところの第一動者(神)である。

(3)　人間の思考が行なう「観想的《テオーレーティケー》」な営みと、「行為的《プラークティケー》」「製作的《ポイエーティケー》」(両者を合わせて広義の「実践的《プラークティケー》」と呼びうる)な営みとの間の境界線は、前者が「他の仕方ではありえない(必然的な)事柄」に関わり、後者は「他の仕方でもありうる(必然的でない)事柄」に関わるという基本的な把握にもとづいて引かれた、きわめて厳重な境界線である。厳密学問としての自然学・数学・神学(形而上学)と、実践への指針を与えるべき倫理学その他とは、それにあずかる知的機能(エピステーメーその他とプロネーシスその他)においても、また対象の本性においても、「種族的に(ゲノスにおいて)異なる」(*Eth. Nic.* Z 1. 1139a8～10)と言われるような、互いに全く異質的な営みである。

(4)　初期の著作とみなされる『哲学について』(Fr. 8, Ross)のなかで、以上と同じ事柄が、人間の「知」が原始状態(大洪水からの生き残りとして設定される)以来たどってきた次のような発展の諸段階のかたちで語られている。すなわち、(i)まず最初は、生存そのものに必要な事柄(穀物の種を播き、食料を得ることなど)を発見することが「知」と呼ばれた。次に、(ii)各種の技術の考案が、さらに(iii)国家社会をまとめ上げるような事柄(法その他)の考案や、社会生活のための徳が「知」と呼ばれた。(iv)人々は「道に従ってさらに前進」して、「物」それ自体、およびそれを作る「自然」の考察へ向かい、これを「自然の観想」という特別の名で呼んだ。(v)最後に「神的にして世界を超えた全く不変なる存在」についての知見を、最高の「知」と名づけるにいたった。——

人間が世界のなかに放置された最初の状態にあっては、世界のなかで「いかに為し、いかに生きるべきか」に関わる「知」と、世界が「いかにあるか」に関わる「知」とは、いわゆる環境的適応(environmental adaptation)のかたちで、相互に切りはなせず一体的に働く。右の発展段階の把え方においては、この両者は(iii)〜(iv)段階にいたって分離したうえで、(iv)の段階以降ではただ後者——いかにあるかを観るための「知」——のみが残されていることが知られるであろう(ついでながら、ここでも数学は登場しない)。そして事実、アリストテレスによれば、人間が理想郷として望みうる純粋条件(「幸福者の離れ島」、神々の生活など)のもとでは、ただ(iv)と(v)の観想的知だけが存在し、(iii)の段階以前の実践的な知や徳はすべて不用となって消滅するのである。[3]

b　「形而上学」は形而上学的であるか

以上見られた事柄にもとづいて、アリストテレスの「形而上学」がどのような基本的性格をもっているかを追求してみよう。

A　まず、神学としての「形而上学」は、その伝統的語義として定着されたように「自然を超えた」実在を考察する学問であるとは、けっして充分な意味において言えないであろう。「形而上学」と自然学とはむしろ、共に必然的な世界に関わる観想の学として、互いに緊密に連繋し合っている。前者の対象である「不動の動者」は、天体の運動を含めた全自然の動きの第一の原因として、まぎれもなく自然学の内部から要請されたものであり、純粋形相・完全現実態というそれ自身のあり方も、自然物がもつ質料・可能態の側面が取り去られ純化されて行った延長上に、連続的に考えられるものである。このような実情に目を向けるとき、新プラトン派の古注も、「アリストテレスはつねに、神を論じることによって自然を論じている――ちょうどプラトンが逆に自然を論じることによって神を論じているように」(Elias *In Categ.* 120. 30~121. 3)と言わなければならなかった。アリストテレスが自分の形而上学の実質的な前史を、彼自身が「自然学者」と呼んだタレス以降の先人たちの探求のうちに見ることができたのも、このような実情にもとづいている。

「形而上学」は自然学の「後」であっても、自然学を「超えて」はいない。それが「超えて」いるのはむしろ、倫理学その他の実践的学問とその対象となる人間的価値の領域に対してである。

B　人間的価値の世界とは異質にして別個の世界に成立する「形而上学」は、それ自体としては、人間がこの世でいかに生き何を行なうべきかという問題に対して、何の関わり合いももたない。関わり合いがあるとすれば、純粋観想としての完全現実活動という神のあり方を人間が倣い、それにあずかることが人間に許された最高の幸福である(*Eth. Nic.* K8. 1178b25~32)といった、類比的・間接的な仕方においてであって、その純粋観想それ自体が人間の生き方や行為の善・悪、正・不正の問題を「観想」するわけではない。(4) だがそうした問題は、「幸福者の離れ島」の住人にとってはいざしらず、この現実の世界に生きるわれわれにとっては、疑いもなく経験の切実な部分をなしているといわなければならないだろう。「形而上学」はこの意味において、われわれの経験の全体をカバーできないように設計されているのである。

C　しかしながら、このように人間的な価値はアリストテレスの「形而上学」(および自然学)から閉め出されたけれども、価値そのものが――人間的な価値でない価値とはどのような価値であるかを今問わないとすれば――全面的に閉め出されているわけではない。「不動の動者」を頂点とする自然の全体に、彼は鮮明な目的論的性格を与えているからである。「善」はまた、この領域における追求の課題として立てられた四原因の一つ、目的因の別名である。可能態から現実態へ向かう自然物の動きは、目的と価値の実現の動きであり、その窮極にある「不動の第一動者」は、それ自身が最高の価値(τὸ ἄριστον)にほかならない。

ここでしかし、われわれは別の重要な問題に行き当たる。それは、このような自然の全体(それはまた必然性を特質とするものであった)を「観きわめ」て記述するためにアリストテレスが使う「道具」(オルガノン)の性格の問題である。「SはPである」という表現形式を「PはSのもとに〃述語づけられる〃」＝「PはSに〃属する〃」と表記して、これを最終的には「属性的なものが実体(基体)に依存して存在する」という事態の表明と解釈しつつ、世界記述の根本に据えたのはアリストテレスであった。第一実体(「この、あるもの」)とさまざまの属性(類種的・性質的・分量的・関係的諸限定)からなるカテゴリーのうちで、ただ第一実体だけがつねに主語(S)の位置を占めて述語とならないという言語的な事態は、第一実体だけが独立存在者であり、他のすべてはこれに依存してはじめて存在しうるという、「存在」における依存関係の事実と正確に対応する。「人間」「動物」などの種や類も、それが「普遍者」を意味するかぎりでは、結局は「このもの」ならぬ、属性的な「これこれようのもの」と認定されて、その独立存在性と実体性を否定された。したがって、基体(主語的存在)としての第一実体はその名のごとく、「第一実体が存在しなければそれ以外のものは存在しえない」(*Categ.* 2b5〜6)と言われて、「ある」ということの窮極の支え手・担い手であることが表明される。アリストテレスの「道具」としての記述方式は、ただの道具ではなく、このような存在論的観点のもとに形づくられたものであった。

周知のように、この(簡略化して)「主語・述語＝実体(基体)・属性」という記述方式は、質料＝可能態と形相＝現実態というもうひとつの対概念と結びつきながら、アリストテレスの形而上学と自然学の随所に駆使されて重要な役割を果たしている。問題は、目的論的・価値的世界観に必須の要請である形相＝現実態の重視と、他方におけるこの存在の支え手としての主語＝実体(基体)の優先とが、果たしてうまく折り合うか、ということである。基体の観念はいやおうなしに、質料の観念のほうとつながるからである(*Metaph.* Z 3)。

もとより、この問題に対するアリストテレスの苦闘からは、哲学的に貴重な多くのものを引き出すことができるし、「実体」を中心とする彼の哲学的思考そのものも、むろんこれだけの簡単な把握では片づけられない多面的な着眼と論点を内包しているのである。しかし今はただ殺伐非情に、事柄そのものの原則的な帰結だけを追わなければならない。「主語・述語＝実体(基体)・属性」の記述方式とその存在論的観点を固定させてただそこから見るかぎりは、問題の別の局面では第一次的資格を与えられて「実体」とみなされる「形相」も、やはり支え手がなければ存在しえず、その支え手(基体)に対して依存的な関係にあるところの、第二次的な資格のものであることを避けえないであろう。同様に「善」もまた明らかに、独立には存在しえない「性質」のカテゴリーに属する。(5) そして支え手としての主語的存在「この、あるもの」は定義上、これらを含めたいっさいの述語的規定から独立のものである以上、価値的にもまったくニュートラルであり、「善」はこの存在の基底そのものにまで滲透しえないのである。したがって、可能から現実へ向かう自然の動きにしても、それが一方的に価値(善)実現の過程であるという保証は、別の観点を持ちこまないかぎりは何もなく、悪の現実化の可能性も同等の資格で考えられるはずである。

その別の観点とはむろん目的論の観点であり、要するに、この目的論の観点と、他方における「主語・述語＝実体(基体)・属性」の記述方式を支える観点のうち、もし後者のほうが基本であるとするならば――そして事実プラトンのイデア論への拒否がまさにこの記述方式にもとづいてなされたことを想えば、そう考えざるをえないのであるが――、形相・現実態・善を正面に立てる目的論のほうは、右のような意味において、結局はこの基本的下部構造の上に〝取ってつけた〟目的論であらざるをえないであろう。〝取ってつけた〟ものは取りはずしがきき、後に残ったものだけを利用することができる。そして事実このことは、やがてのちに、実際になされたのである。関連上、そのことを簡単に見とどけておきたい。

アリストテレスの世界像は、ふつう一般には、「機械論的」と形容される原子論の世界像(もともとは、パルメニデスの根本格律を継承するという意味で同じく形而上学的な意図のもとに構想された世界像)と対立する性格のものとみなされている。事実またアリストテレス自身、原子論には正面きって反対した。しかし、右の記述方式とその存在論だけに着眼するならば、それは原子論の構想と不思議な類縁性をもっているといわなければならない。両者においてそれぞれ共に「ある」ということの窮極の拠り所とされる主語的実体(基体)と原子とは、どちらも知覚される事物そのものの内にあり、しかもそれ自身はいっさいの知覚的性質を示す述語的規定から独立のものとして――そしてどちらも価値的にニュートラルなものとして――構想されているからである。だから、原子論からその形而上学的な建前を切りすてるとともに、アリストテレス的世界像からその目的論を取りはずしてこの記述方式だけを残すならば、もともとが互いに惹き合う性格をもっている両者は、今や何の不都合もなく緊密に結合し、かくて主語的実体(基体)としての「このもの」は、原子の観念によって、世界記述における具体的な――「物」としての――内容を得ることになるであろう。

近代自然科学に基盤を提供したのは、実質的には、原子の観念とアリストテレスが創始した「主語・述語＝実体(基体)・属性」の記述方式との、このような結びつきであった。世界のあり方は、その「ある」ことの担い手、「物」的実体としての原子の振舞いを根気よく追跡し、原子を主語とする「主語・述語＝実体・属性」の方式を積み重ねることによって、確定的に記述できると考えられることになる。そしてそれを記述する「物」言語が、それ自体としては必然的に「没価値」的であり、「色」気なく「味」気なく善悪無記であることを建前とされることは、これまで見たところから充分に明らかであろう。

D　最後に、厳密学問が行なう説明の規範となるべき「論証的シュロギスモス」の体系の提示のなかに現われる、一つの論点を確認しておく。アリストテレスは、「論証」の必然性と結論の「自体性」が確保されなければならぬという要請にもとづいて、それぞれの個別的学問にはそれ自身に固有の根本前提があって、それをさらに論証することはできないこと、したがってまた、あらゆる個別的な学問をさらに上位から統括するような学問はありえないこと、を明確に述べている(*Anal. Post.* A 9)。

これはむろん、「論証」の立場に忠実であるかぎり、まったく正当にして必要な注意である。ただ、あらゆる学問の前提を根拠づけるということは、先に見たように、「形而上学」の重要な職能の一つとして伝統のなかに規定されていたことであった。しかしそのような仕方で〝万学の王〟の座に立つことは、「形而上学」といえども――それが厳密学問として右の規範のもとにあるかぎり――断念しなければならぬことを、アリストテレス自身が認めているのである。

けれども、ある学問の前提が根本前提としての身分をもつこと(帰納的にそれ以上伸びないこと)は、「シンタクティカル」な面から見た場合のことであって、「セマンティカル」な面から見ればさらに遡及の余地があるという意見に、(6)私としては賛同したい。そして、この「セマンティカル」な面――価値の問題と本質的なつながりをもつ面――の捨象ということは、ただ当面の『分析論』のコンテクストから由来したものというよりは、さらに一般的にも、基本的に人間にとっての意味や価値を捨象したところに立つアリストテレスの「形而上学」にとっては、必然不可避のことではなかったか、ということを問いたいのである。

アリストテレスの「形而上学」について、先にAとBで見られた点、すなわち、それが自然的事物を超越した存在に関わるとは充分な意味において言えないという点、そして、人間の生き方や行為に関わる価値の問題は厳密な学問・知識のかたちではとらえられないとして閉め出される点は、これだけを見れば、むしろ形而上学否定論者の主張の内容と結果的に合致すると言える。存在と価値の基本的な分離はさらにCにおいて確かめられ、Dにおいて「形而上学」は個別的な諸学問を統括支配しえないことが見られた。これらの諸点によってアリストテレスの「形而上学」は、奇妙なことには、「形而上学」の規定として伝承の大本に定着されているのを見た諸条件を充たしていないことになり、この諸条件を基準とするかぎり、あまり形而上学的ではないことになる。

アリストテレスの「形而上学」が形而上学ではないとすれば、それについて「形而上学の存在理由」を問うことは、あまり意味をなさないことになるであろう。(7) このわれわれの問を有効有意味に問うためには、形而上学の内実として別の可能性を求めなければならない。むろんこれは、くり返し言うように、アリストテレスの哲学についての全般的な解釈や評価とは別のことである。ただ、彼の「形而上学」概念に関連する事柄をそれ自身として取り上げ、その原理的な筋道だけを追うかぎり、以上のことは避けられない帰結であると信じる。

2　イデア論とその記述方式

形而上学のあり方の別の可能性は、さしあたってプラトンのイデア論に求められなければならない。なぜなら、これまでに見たアリストテレスの立場がまさにそれとの対決と拒否を通じて形成されたものである以上、イデア論は当然、形而上学的な思想として、かなり異なった内容をもっていたはずだからである。

事実、イデア的真実在は知覚される事物の総体としての自然を、充分な意味において「超えて」いるといえるし、アリストテレスが形而上学や自然学と、倫理学その他の実践的学問との間に引いたような厳重な境界線は、ここではむしろ、イデアを知る形而上学的知識と自然学との間に引かれている。知覚される事物を直接の対象とするかぎり、自然学はけっして「他の仕方ではありえない」ような存在を「観きわめ」る厳密学問ではなく、蓋然的な知識にとどまらざるをえない、とされるのである。またすべての存在の根拠であるイデアはさらに〈善〉のイデアによって根拠づけられているから、存在と価値とは根源的に一体である。そして、プラトンにおける形而上学的学問としてのディアレクティケーが、この〈善〉のイデアの認識に窮極するものである以上、それは当然、それ自身では最終的に自立できない他のすべての個別的学問を、根拠づける任をもっている。

こうしてイデア論は、前章で見たA～Dのすべての点にわたってアリストテレスの立場と対照的であり、「形而上学」に要請されていたすべての条件を充たしているといえる。しかしむろんこれだけではまだ、まったくの輪郭を示したにすぎない。われわれの考察のためには、もう少し詳しくこの輪郭の内実を見なければならないであろう。問題はとくに、イデアと知覚像と「物」の間の相互関係、そしてわれわれの経験におけるそれぞれの身分・資格の問題にかかわる。

イデア論的形而上学が先のアリストテレス的（また原子論的）立場と対照的であるということは、まず基本的には、「物」的実体をこの世界（知覚される事物の総体）の内に最終的には残さないこと、したがってまた、「主語・述語＝実体（基体）・属性」の記述方式とはまったく異質的な記述方式を採用することを意味する。

イデア論が本格的に提示されたしばらくの間、例えば「この花は美しい」と日常語で語られる事態は、「この花」という事物（x）と、「美しさ」という性格（F）と、「美そのもの」と呼ばれるイデア（Φ）と、この三つのファクターによって記述されていた。三者の間の関係は、「xはFを〝持つ〟（ἔχει）」（＝「Fがxに内在する」）、そしてxはΦを〝分有する〃（μετέχει）」、という用語法によって語られる。「〃xはFである〃＝〃xはFをもつ〃、そしてこの事態は〃xがΦを分有する〃ことによって成立する」というのが、『パイドン』（一〇〇C～一〇三B）から抽出される定式である。——そしてこれと並んで、「FはΦに似ている（ΦはFを似像とする原範型である）」という表現が、相互補足的に用いられていた。

けれども、このうちの「もつ」と「分有する」を使う用語法——すなわち、xとFとΦの三項による記述方式——は、もともとこれらの言葉が最も普通の日常言語に属するためもあって、誤用される危険性が大きいと言わねばならない。まず「もつ」（x／F関係）と「分有する」（x／Φ関係）とは、プラトン自身は入念にその使用を区別しているにもかかわらず、言葉自体はきわめてまぎらわしく、混同されやすい。この混同によって起こるのは、xが直接（Fをもつのと同じ仕方で）イデアΦをもつ、またはΦがxに直接内在する、という誤解である。

さらにまたこのことと関連しつつ、何よりもこの記述方式は、主語となるxを不可欠とすることによって、日常言語の文法と直結した「主語・述語＝実体（基体）・属性」的な記述方式に類同化される可能性と傾向性をつよくもっている。そしていったんこの類同化がなされるならば、「もつ」も「分有する」も等しなみに、主語xのもとに属性（ΦでなくF）が「述語づけられ」ていることとの表現と解されるほかはなく、イデア（Φ）は不必要になって排除されることになるであろう。さらには、例えば「〃美そのもの〃は美しい」といった、原範型であるイデアについての端的な同一指定を表明する典型的にプラトン的な命題（「分有する」——ましてや「もつ」——という用語はこの場合には適用されえない）も、「この花は美しい」という別種の命題の意味を基準としてこれとまったく同様に、「美そのもの」のもとに「美しい」（という属性F）が「述語づけられ」ていることとの表現と解されるほかはないであろう。「主語・述語＝実体・属性」の記述方式との類同化によって生じるこの誤解が、普遍的属性の reification, hypostatization, selfpredication, etc. といった、イデア論に対する常套的な批評の根源にある誤解であることはいうまでもない。

プラトン自身も——おそらくはアカデメイアにおける活発な討論を背景に——こうした事柄に気づくようになり、『パルメニデス』のなかで、「分有」用語がひき起こしやすいこのような誤解を、アポリアのかたちで集中的に提示した。(8) そしてそれ以後——少なくとも著作のなかでは——この「分有」用語は、イデアどうしの結合関係を表現することにだけその使用が限定され(『ソピステス』)、もはやそれまでのようにイデアと個別的事象との関係については、一度も用いられることがなかった。そのための用語法として代りに最終的に保持されるのは、〝x〟(主語・物としての「この、あるもの」)に言及することなく、ただFとΦの関係だけをそれとして記述することを本来の機能とする用語法、すなわち、「似像—原範型」のイディオムである。(9)

中期以後『テアイテトス』『ソピステス』などを通じて進められてきた、「物」的実体の解体作業と「似像—原範型」イディオムの機能開発とは、『ティマイオス』(むろん後期著作とみなす)において、共に完成されて現われている。原子的粒子の観念は、知覚の世界を記述するための方便として、ある範囲内でその使用を認められるけれども、しかしそれ自体実際にはひとつの知覚の対象であることを免れることはできず、他のすべての知覚像との間に絶対的な資格・身分の違いがあるわけではないから、「ある」ということの最後的な根拠とはなりえず、流転する知覚の世界の出来事の過程のなかにその実体性を解消させられる。そしてそのことと相応して「場」(χώρα)の概念が導入されるとともに、物理的事物を指す「このもの」(x)という呼び方も、最終的な資格をここで正式に否定されることになる。それはまた同時に、すでに事実上廃棄されていた「分有」用語——〝x〟を不可欠とする記述方式——に対する正式の拒否宣告でもあったといえる。

代りに今や、「このもの(x)は美しい(F)」と日常語で語られる事態の正規の表現は、「場のここに〝美〟のイデア

(Φ)がうつし出されて(F)いる」、あるいは「〃美〃のイデア(Φ)の似像(F)が場のこの部分に現われている」というかたちをとることになる。「これは火である」という日常的な言い方における「これ」は、「物」を指し示すのでなく、「火」という知覚的性状(「火」「水」のような名詞的なものと「赤い」「冷たい」といった形容詞的なものの間にもカテゴリー的な意味での絶対的資格の差異はない)の空間的分布を指定する場所的副詞と解されなければならないであろう。

この記述方式は、「分有」用語がその余地を与えていた「主語・述語＝実体・属性」の記述方式への類同化の危険性を排除する利点をもつとともに、後者の記述方式に伴う哲学上の帰結とはまったく別の方向に展開された形而上学的思想を支えるための、重要な礎石をなすものである。

しかしながらこの礎石は、不幸にしてその後における哲学の伝承のなかで、ほとんど完全に蔽いかくされてしまった。それは、アリストテレス以後、x／Φ関係を記述する「分有」用語を——すべて右のような実情にもかかわらず——プラトンのイデア論における正規の標準的用語法として語る習慣が定着し、さらにそのx／Φ関係の解釈の前に「主語・述語＝実体・属性」の記述方式が大きく立ちはだかったからにほかならない。げんにこの関連できわめて印象的な事実は、アリストテレスがプラトンの「場」を「質料」と同一視しつつ、これを「(イデアを)分有するもの」(τὸ μεταληπτικόν, τὸ μεθεκτικόν)と呼んでいることである(*Phys.* Δ2, 209b11～13, 33～35)。これはまさに、「場」の概念に託された先述のようなモチーフのすべてが、完全に無視されていることにほかならない。アリストテレスは自分自身の哲学的思考に導かれながら、〃x〃を不可欠とする廃棄された「分有」用語を——その廃棄を根拠づけるところのほかならぬ「場」に対して——本能的に再導入しているのである。

この一事のうちに教訓的に示されているように、アリストテレスは、まったく異質的な形而上学であるイデア論を自分自身の観点と記述方式を通してとらえざるをえなかったし、そして哲学の伝承のなかに定着したのは、このようにして礎石を蔽いかくされたイデア論であった。プラトンとアリストテレスを共に研究し注解して哲学の伝承に大きな役割を果たした新プラトン派の哲学者たちは、その名のごとくプラトン的形而上学を指向する人々ではあったが、しかし「アリストテレスの著作をプラトンの著作への入門手引とする」(Elias *In Categ.* 123. 10~11)ことを根本方針とし、とくに『カテーゴリアイ』は正式にカリキュラムに取り入れられた必読の書であった。これまで見てきたことを顧みるならば、このことがどのような結果をもたらすか、思い半ばにすぎるであろう。当然彼らは、アリストテレス独自の術語を用いた記述方式に習熟しきることによって、無意識のうちにその存在論的観点の規制下に自らを置くことになった。事態をこの用語法とこの観点から見るかぎり、「場」の状態描写による記述方式は見失われ、イデアそのものも宙に浮かざるをえない。そしてそれとともに、多くの似而非問題が生産されることになる。

ポルピュリオスの『エイサゴーゲー』の数行の文章が——ボエティウスによるそのラテン訳を通じて——ひき起こしたいわゆる「普遍論争」は、そうした似而非問題の最たる一つであろう。「〝類〟や〝種〟が知覚される事物から離在して独立に存在するもの(χωριστά)であるかどうか」(*Isagoge* 1. 12)というその問の立て方は、その用語と思想において——とくに「コーリスタ」という、「このもの」としての実体のカテゴリーが他の属性的なカテゴリーに対しても つ特質を示す概念は——完全にアリストテレス的であり、しかもその当のアリストテレス的立場にとってもほとんど意味のない問である。なぜならこの問は、類や種を示す普遍的なもの(「動物」「人間」等)が、個物(「このもの」)としての実体が独立存在者であるのと同じ意味で独立に存在するか、要するに「普遍は個物であるか」、と問うているのと同じことだからである。他方、右の問に「イエス」と答える立場が「プラトニズム」と呼ばれるとしたら、これまた無意味な呼称の混乱以外の何ものでもないだろう。イデアが「普遍」(これもアリストテレス独自の観念に裏づけられた新造語)と直ちに同一視されることの問題性に加えて、プラトン自身にはそもそもこのような「独立存在者」としての

「実体」概念を、重い意味を与えて立てる発想の余地はまったくない以上、「普遍は独立に存在するか」という問は、本来のプラトン的立場にとっては、はじめから全然意味をなさない問だからである。

にもかかわらずポルピュリオスが、もしプラトンのイデアのことを念頭に置いて、どちらの立場にとっても本来あまり意味をなさないこの問を立てることを有意味で重要――「最も深い問題」(βαθυτάτη πραγματεία)――と考えたのであるならば、それは先述のような彼らの根本方針――命題論や論理学においてアリストテレスの教えを受けながら、形而上学的にプラトンの徒であることを指向するという、事柄自体として不可能な要請――がもたらした不幸な結果といわなければならないであろう。[10] そして、かりにもわれわれが、先のポルピュリオスの問に「否」と答えることを反プラトニズムと呼び、あるいは、主語となる名詞には何か普遍的実体が対応することを否定して、名詞をもつ言語を述語的な言葉にばらしてしまうことを反イデア的立場であると考えるとするならば、それは、われわれ自身もまた同じその不幸な結果の影響下にあることの証明にほかならないであろう。このような状況にあっては、すべてこの種の似而非問題によって醸成された悪しき意味での形而上学の濃霧を消散させて、埋もれていた本来の形而上学の可能性を元の姿に回復して取り出すこと自体が、ひとつの大切な形而上学的課題とならざるをえないのである。

3　原範型(パラデイグマ)

もういちど、イデア論による「場」の状態描写的な記述のことに戻ってみる。

いま私の前に机が見えている(と書き出すが、「机」の代りに何が代入されてもかまわないつもりである[11]――「コップ」「タイプライター」「人間」「女」「犬」「水」「山」「海」「火事」「戦争」「原子爆弾」「平和」「三角形」「直線」「白」「美」「勇気」「正義」、そして「髪」「泥」「汚物」「醜」「悪」等々。〃知覚〃という言葉をこれらのどれの判別についても使えるように広義に解する余地さえ与えられれば、これからこの章で述べることは本来これらすべてについて言えるはずである)。

先に見た記述方式は、この事態を、「〝机〟のイデア(Φ)がいま場のここにうつし出されて(F)いる」とか「〝机〟のイデア(Φ)の似像(F)がいま場のこの部分に現われている」とか表現していた。しかし、私に現われているこの知覚的性状(F)は、なぜとくにイデア(Φ)の似像として語られなければならないのか。「〝机〟という知覚的性状(F)がいま場のここに現われている」とだけ言えばすむのではないか。

しかし私はどうして、眼前の知覚的性状を「机」として判別し、さらに「机」という言葉で語ることができるのであろうか。いうまでもなくそれは、私にこの知覚的性状が「机」としての意味をもって現われるからであり、そして私が「机」という言葉の意味を知っているからである。では、ある言葉の「意味」を知っているとはどういうことか。机には円い机、四角い机、立派な机、粗末な机、要するに種々雑多な机がある。「机」という言葉の意味するものは、それら種々さまざまの机のどれ一つともそのまま同じではなく、他方、それらすべてを包含している。しかし、この机でもあの机でもどの机でもない「机一般」なるものが言葉の「意味」として、あるいは「意味」に対応して、存在し、そういう(〝ないないづくし〟の)「机」を知ることが、「机」という言葉の意味を知ることであるとは考えにくい。また事実、そのような「普遍」としての「机」がどこかに「独立に存在」するという思考法は、当面のイデア論的記述方式の思想にとっても無縁であった。

こうした事情に目を向けるかぎりでは、最も難点のない処置は、「机」という言葉の意味を知っているということは、任意の知覚的性状が与えられたときに、それが「机」であるかないかを判別できるというまさにそのことであり、それ以上でも以下でもない、というふうに規定することであろう。(12) ただ、たしかにこれはその意味では無難な規定ではあるけれども、しかしその安全性は、この規定が別の問題を避けたところに立てられていることによって保証される安全性にほかならないといえる。いったい、「知る」ということの意味がこれによって、ほんとうに尽くされているであろうか(「知る」ということの意味を知るとはどういうことか、と問うてもよい)。

家具の専門家も三歳の童子もそれぞれ、与えられた任意の知覚的性状が「机」であるかないかを判別できるだろう。したがって、この判別それ自体が「〃机〃という言葉の意味を知ること」の意味を充分に尽くしているとすれば、両者はいずれもまったく同等の資格で、「机」という言葉の意味を「知って」いることになる。しかし実際には、それぞれの知り方には明らかに差異があり、ひいては判別それ自体の中身も違っている。判別にはいかに稀薄にせよ、判別対象への対応的行動の準備が含意されているが、その対応的行動は、家具の専門家と童子とではそれぞれ違うだろう。知り方や中身がどうであれ、知ることは知ることであり、判別は判別だと言われても、この差異は――「机」の代りに「正義」「悪」「戦争」「酒」「女」(あるいは「男」)「人間」などを考えてみても――われわれの経験のなかでずっしりと重みをもっていて、とうていこれを無視することはできない。そしてこの「知り方」の差異こそは、「〃机〃とは何であるか」あるいは「机とはいかなる機能を果たすべきものであるか」を知っているその知り方の差異であり、家具の専門家は三歳の童子よりも、この「〃机〃とは何であるか、いかなる機能を果たすべきものか」ということをよく(詳しく)知っているのである。だからまた、彼がこの知識に照らして「机」として判別するもの――したがって実際に「机」であるもの――を、三歳の童子は、その形状その他のいかんによっては、「机」としては判別しないということもありうるであろう。同様に、「人間」という言葉の意味の知り方にはさまざまの差異や段階があり、われわれは経験を通じて「人間である」ことへの認識を深め、それに〃眼が開かれて〃行く。そしてそれに応じて、「人間」を「人間」として判別するその判別自体のあり方も変って行く。

このように「人間とは何であるか」に〃眼が開かれて〃行くにつれて判別自体のあり方も変って行くとすれば、この「人間とは何であるか」ということは、「人間である」という判別自体の中に働いてそのあり方を規制している規範的な何ものかであると考えざるをえないであろう。われわれがあるものを、これまでに出会ったどれよりも「より美しい」と判別するとき、この判別のためには、「美とは何であるか、いかなるものであるべきか」ということの基準ないし規範が、比較のためにどうしても必要であろう。何を基準とし、いかなる規範への近さ遠さを判定のよりどころとして(これまでのどれよりも)「より美しい」といえるのかが窮極的に確定しているのでなければ、この判定はなされえないはずであるし、そして仮設によって、そのような基準・規範は過去に経験された知覚的性状の総体のなかにはないからである。そして、比較級なき端的な「美しい」という判別もまた、結局は同じ事情のもとにある。一般に「Fである」という判別性質がまさに判別性質として充分に機能するためには、その機能そのものの内に、このような基準ないし規範の働きが内包されていなければならない。

この基準ないし規範そのものは、過去においてだけでなく、未来において「Fである」と判別されるであろうものの全集合のなかにもそのまま見出されず、新たに現われるどのような「Fである」ものに対してもまさに基準ないし規範として機能すべきものであるとすれば、それはすべての知覚的性状(F)とは絶対的に資格・身分を異にするもの(Φ)でなければならないであろう。この関係が似像と原範型(パラデイグマ)の関係として語られるのは、例えば「美である」ことの規範は、われわれが経験するどのような〃比較を絶した〃美しいものに対してもなおかつ規範として機能するような、完全無欠な「美である」ことそれ自体であり、現実に出会うすべての美しさは、この完全無欠な「美である」の規範に「あこがれてはいるがその通りではありえない」と語られるのがふさわしい事態のゆえである。そして鏡にうつる私の像の「あり方」が、存在の異次元における私自身の「あり方」に全面的に依存し規定されているちょうどそのように、「美しい」という判別は、この規範に依存しこの規範がうつし出されるがごとくにして成立する。「似像と原範型」という語り方はもとより比喩的表現である。しかし、事態に適合しきった比喩は、もはや「たんなる比喩」であるとはいえまい。――すべてこれらの意味をこめて、FはΦを含意する。

厳に注意しなければならぬのは、この規範的範型をいわゆる「理想像」と混同してはならないということである。もし「理想像」とは、現実には見出されぬほど完全な像として――しかし経験において与えられた知覚像にもとづいて、であろうが――脳裡に想い描かれるものの謂であるとすれば、たとえそれがどれほど完全な姿に想い描かれようとも、結局は特定の知覚像と同じ資格のものであり、FであってΦではない(13)。先の比喩を使えば、知覚像の複合により想像された「理想像」と現実の知覚像との間には、実物とその鏡像との間にあるような存在の明確な異次元性はない。たしかにそのような頭の中の想像画としての「理想像」は、経験のある範囲(全生涯でも)においては充分に或る意味での規範(模範)として機能しうるけれども、しかし原理的には、その規範(模範)性は相対的なものにとどまり、いつ何どき〝想像を絶した〟――「理想像」よりもさらに「理想」的な――事例に出会うかもしれない可能性を残しているし、あるいは経験とともに修正され描き変えられて行くであろう。これに対して、Φの規範性はまったく先験的で不変である。原範型としてのイデアとこのような「理想像」との混同は、先に見た「〝美〟のイデアは美しい」というタイプの命題に対するアリストテレス的な不当な解釈と重なり合いながら、イデア論のパラデイグマティズムへの根本的な誤解を形づくっているといえる。範型としてのイデアは、それをそれ自体としてとらえるためには、まったく純粋の思惟によるほかはないものである。ΦとFの資格の差異は、このような「思惟によってしかとらえられないもの」(ノエートン)と「知覚されるもの」(アイステートン)との間にある絶対的な資格の差異である。

最後の論点に移る。先に知覚的判別の〝中身〟のことに関連して、判別には、判別されたものへの対応的行動の準備が含意されていることに一言触れた。ある知覚的性状を「机」として判別することのうちに規範・基準として働く「〝机〟とはいかなる機能を果たすべきものか」ということは、われわれの側から言えば、「〝机〟とはいかに使うべきものか」ということであり、「机」としての知覚は、このようなひとつの行為的反応の類型と本質的に結びついている。「赤信号」を「赤信号」として知覚することが、ほとんどそのまま横断の歩みを止めることでもあるのと同様に、われわれがある知覚像を「人間」として、「友人」として、「山」として、「火」として、「美」として判別することは、いずれも、それぞれに対する行動・対処・対応・反応・感応——要するにさまざまの仕方でわれわれがとるべき基本的態度への指示を受けとることにほかならない。いかなる知覚的性状も、このような合図をわれわれに語りかける濃淡強弱それぞれの〝表情〟をもっていて、緊迫した状況ではこの〝表情〟は強烈にあらわになる。逆にいえば、われわれはこのような〝表情〟をもつものをしか、つまりその意味で〝役に立つ〟ものをしか知覚しないのである。知覚とはその根底において、すべて(科学的観察のような場合も含めて)このような価値的な判別にほかならない。もともと行動(あるいは対処・対応・反応・感応)とは、価値(目的)的連関のうちに成立するものだからである。

いかなる知覚的判別もその根底において、このように価値的な判別であるということは、ある知覚的性状(F)のうちに規範として働く原範型(Φ)の範型性が、価値的な範型性でもあることを意味するであろう。イデア(Φ)がその瞬間瞬間に場にうつし出されて(F)、われわれに現われることは、Φが有する価値性がうつし出されて現われることでもある。[14] このようにすべてのΦが価値にあずかっていること——すなわち、すべてのイデアは〈善〉のイデアによって根拠づけられていること——は、かくて、われわれの経験の全体を規定している窮極的に根源的な事態なのである。

4　結び

こうしてわれわれは、先に(2のはじめ)形而上学の別の可能性として輪郭を提示したイデア論的思想について、その記述方式がもつ少なくとも基本的な意味と方向性だけは示しえたと思う。

たしかに、かの「主語・述語＝実体・属性」の把握方式も、部分的には、いま見られたような人間の経験の本性にもとづいて成立しているといえる。知覚は——そして言葉も——もともと行動のためにあり、そしてある種の知覚的性状を「物」的実体として固形化することは、疑いもなく、それに対する行動的対応を有効に行なうことに役立つからである。かの把握方式は、日常の言葉が本来もっている、知覚が行なう有形化を堅固にするためのこのような「実体化作用」を踏まえて、知覚される事態を中心的な「物」とそのさまざまの性状・振舞い・作用という構造でとらえる解釈を、組織化したものにほかならない。自然科学は、この把握方式のこのような利点を活用することによって、人間のために行動の有効性を飛躍的なまでに増大させた。ある状況や性状を支えている実体の想定は、その状況や性状を現出させている責任者(アイティオン＝原因)の指定にもつながる。関心をもつ状況に直面するとき、動物は状況そのものに対応するほかはないが、人間はその状況(例えば、身体の衰弱、強風雨)を現出させている責任者としての主語的実体(「結核菌」、南方海上にある「台風十三号」)を名指しで指定し、その実体の次の振舞いを予測して、来るべき状況に有効に対処できるようになった。

しかしながら、この「主語・述語＝実体・属性」の把握方式は、たしかにある範囲内では、このように思考の方便として利用することはできるけれども、実在の構造がこの把握の構造の通りであると最後まで主張することはできない。私が見ている黒い机(材質そのものが黒い場合でも、黒い色が塗ってあるだけの場合でも)において、知覚的事実そのものに目を据えるかぎり、「黒」はけっして「この机」に依存して存在してはいない。私に見えている「この机」から「黒」を取り去ることは、「この机」のすべてを取り去ることである。

他方また、知覚の世界の基礎に「物」的実体として想定された原子的粒子が、その元来の建前通りの不変的恒久的な実体性を最後まで保ちえないことや、それの振舞いがそれを観察(知覚)する人間と無関係に想定されていることから必ずや由来せざるをえない困難は、科学がこの記述方式を世界の最も微細な局面にまで適用して、世界の最も詳しい「あり」方の確定的な記述をあくことなく追求しようとする過程のなかで、すでに前世紀の終りごろからさまざまの具体的な場面で、しだいにあらわになりはじめているといえる。そのとき、「さまざまの困難は事実に関わるものであるよりは言葉に関わるもの」(ハイゼンベルク)ではないかという、科学者自身の反省は正当であろう。

もともと、主語・述語の方式そのものでさえ、ほとんど西欧語の構文にのみはっきりと特徴的なものであって、けっして人類にとって絶対的でも普遍的でもないことは、「言語的相対論」を説いた学者の報告の通りであろう。人間の思考にとって本質的な「内語」(inner speech)の構文においても——ちょうどわれわれが緊迫した経験においてはただ、「美しい!」とのみつぶやき、「海!」とのみ讃歎し、「火事!」とだけ叫ぶのと同じように——主語は述語に吸収されて、事態は述語的直接性のうちに一挙に把握されることが指摘されている。(15)

こうしてわれわれは、「主語・述語=実体・属性」の把握方式に対して、明確な限界の意識をもってのぞまなければならない。言葉の日常的用法に習慣づけられたわれわれにとっては、少なくとも一方において、状況をただ状況として凝視し、変動するものを変動するがままに眺めて、固定した「物」にとらわれないための「物」忘れの努力が必要であろう。それはわれわれの思惟を自由に解放することにもなる。

「物」的実体は最後的にはやはり虚構であり、そしてこの虚構は、存在と価値との基本的分離という、さらに重大な虚構の上に成立していた。そこから発する思惟の動きは、したがって、世界が「いかにあるか」を知ることと、その世界の中で「いかに為すべきか」を知ることとの非本来的な分離をはじめから内包していることになり、それはやがて全き乖離と分裂となって現実化せざるをえないであろう(1のaの注意点(4)を参照)。科学は人間のために行動の有効性を飛躍的なまでに増大させたけれども、その有益性はしかし、果たしてこのままで人間にとってのほんとうの価値(善)をぴたりと指し示しているかという、われわれが今日いやおうなしに直面せざるをえない現実的問題も、思想の基本的筋目から大局的に見るならば、同じこの乖離と分裂の結果として位置づけられるであろう。

　形而上学が本来の可能性としてもつ思惟の動きは、こうして、「いかにあるか」の知と「いかに為すべきか」の知を一体的に統一しつつイデア的なものを指向する思惟の動きでなければならない。それがもともと、これまで見られたように、人間の知的機能の自然本来の発動の仕方なのであり、存在と経験の根源的なあり方からまっすぐに要請される思惟の方向性にほかならないのである。分化した各科学も、その動因そのものは元をただせば、いずれもここに根をもちここに発して分かれたものである以上、最後にはふたたびこの形而上学的な思惟の動きのうちに、人間の学として収斂されることを潜在的に求めているはずである。科学の現場で惹起される諸問題と反省は、そのことの徴候であるとみなすこともできるであろう——「自然は人間より古い。だが人間は自然科学より古い」(ヴァイツゼッカー)。形而上学はその本来の思惟の動きをどこまでもまっすぐに推進させることによって、この収斂に堪えて引き受けるだけの力を保持しなければならぬ。そして形而上学がこのような根源的課題を追求することによってのみ、現代におけるさまざまの困難な状況もまた、はじめてその全体的かつ根本的な対処の基盤が与えられるであろう。

　——しかしながら、以上は事柄の半面にしかすぎない。形而上学的な思惟とは、もとよりほかならぬわれわれ自身の思惟である。「物」的実体は虚構として消されえても、思惟する主体としての魂は、最後まで舞台から消去されえない。それはこの世界内にあって、「主語的実体」と呼ばれうるただひとつのものである。現実の知覚的判別のうちにリアルに働いていながら、それをそれ自体としてとらえるためには純粋の思惟によるほかはないイデア的な原範型に、「である」の実質的な意味の基準を据えることへの知的習熟のためには、洞窟の壁に向けて固定された目を明るい太陽の光の方へ向けかえることにたとえられるような、思惟の主体としての魂全体の大きな転換が要請される。形而上学の問題は、すぐれて魂の——その本性、純粋性、不死性の——問題でもある。いまはしかし、この先のことを語る力も余裕も私にはない。語りえない事柄については黙さねばならぬ。

（1） Cf. Alexandrus *In Metaph.* 171.5~7; Asclepius *In Metaph.* 1. 13~21, 2. 14~18; Philoponus *In Categ.* 5. 2(ὑπέρ); Simplicius *In Phys.* 1. 20(ἐπέκεινα). ——形而上学（第一哲学）の主題についての二つの規定、すなわち神学（という特定の対象に関わる特定の学問）としての規定と、他方における一般存在論（という普遍的な学問）としての規定は、近代において解釈上の大きな問題とされてきたが、古注はしかし、「不動の存在を扱う学問は第一のものであるがゆえに普遍的であり、存在であるかぎりの存在の考察がそれの仕事に属することになるだろう」(*Metaph.* E 1. 1026a30~31) というアリストテレスの釈明をそのまま受け入れて、この点について何も疑っていない。

（2） Cf.「数学は全面的に質料と共にある存在（自然学の対象）から、完全に質料なき存在（神学の対象）へとわれわれを橋渡しする梯子である」(Elias *In Categ.* 121. 17~18)。

（3） *Protrept.* Fr. 12(Ross); *Eth. Nic.* K 8. 1178b7~20. ——本書第六章「観ること（テオーリアー）と為すこと（プラークシス）」参照。

（4） Cf.「観想的学問は真偽を考察し、実践的なそれは善悪を考察する」(Philoponus *In Categ.* 4. 25~27)。「観想的知性は実践的な何ものをも観想せず、何を逃れ何を求めるべきかについて何も語らない」(*De Anima* Γ 9. 432b27~28)。

（5） *Metaph.* Δ 14. 1020b13, Z 1. 1028a15~16, 25~29, al.

（6） 村上陽一郎「科学と価値」(『理想』一九七三年六月号)。

（7） にもかかわらずアリストテレスがれっきとした形而上学者であると一般にみなされている主要な理由は、その一般存在論に与えられた包括的普遍的な課題と、その世界観の鮮明な目的論的性格にあるだろう。前者はしかしアリストテレス自身によって神学としての第一哲学に還元せしめられ(注(1)参照)、後者の目的論的世界観の頂点にあるのがこの第一哲学としての神学である。そしてこの神学はわれわれが見たような仕方で自然学と連結し合っている以上、それ自体としてどれほど感動的な内容をもとうとも、その主張する事柄そのものの是非と真偽は、自然学によって事実問題として判定されることを免れない(事実『形而上学』の最も形而上学的な部分とみなされるΛ巻は、当時の最新の天文学理論であったエウドクソスやカリッポスの学説にその主張が合致するかどうかについて、重大な顧慮を払わなければならなかった)。したがってこのような神学としての形而上学は、自然学の進歩によってその内容がobsoleteとなる宿命を免れえないであろう。このような自然学との連絡性と、他方人間的価値の問題との隔絶性とによって、アリストテレスの「形而上学」は、その基本的立場を貫くかぎり、ふつう形而上学の「存在理由」として考えられる、自然科学が人間にとっていかなる意味を有するかの解明といったような期待には、答えることができないように設計されているといわなければならない。

(8)　老パルメニデスが若きソクラテスに問う、形式的に数えて全部で六つの議論(130 B～134 E)のうち、第二(「分有すること」→「直接的に内在・現在すること」の置換)、第三(「第三の人間」)、第五(範型と似像)、第六(「分有する」と「もつ」との意図的混用に注意)の議論が、「分有」用語がもつ以上述べたような欠点の意識的な提示となっている(とくに「第三の人間」)。注意すべきは、第五の議論における範型―似像の関係も、この「分有」関係の一解釈として(独立別個の代案としてではなく)提出されていることであって、そのアポリア自体も、議論の途中における「分有」用語の不当な再導入により成立し、範型―似像の用語で一貫すれば背理は帰結しない。

(9)　以上および以下において述べられるプラトンの記述方式に関する文献学的な裏づけ(プラトンのテクストの詳しい調査報告、アリストテレスの証拠との関連、ツェラー以来の関係諸論説への言及等)は、すべて拙稿 "῎Εχειν, Μετέχειν, and Idioms of 'Paradeigmatism' in Plato's Theory of Forms", *Phronesis* vol. 19, 1974 のなかに与えられている(その邦訳が、第四章「プラトンのイデア論における「もつ」「分有する」および「原範型―似像」の用語について」として本書に所収)。

プラトンの用語法に関する事実とその哲学的意義は、従来、何よりもまずテクスト調査の不正確さと、用語の変遷を跡づけようと試みた人々の(調査そのものの不正確に加えて)方針の不適切(とくに、「分有」用語を個物へのイデアの内在を表現する語と解して「もつ」と一緒にし、用語法の変遷を単純に「内在」用語(「もつ」「分有する」等)から「超越」用語(範型―似像)への変化と解すること――H・ジャックスン、ロスなど)によって蔽い隠されていたように思われる。「分有する」(範型―似像用語と同時に用いられ始め、むしろイデアの超越性の表現を指向する用語)と「もつ」とはプラトンによって厳に区別され、また、ある意味での「内在」の用語(Fが「場」に「入る」こと――εἰσιέναι, ἐγγίγνεσθαι)は最後まで残されているのである。

(10) R. I. Aaron, *The Theory of Universals* (pp. 12〜13) : "It was clear from the way in which he (Porphyry) posed the problem of universals that he was thinking *in terms of the Platonic metaphysics*.(…Porphyry's failure was a failure to grasp Aristotle's metaphysics.)"という判断は私には納得できない。ザット・クローズの中の言葉は"…that he was thinking of the Platonic metaphysics *in terms of Aristotle's ontology*"と訂正されなければならない。

(11) 「君はまだ若くて哲学が充分身に着いていないので、人間たちの思わくのほうに目を向けている」(*Parm.* 130 E)と老パルメニデスから言われないために。

(12) 大森荘蔵『言語・知覚・世界』一一、九二—九三、二二六ページ。ただし大森氏が問題としているのは「日常、および科学が語る文脈のなか」だけに限定されている(もっとも私には、問題領域のこの謙虚な限定が、最後まで固定されて通用しうるかどうか疑わしいけれども)。

(13) 例えば『国家』(V. 472 D)で語られている、すぐれた画家が描く最美の人間の模範像(同じく「パラデイグマ」と呼ばれる)は、しばしば誤解されるようにイデアそのものではなく、イデアを「分有する」(472 C2)ものとしての、特定の想像的知覚像(F)である。

(14) 先にこの節の最初にことわられたように、このことは「醜」や「悪」のイデア(cf. *Respublica* V. 476 A, al.)についても言えることである。これらのイデアがうつし出されて(F)われわれに現われ、われわれが「醜」を「醜」として判別し「悪」を「悪」として知ること自体が、われわれにとって有益な価値的なことなのであって、つまり「醜」や「悪」の存在、そのイデアもまた窮極的には「善」のイデアによって根拠づけられていることを意味する。

(15) 以上の諸点については、第一章「言葉」を参照。

第三章　プラトン的対話形式の意味とその必然性
——文学と哲学——

1　プラトンの対話篇は文学の書か、哲学の書か。そもそも「文学」とは何か

プラトンは自分の著作を、対話篇という形式で書いた。なぜプラトンがこのような形式を選んだか、またこの形式それ自体のもつ意味は何かということは、本稿において最後まで取り組まなければならない問題である。しかし、さしあたってわれわれは、このようにして書き残されたプラトンの著作は、端的に言って、文学の書なのか、哲学の書なのか、と問うてみよう。

たとえば「世界古典文学全集」といったシリーズ物が刊行されるとき、プラトンの対話篇もそこに収録されるのが通例である。このことは、プラトンの著作が一般常識から見ても、文学作品として扱われることを要求するような性格をもっていることを示している。事実、『リュシス』『カルミデス』『プロタゴラス』『ゴルギアス』『饗宴』『パイドン』『国家』『パイドロス』といった対話篇において、「とき」と「ところ」についてのそれぞれにふさわしい状況設定のもとに、ソクラテスをはじめ対話人物たちが生き生きとした個性をもって登場し、巧みな情景描写を織りこみながら議論が劇的に展開して行くのを見るとき、何びとも、これがすぐれた文学作品であることを疑わないであろう。

けれども他方、文学であることがプラトンの対話篇のすべてであると言い切る者は、むろんいないだろう。そもそもプラトンその人は哲学者であり、しかも、ヨーロッパにおける彼以後の哲学の歴史はすべてプラトンへの脚注であ

ると言われるほどの、哲学者中の哲学者である。もしその著作である対話篇がはっきりと文学作品であるならば、われわれは文学作品をその仕事として書き残した人を、二千年以上の間、誤まって哲学者と呼んできたことになる。哲学者プラトンの著作としての対話篇は、本来やはり哲学書であるはずであろう。

こうしてわれわれは、通常、プラトンの対話篇は哲学書であると同時に文学書でもあるとか、文学的要素の加味された——あるいは「芸術的香気に包まれた」——哲学書であるとか言って事をすませている。しかしこれは多くの場合、怠惰な答というべきであろう。いったい、いうところの「文学的要素」とは、正確には何を指すのか。プラトンの対話篇のもっている性格の、どこまでがどのような意味で「文学」であり、どこまでがどのような意味で「哲学」であるのか。

このような問は、ある意味において、余計な問であるかもしれない。おそらくヴァレリイの言うように、「われわれはジャンルの区別、つまり、精神のさまざまの動きの独立性について、きわめて強い観念をきざみこまれているので、それらの動きを一つに結合しているような作品に堪ええない」のであろう。哲学の書であろうと、文学の書であろうと、そういう眼界狭小のジャンルの区別立てを超えて、プラトンの対話篇はまさに「それらの(精神の)動きを一つに結合している作品」として、独自の魅力と価値をもってそこに存在している。われわれはただ、そのあるがままをまともに受けとめ、そのことによって何ごとかを経験すればよいのである。

しかしながら、プラトン自身は、自分の置かれた時代と社会の状況に切実な関心をもって参与して行くにあたり、この文学か哲学かという問と間違いなく重なり合う問題——「詩と哲学との争い」——を、人間の知性がとるべき方向と、それにもとづく人間の営みのあり方の問題として、つよく意識した人である。このような問題連関の中に組みこまれるとき、われわれの単純な問も、かなり根源的な意味合いを帯びて来ざるをえないであろう。そしてそのとき気づくのは、先述のように、われわれが一方において「文学」「哲学」といったジャンルの区別にこだわる習慣をもちながら、他方しかし、その区別の基準や原理、「文学」とは何であり「哲学」とは何であるかについて、おそらくは漠然とした観念しかもち合わせていないということである。

現代がひとつの重大な危機的状況を示していることは、もとより紛れもない事実であろう。文学とは、そのような現代の世界と人間を、全体的・総合的に把握することを課題とする営為であると言われる。これもまた、そのとおりであろう。ただしかし、これだけの一般的規定ならば、哲学にもまったく同様に当てはまるし、ある意味では科学についても言えることである。現代の世界と人間の全体的・総合的な把握を、ごく基礎的な意味において、どのような仕方で行なう営みが、とくに「文学」と呼ばれて「哲学」から区別され、あるいは「科学」から区別されるのであろうか。

同じこの問は、いま言ったように、プラトンにとって重要な問であったし、われわれにとってもまた、そうでなければならぬはずである。プラトンの対話篇は、「文学」と「哲学」についてのわれわれの考えを基礎的なかたちで明確にして行くための、ひとつの良き試金石となるであろう。

2　アリストテレスの証言をめぐって

プラトン的対話篇の性格づけは、すでにプラトンの後に出たアリストテレスによって、『詩学(創作論)』のなかで行なわれている。われわれの手持ちの文学概念にあまり期待できないとすれば、われわれはまず、このアリストテレスの言うところを聞かなければならない。彼の発言を見届けておくことは、それをわれわれの考察の手掛りとするためにも、逆にまた、この哲学者が後世に与えた強力な規制力からできるだけ自由であるためにも、ぜひ必要なことである。

アリストテレスの『詩学』は、簡単な前置きののち、次のような記述ではじまっている。

叙事詩の創作、悲劇の創作、さらに喜劇、ディテュランボスの創作、笛や琴などの(音楽の)大部分——これらを全体として一括する規定を与えるならば、いずれもミーメーシスにほかならない(一四四七a一三〜一六。以下『詩学』からの引用は、筑摩書房「世界古典文学全集」と中央公論社「世界の名著」のアリストテレスの巻に所収の拙訳による)。

「ミーメーシス」というのは、周知のように、プラトンが『国家』の第一〇巻において、学問的知識の探求の仕事、および実物を作り出す大工などの仕事に対して、実物ではなくその似像・影像を作り出す画家や彫刻家の仕事を——そしてそれとともに作家(詩人)の仕事を——区別するために用いた概念であって、「真似」を基本義とし、「似せて作り描くこと」「描写」「再現」といった意味をもつ。アリストテレスは、この概念をプラトンから承けつぎながら、そのような「描写」の手段・媒体として色や形を用いるもの、声を用いるものなどが区別されるなかで、叙事詩や悲劇や喜劇などの(文学的)創作においては、リズムと言葉と音階(調べ)が手段・媒体として用いられることに注意する。そしてそのうちで、言葉だけを用いるミーメーシスについては、

これにはは今日までのところ名前が欠けている。なぜならば、ソプロンやクセナルコスの物真似劇(ミーモス)と、ソクラテス対話篇とを一括するような共通の呼び名を、われわれは知らないからである(一四四七b九〜一一)。

と述べている。「ソクラテス(を主人公とする)対話篇」といえば、それを書いた人の名はほかにも伝えられているけれども、しかしわれわれにとってもアリストテレスの同時代人にとっても、まず第一に思い浮かべられるのは、むろんプラトンの書いた対話篇であろう。「この種の書きものを完成させたのはプラトンであるから、これを立派なものにしたということに加えて、これを発見したという栄誉もまた、彼にこそ与えられるのが正当であると思われる」と、

前三世紀の列伝体哲学史の著者ディオゲネス・ラエルティオス(三・四八)も言っている。
すなわち、この『詩学』の記述によれば、アリストテレスはプラトンの書いた「ソクラテス対話篇」を、叙事詩や悲劇と並べて、ミーメーシス――言葉による描写――によって成立する創作であると考え、したがって叙事詩や悲劇をわれわれが文学と呼ぶならば、プラトンの対話篇もまったく同様に、文学的創作であるとみなされていることになる。これがおそらく、プラトンの対話篇を文学作品と見ることについての、われわれの有する最古の証言であろう。

アリストテレスは韻律の使用ということを、文学的創作にとって本質的なこととは考えなかった。「作家」であることの基準はあくまで、その人の仕事がミーメーシスであるという点にあり、したがって、たとえばホメロスとエンペドクレスは共に同じ叙事詩形式による作品を書いたが、しかし両者の間には韻律の使用ということをのぞけば何らの共通点もなく、「だからホメロスを作家と呼ぶのは正しいけれども、エンペドクレスは作家(詩人)と呼ばれるよりも、自然学者と呼ばれるべきである」と主張している(一四四七b一八～二〇)。

われわれの問題に直接関連する『詩学』の記述は、さし当って以上のとおりであるが、すでにこれだけの発言のうちにも、われわれはいくつかの問題点に行き当る。その主要なものを挙げてみよう。

(1)プラトンの対話篇が文学的創作であるとみなされたのは、それが叙事詩や悲劇などと同じく、ミーメーシスであることによるものであった。先のディオゲネス・ラエルティオス(三・一八)によれば、プラトンは、アリストテレスによって言及されていたソプロンの物真似劇(ミーモス)を手本として、対話人物の性格描写を行なったということである。ソプロンの物真似劇なるものの実際をわれわれは知らないけれども、プラトンの対話篇の登場人物たちが完全にそれぞれの人物になりきっているのを見るとき、この説明も納得できるであろう。

しかしながら、もともとこのミーメーシスという概念は、プラトンが文学に対する否定的評価のための武器として用いた概念である。作家たちの仕事はミーメーシスであるがゆえに、真実そのものから程遠いというのが、『国家』第一〇巻におけるプラトンの主張であった。しかしプラトンの対話篇がミーメーシスであるならば、同じこの否定的評価は当然、プラトン自身の著作についても言えることになる。事実われわれは、「プラトンは『国家』において、ホメロスをはじめとするミーメーシス的な創作を追放しておきながら、みずからはその対話篇をミーメーシス的な手法で書いた」(アテナイオス、五〇五B)という、この点に関するプラトンへの非難の言葉を、すでに古人のうちに見出すのである。

プラトン自身はこの指摘と非難に対して、何と答えるであろうか。このことは、われわれがプラトンの対話篇の本質的性格を見定めて行く上で、重要な関わりをもつであろう。

(2)アリストテレスは、一般に『詩学』以外では、ここでミーメーシスと規定された「ソクラテス対話篇」の典型といえる『プロタゴラス』『メノン』『饗宴』『パイドン』などを、プラトンの哲学的思想を知るための哲学的著作として扱っている。彼がこれらの対話篇を、文学的創作としてのみ見たのでないことは明らかであろう。だからわれわれとしては、ではそれはどのような意味で文学であり、どのような意味で哲学であるかという、さっきと同じ問題をあらためてわれわれ自身の手で、さらに明確にするように努めなければならない。そのための手掛りとして「ミーメーシス」ということが与えられたのは、ひとつの収穫ではあるが、ただ『詩学』のなかでは、この概念はプラトンから承けつがれたまま前提されていて、その正式な内容規定は行なわれていない。われわれはこの概念を、有力な手掛りとなりうるものとして念頭に置きながら、いずれプラトン自身のうちに、その意味内容をもう少し詳しく見なければならないだろう。

(3)一口にプラトンの対話篇といっても、後期の著作に移るにつれて、いわゆる「文学的」性格はしだいに稀薄になるとふつうみなされている(それに比例して「哲学的」性格がしだいに強まって行くと解説した学者もいる!)。そのなかには、たとえば『パルメニデス』の後半部のように、人物や情景描写の一かけらもなく、まったく抽象的な推論の展開だけに終始するものもあれば、また『ティマイオス』や『法律』のように、一人の人物だけの単独な発言による教説の記述が大部分を占めていて、実質的には対話篇でなく論文形式に近いものもある。これらの著作もやはり、アリストテレスの言う「ミーメーシス」という規定のもとに、前記のような典型的な「ソクラテス対話篇」と――したがってまた叙事詩や悲劇などの文学作品と――同列に扱われてよいのかどうか。この点もいまのところ、正確にはわからないというほかはない。

(4)ホメロスもエンペドクレスも、まったく同一の詩形式による作品を残したにもかかわらず、それがミーメーシスであるかどうかを基準として、前者は「作家」(詩人)であり、後者は「自然学者」であるとみなされていた。この部類分けそのものは、アリストテレスの他の著作に見られる彼の基本的見解と合致する。『形而上学』第一巻(A巻)に鮮明に表明されているように、彼は、前六世紀初頭タレスによって決定的な一歩をはじめられたと彼が判断する自然学の伝統こそが、哲学への道を切り開いてきたものとみなしたから、自然と万有の原理を説く『自然について』の著者エンペドクレスは、たとえその著作がホメロスやヘシオドスと同じ叙事詩形式で書かれていたとしても、これを「作家」(詩人)の系列に入れてしまうことはできなかったのである。

しかしながら、もしこのようにしてエンペドクレスを文学の歴史から締め出すならば、それとともに、彼に先立って同じく叙事詩形式のもとに、「真理」の国への荘厳な旅行きを歌ったパルメニデスの詩も、またエンペドクレスに倣ったと言われるローマの詩人ルクレティウスの壮大な宇宙論詩も、さらには、はじめに引用するところのあったヴァレリイの言葉がそれについて語られているところの、同じ伝統を継ぐE・A・ポーの『ユーレカ』も、すべて文学の歴史から除外されなければならないであろう。自然学的な内容をもつプラトンの『ティマイオス』もまた、この線で考えれば同様である。これはアリストテレスのミーメーシスの解釈が、別の問題についての彼の見解のためにことさらに狭められているのではないか、彼の文学概念のひとつの限界を示すものではないか、と疑われる。

(5)『詩学』におけるこの「作家」と「自然学者」との区別と結果的にはちょうど対応するかたちで、アリストテレスは『形而上学』第三巻(B巻)(一〇〇〇a九〜二〇)において、ヘシオドスその他はかりに世界の成り立ちについて語るところがあったとしても、それは「ミュートス」(物語・虚構)的な語り方であり、これに対してエンペドクレスその他の自然学者たちは「論証」的に語った人々であるという言い方で、両者を区別している。われわれは先の「ミーメーシス」を行なっているかどうかということとともに、この「ミュートス」を語っているかどうかということを、「作家」であるための新たな有力な基準として考えることができるであろう。プラトンも「作家は、いやしくも作家であろうとするならば、ロゴスではなくミュートスをこそ作らなければならない」(『パイドン』六一B)と言った。アリストテレスの『詩学』そのものも、すぐれたミュートスの構成を作家にとっての最優先課題としている。

しかしこの観点から見るならば、奔放大胆な想像と奇怪な幻想に充満しているエンペドクレスの『自然について』は、まさにミュートスそのものであるとさえ言えそうである。そして、アリストテレスが『形而上学』の右の箇所で、ヘシオドスたちを自然学者から区別して特徴づけた「ミュートス的」な語り方とか、「もっぱら自分たちだけに納得の行くことのみを考慮して、われわれ(聞き手)のことを無視している」とかいったことは、実はプラトンの言い方(『ソピステス』二四二C、二四三A〜B)をそっくり踏襲したものであるが、プラトンのほうはこの同じ批評の言葉を、エンペドクレスを含めて「自然学者」とアリストテレスが呼ぶ人たちについてこそ、語っているのである。プラトンならばエンペドクレスを、「作家」と呼んだかもしれない。

3　文学の諸ジャンル（叙事詩、抒情詩、悲劇）の継起とその方向。ソクラテスへ

さて、以上のようないくつかの事柄を念頭に置いたうえで、あらためてプラトンの対話篇の本質的性格を見定めるための作業に、取りかかることにしよう。

アリストテレスの見解に全体として看取されたひとつの大きな問題点は、彼が『詩学』の中では、プラトンの対話篇を叙事詩や悲劇と同類の（文学的）創作として規定しながら、他の著作の中ではそれを哲学書として扱い、しかも、そのプラトンに至るまでの哲学の形成史を正式に語るにあたっては、もっぱら自然学者と彼が呼ぶ人々の業績をその観点から取り上げ、ホメロスや悲劇作家の仕事は、これをきっぱりとそこから区別して、視野から排除している点にあるように思われる。とすれば、われわれとしては、プラトンの対話篇を『詩学』の示唆に従って、あらためてホメロスからギリシア悲劇に至る文学の系列の上に置いてみながら、しかし他方、哲学の形成のされ方についてアリストテレスとは違った観点を取り、ホメロスからギリシア悲劇に至る文学の伝統そのものをその視野の中に取りこむことによって、文学性と哲学性を併せもつと見られたプラトンのこの思想表現形式の意味に、新たな光を当てることができると期待できるのではないだろうか。

というのは、古代ギリシアにおけるその文学の伝統をもう少し仔細に、しかし同時に大局的に俯瞰してみると、われわれの問題にとって重要な関連があるかもしれないような特徴的な事柄として、文学における叙事詩、抒情詩、悲劇（そして喜劇）という諸ジャンルが、ちょうどこのとおりの順序で時間的に継起――並存・共存でなく――しているという事実が、そこに大きく目につくからである。すなわち、まずホメロスとヘシオドス（遅くとも前七世紀前半が彼の年代の下限）の叙事詩が大元にあり、ついで前七世紀から前六世紀にかけてアルキロコス、アルクマアン、サッポオ、

アルカイオス、ステシコロス、イビュコス、シモニデス、ピンダロスといった抒情詩人たちが輩出し、さらにつづいて前五世紀に、アイスキュロス、ソポクレス、エウリピデスの三大悲劇作家(そしてアリストパネスの喜劇)が現われる。ソクラテスとプラトンによって哲学が確立されるのは、時代的に、このような継起の後を承けてであった。

この継起の事実は、たんなる偶然であろうか。それとも、何らかの必然性によるものであろうか。つまり、人間が世界と人間自身について歌い語ろうとするとき、その歌い方、語り方が最初叙事詩的な形であったのが、やがて抒情詩的な形を要求するようになり、次にはさらにドラマの形が求められるというように、そこにはひとつの必然性に促された内的な動因がはたらいているのであろうか。そしてもしそうとすれば、このような動きの方向は、目下の問題であるプラトンの対話篇という表現形式のもつ意味と、どのように関係するのであろうか。

もとより、このような大きな問題に対して、いまここで全面的にまともに答えることは不可能である。われわれにいまできること、また必要なことは、何はともあれ右のような文学の諸ジャンルの継起にともなって、どのような徴候がしだいに目につくようになって行くかを見ることだけである。ただしそれも、ある観点に絞ってのことであって、他の関連では重要であるような多くの事柄も、ここでは省略せざるをえないであろう。* われわれの企図は、文学史の正式な記述にあるのではない。ただそのようにして、いやおうなしに目につく「点」を拾って行って、それらをつなぐ「線」(ligne de faits)を描き出し、その方向がプラトンの対話篇とどのように関係するかを大づかみに測定することができれば、当面の目的のためには充分である。

* たとえば、韻律の問題と関係する事柄、またヘシオドスの作品(とくに『仕事と日々』)の意義、エレゲイアと呼ばれる独自の詩形態のこと、一般に社会的背景の推移のことなど。――なお、以下この節で取り上げる諸論点については、さらにB. Snell, *Die Entdeckung des Geistes* や W. Jaeger, *Paideia* I などを補足的に参照されたい。

(1) 叙事詩

古代ギリシア文学の大元にあるホメロスの『イリアス』は、次のようにはじまっている。

怒りを歌いたまえ、女神よ、ペレウスの子アキレウスの
　のろわしい怒りを。
その怒りこそは　数しれぬ苦しみをアカイア勢に与え
英雄たちのおびただしい魂《たま》をハデスのもとへと送り
その屍《しかばね》を犬どもや　あらゆる鳥どもの餌食としたもの。
そしてその間に　ゼウスの意図は果たされて行った。

（一～五行）

すでにこの冒頭の数行のうちに、ホメロスの叙事詩に特徴的ないくつかの事柄が、くっきりと現われている。まず、主題である「アキレウスの怒り」を歌い語るのは、実はけっして詩人自身ではなく、「歌いたまえ、女神よ」と祈りによって呼びかけられるムゥサ(ミューズ)の女神であること。この点は、「かの男(オデュッセウス)を語れ、ムゥサよ」ではじまる『オデュッセイア』の場合と同じである。これはたんに、形式上の建前だけのことではあるまい。なぜ歌うのは女神であって、詩人自身ではないのか。理由は簡明であって、つまり、アキレウスの怒りやオデュッセウスの遍歴にまつわるトロイア戦争の昔の出来事について、そのいっさいを直接正確に知っていて歌い語ることのできるのは、ただ神だけであり、それは人間の身のよくなしうるところではないからである。「さあ語りたまえ、オリュンポスの宮にいますムゥサたちよ、なぜならあなた方は神であって、その場に居合わせ、すべてを知っておいでに

なる。ところが私たちは、ただ評判を聞いているだけで、何ひとつ知ってはいないのですから」(四八四〜四八六行)と、『イリアス』第二巻の「軍船のカタログ」の前に言われているのは、そのような考えと根本的な態度が直截明確に表明された典型的な言葉であろう。

詩人でなく女神が語るということは、少なくともホメロスの場合、このように、ただ女神をして語らしめる形をとるというだけでなく、事実女神でなければ語ることができないのだという、積極的な確信が生きて貫かれているように思われる(同じく叙事詩でも、年代の上で抒情詩の時代により近づくヘシオドスの場合は、やや趣きを異にする。この変化は興味ぶかい点であるが、いまは触れない)。

次に、物語を歌い語るのが詩人自身でなく女神であるように、その物語の中の出来事の動きを支配するのもまた、神々である。「そしてその間にゼウスの意図は果たされて行った」と、先の引用でも言われていた。アキレウスとアガメムノンを不和の仲にしたのも、彼らの性格の違いなどではなく、端的に、「レトとゼウスの御子(アポロン)」(第一巻九行)の意志である。アキレウスがアガメムノンの傲りに怒り猛って、剣の鞘をはらおうとしたとき、それをとめたのは女神アテネであった(第一巻一九三〜二二二行)。一般にホメロスの物語の中では、人間の重要な行為は神の介入によって決定され、人間自身がほんとうの意味で考えて、みずからのとるべき道を決定することはない。

このことと関連して、先の引用の中で「屍《しかばね》」と訳されている「アウトス」というギリシア語の使われ方や、「魂《たま》」と訳されている「プシューケー」という言葉の使われ方は興味ぶかい。「アウトス」は本来強意代名詞であって、「彼自身」――つまり、人間の行為と思考の主体――を意味する語であるのに、ここでは「からだ」を指す語として用いられている。また「プシューケー」は、その「彼自身」を支えるべき「心」や「精神」を意味する語として後に確立された言葉であるが、ホメロスにおいて「プシューケー」とは、死とともに人間の肢体を去って行く漠然とした「いのち」の観念を表わし、ハデスの国(冥界)にあって影のごとくさまよう「亡霊」でしかなく、人間本来の精神機能とは関係がない。一般にホメロスにおいては、「心」や「精神」をまさに本来の「心」や「精神」として統一的に指し示す言葉は見出しがたい。このような状況のもとでは、人間の行為を決定するのが神であることはきわめて自然であろう。

「心」という内なる世界が確立されていないだけ、外なる「物」の世界はそれだけ厳然と存在する、といえようか。ホメロスに描かれる一つ一つの「物」は、人間の思いや感情によっていささかもその相貌を変えることなく、人間をめぐるいかなる状況の中でも、それ自身のあり方を確固として保持しつづける。戦場からしばしトロイアに帰ったヘクトルが、妻の手からわが子を抱き取る感動的な情景の中にあって、地上に置かれた彼の兜は、そのまま燦然と「まぶしく輝きつづけ」ていた(第六巻四七三行)。ホメロスの世界は、「物」の確在する世界である。

(2) 抒情詩

抒情詩人の登場とともに、まったく異なった新しい世界がわれわれの前に現われる。このことは何びとの目にも明らかであり、とくに、この関連において抒情詩における「われ」の自覚や「個」の成立を語ることは、今ではむしろ平凡陳腐でさえあるけれども、しかし手続き上、最小限のことだけは最小限の代表例の中に、ここで確認しておかなければならない。

サイオイ人の誰かが　私の盾のことを得意になっているけれども
あの非の打ちどころのない盾は　私がやむなく藪の中に置き捨ててきたもの。
私はしかし　自分を救ったのだ。あんな盾が私にとって　何だというのだ?

（アルキロコス、断片六―ディール校本）

ある人は騎馬兵の軍勢を、ある人は歩兵の軍勢を、
ある人はまた軍船の勢揃いを、この黒い大地の上で
何よりも美しいものであると言う。しかし私は言う、
ひとの恋するものこそが　そうなのだと。

（サッポオ、断片二七a―ディール校本）

まぎれもなくここには、他の誰でもない「私」が登場し、その「私」から見られた世界が歌われている。そしてその「私」が感じ取る「内的」な価値は、いまや「外的」な価値から明確に区別されて、内実と外見とが対置されることになる。

武士が戦場で盾を捨てて逃げ帰ることは、ホメロスに歌われる英雄武将の世界では、最大の恥辱とされる行為であった。しかしアルキロコスは、この伝統的な価値観に挑戦して、自分の生命を――「私自身」(アウトス)を――救うことのほうを選ぶ(「アウトス」という語の使われ方を、前記『イリアス』の場合と比較されたい)。世に讃えられる武者たちのきらびやかな姿は、いまこの現在においてアナクトリアを恋するサッポオにとっては何ものでもなく、美しいと人の呼ぶそのような観ものよりも、「あの人のやさしい足どりや、きらきらと輝くまなざしをこそ見たいのです、私は」と彼女は歌う。自分が現に恋しているものだけが、かけがえのない価値なのである。

抒情詩には、こうした独唱詩とともに、合唱詩の系列がある。右のような特徴は、当然、独唱詩のほうに顕著に現

われるであろう。しかし、叙事詩の場合と同じく神々や英雄のいさおしが歌われることの多い合唱詩においても、そうした過去の事蹟は、叙事詩の場合のようにそれ自体のために歌われるのではなく、祭礼や祝典として現在する現実の状況を意味づけ、その価値を高めるために歌われるのである。視点そのものが詩人にとっての現実に据えられていることに、変りはないといえる。

(3)　悲　劇

抒情詩において一人称で自分の想いを歌った作者自身は、悲劇というドラマ形式のもとでは、ふたたび作品の背後に退く。また、抒情詩では作者にとっての現実が歌われていたが、悲劇において展開されるのは、そのような直接的な「現実」であることをやめて、ふたたび、ホメロスにおいて歌い語られていたのと同じく、過去の伝説上の出来事である。

表面的に直ちに目につくこれらの点は、事態がもう一度、叙事詩の段階に逆もどりしたことを意味するのであろうか。むろん、そうではあるまい。ひとたび抒情詩における決定的な経験を経た後では、悲劇の創り出す世界は、叙事詩のそれと同じではありえないだろうし、抒情詩に見られた「私」の自覚や、外見的慣習的価値とは異なった内的価値の発見といった、その同じモチーフのもつ方向と運動量をさらに発展させて、それ自身の内に内包しているような世界でなければならないであろう。そして、事実、われわれが前五世紀の三大悲劇作家の作品の中に見出すのは、そのとおりのことであるといってよい。ギリシア悲劇に課せられていたさまざまの制約条件が、この発展に対して、かえって積極的な効果をもってはたらいた。

そのような制約条件として、まず作品の長さの上の制約がある。アリストテレスは、叙事詩と比べて悲劇における「凝集度の増大」について語り、「私の言うことの意味は、たとえばソポクレスの『オイディプス王』を『イリアス』

の詩句と同じだけの長さで書いた場合のことを考えてもらえればわかるだろう」(『詩学』一四六二b二〜三)と言った。『イリアス』の行数は一万五三〇〇行以上あるのに対して、『オイディプス王』は約一五三〇行、ちょうど一〇分の一の長さである。アリストテレスが悲劇の長さを規定した「太陽が一めぐりする間におさまる」(一四四九b一二〜一三)という言葉は何を意味するか、解釈家たちを悩ませたけれども、とにかく現実には、ギリシア悲劇の一篇はこの『オイディプス王』の約一五〇〇行を標準とする長さの制限のもとに書かれた。そしてギリシア悲劇には、「幕」による区切りがなく、また場面が変ることもほとんどなかったから、物語の展開はこの単一な時空的場において、集中して行なわれなければならなかったのである。

その上ギリシア悲劇には、限られた伝説の枠組の中から題材を取らなければならないという慣習的な条件があって、このために作家たちは、とくに後から出た作家は、観客の熟知している物語にたえず効果的な再解釈と工夫を加えて、新しい作品を作り出すことを要求された。

こうした諸条件の介在を考えただけでも、先に見られた点がもはや叙事詩の場合と同じ事態を意味しえないことは、あまりにも明らかであろう。

まず、作者自身が作品の背後に退いても、そのことはホメロス的な意味において、歌い語るのは詩人でなく女神であるということではない。詩人はもはや、出来事の一部始終をムゥサの女神から受動的に受け入れて伝えるだけの媒体ではない。逆に、右のようなきびしい諸条件を前にして、選択し、切り詰め、集中し、凝集させるための、高度の作為性と創造性こそが、作家に要求されるのは必然であろう。作家のいわゆる「主体」は、直接的には作品の背後に退きながらも、しかし今や、本来の意味での作家=作る人(ポイエーテース)とならなければならなかったのである。

次に、悲劇において語られるものが、作者にとっての現実であることをやめて、ふたたびホメロスの場合と同じく、伝承された過去の出来事であるという点が、先に見られた。しかし、ここでも疑いもなく先の「凝集度の増大」ということと照応して、悲劇作家の関心は、もはや出来事——何が起こったか——それ自体を報告することにはなく、むしろ人間の行い——人間が何をどのように為したか——に集中する。「ドラーマ」(δρᾶμα)の文字通りの意味は、「行為」「行動」ということである。そして、「私」という内的世界が抒情詩において開かれた後を承けて、人間の行為を決定するのは、もはや神々ではなく、人間自身である。人間の行為とは決断された行為にほかならず、人間の行為の特質は、行為決定のための思考と慮《おもんばか》りのうちにある。

アイスキュロスの『救いを求める女たち』のような作品は、彼の作品のうちでもとくに、大半が舞唱隊《コロス》の歌によって占められていて、形の上では合唱詩としての抒情詩と悲劇との境界線上にあるといえるけれども、しかし主人公ペラスゴスの、「大海の深みに潜《かず》く海人《あま》のように、目をはっきりと見開いて、深い慮りの底まで行かねばならぬ」(四〇七〜四〇九行)と語られるような思慮と決断による行為を頂点として、それを軸に全篇が大きく展開する点において、叙事詩とも抒情詩とも、はっきりと異なった世界を現出している。ソポクレスの『アイアス』における勇将アイアスは、女神アテナの計らいに陥って追いつめられながらも、「今は何を為すべきか」(四五七行)と自分自身に問い、「気高い男の選ぶべき道は、美しく生きるか、美しく死ぬか、二つにひとつ」(四七九〜四八〇行)と結論してみずからの命を断つ。

悲劇における「行為」の決定は、このように「正義」や「敬虔」(ペラスゴスの場合)、「美しさ」(アイアスの場合)といった規範的価値への訴えによってなされるとともに、またエウリピデスの『メデイア』におけるように、「どんなに悪いことをしようとしているかは、よくわかっている。しかし怒りのほうが、私の考えることよりも強いのだ。これが人間にとって、最大の禍いの因《もと》なのだが」(一〇七八〜一〇八〇行)と、醒めた目で自分の心の中を客観的に見据えながら、クレオンとその姫を、さらに母親としてわが子らをも殺害するという挙に踏み切る、メデイアのような女性も創造された。

抒情詩人がどれほどの苦悩や悲しみを歌おうとも、もしその苦悩や悲しみが自分自身の生命を実際に脅かすだけのものとなるならば、彼は詩を書くことをやめなければならないであろう。悲劇がこのように強烈な「行為」を描き出すことができたのは、むろん、それが劇(play)であること、つまり他人(役者)がその役を演じるという、基本的には単純な条件によって、作者にとっての直接的な現実から解放されているからである。科学者が実験のために人工的な純粋条件を作り出すのと同じように、悲劇作家はこの現実からの解放によって、人間をめぐるさまざまの限界状況を自由に作り出し、その中での人間の行為のあり方を追求した。

これらの「行為」は、だから、それが役者によって演じられるお芝居にすぎないという意味では、けっして「ほんとうのこと」ではない。ソロンは悲劇の創始者テスピスに、それが「うそごと」であるがゆえに有害であるとして、悲劇を禁じたという言い伝えがある(ディオゲネス・ラエルティオス、一・五九)。「役者」「俳優」を意味する「ヒュポクリテース」という語は、すでにギリシア語において「偽善者」(hypocrite)の意味に使われるようになっていた。しかし他面、ギリシア悲劇のすぐれた作品の中にわれわれが見る鮮烈な「行為」が、別の意味で、人間に関する「ほんとうのこと」を積極的に提示していることは疑えないであろう。

では、その別の意味とはどのような意味かとたずねるとき、われわれは、これまで叙事詩―抒情詩―悲劇というジャンルの継起のうちに見てきた徴候の推移が、同時にまた、この「ほんとうのこと」が意味する内実の変化と推移でもあったことに気づく。その間の事情を及ばずながら、二字漢字のふり当てによって近似的に示そうとすれば、叙事詩におけるそれは、ムゥサの女神から告げられる、疑いを容れぬ所与としての事実であり、抒情詩におけるそれは、詩人によって発見されるものとしての現実であり、悲劇におけるそれは、作者が探求しつつ描き出す真実である、ということになろう。次に来るべきものは、何であろうか。「真理」という語をそこに置いてみることは容易であるが、しかしまだ尚早であろう。

（4）悲劇そのものの動向と、ソクラテス

そして悲劇は、多くの変革を経たうえで、それ自身のもつべき本性を完成し、かくてその動きをやめた（『詩学』一四四九a一四〜一五）。

ギリシア悲劇が経過した「多くの変革」のうちの主要なものとして、アリストテレスはまず、「アイスキュロスが役者の数をはじめて一人から二人にふやし、舞唱隊《コロス》の役割を減少させて、劇の主要部分を対話に置くように仕向けた」こと、ソポクレスがその役者の数をさらに三人にふやしたことを挙げている。

ギリシア悲劇は、周知のように、舞唱隊が歌い踊るコロスの部分（スタシモン等）と、劇の実質的な展開が役者の間の対話（ときには役者と、コロスまたはコロスの長との対話）を介して展開される部分（エペイソディオン、プロロゴス、エクソドス等）との、交互の積重ねによって構成されるが、アリストテレスの言うように、劇の比重がしだいにコロスの部分から対話の部分へと移行したことは、個々の例外はあっても、全体として間違いのない事実である。

悲劇そのもののうちに看取されるこのような動向は、明らかに、叙事詩から悲劇に至るまでの上述のような推移を承けつぐものであるといえる。先に近似的に表現した「事実」―「現実」―「真実」という発展のプロセスは、人間がしだいに自分自身の行為の意味に目覚め、行為の規範についての問題を、問題それ自体として自覚的に追求するようになって行くプロセスであった。そのような問題追求はギリシア悲劇では、対話の部分において行なわれるが、その悲劇全体の動きは、アリストテレスの言う「劇の主要部分を対話に置く」ような動きであり、直訳するとまさに、ロゴスが主役となる（τὸν λόγον πρωταγωνιστεύειν）ような動きだったのである。

こうした趨勢は、近世のニイチェにとってそうであったように、古代の喜劇作家アリストパネスにとって、むしろ歎かわしいことであった。アイスキュロス亡きあと、前四〇六年、さらにソポクレスとエウリピデスの相つぐ死によって、ギリシア悲劇は事実上終焉したが、その翌年の前四〇五年、アリストパネスの『蛙』が上演された。彼はこの劇の中でアイスキュロスとエウリピデスの作品の優劣を、ディオニュソスの審判のもとに競わせ、最後にアイスキュロスのほうに軍配をあげさせている。勝負がついたのち、コロスは次のように歌う。

ソクラテスの傍に坐りこんで
おしゃべりをしながら
ムゥサの技芸を捨て去って
悲劇の技の最も重大な事柄を
かえりみぬのは　めでたからぬこと。
もったいぶった言葉の数々と
つまらぬ屁理屈とに
無為の時を過すのは
正気をはずれた男のすること。

（一四九一〜一四九九行）

すなわち、アリストパネスの認定によれば、ソクラテス的な「おしゃべり」と「つまらぬ屁理屈」こそが、ムゥサの技芸をなおざりにさせ、アイスキュロスには保たれていた「悲劇の技の最も重大な事柄」を失わしめたものとして、エウリピデスの根本的な敗因をなすものであった。ニイチェもまた、エウリピデスとソクラテスの個人的な関係にまで言及しながら、ほぼ同じ認定を行なう。すなわち、悲劇は本来、形象と夢のアポロン的世界(役者が演じ語る舞台の世界)と、音楽と陶酔のディオニュソス的世界(コロスが歌うオルケストラの世界)との二重性を生命として成立し発展するものであるが、しだいに「コロスへの当惑」が現われ、エウリピデスに至って、本来のアポロン対ディオニュソスという対立が、ソクラテス対ディオニュソスというまったく新しい対立によって置きかえられた。そしてこのソクラテスという新たなダイモーンこそが、「悲劇の自殺」――「悲劇は死んだ!」とニイチェは叫ぶ――をもたらしたのである、と(『悲劇の誕生』第一〜一三章)。

「ロゴスが主役となる」と言われるような動向を、アリストパネスやニイチェのように悲劇の堕落の過程と見るか、それともアリストテレスがおそらくそう考えたように、悲劇が「それ自身のもつべき本性を完成」して行く過程と見るかは、さしあたってどちらでもよい。(ただ少なくとも、たとえニイチェがどれほどコロスの意義を強調しようと、ギリシア悲劇がただの歌と踊りの宗教的行事と異なって、まさにギリシア悲劇としてわれわれの強い関心を引くのは、それが高度の質を示す対話の部分をもっているからであることは、否定できないであろう。)その点はいずれにしても、悲劇におけるこの過程の――それはわれわれの見たように、さらに叙事詩以来の動きの方向を承けつぐものだったのだが、その全体的な過程の――最後の段階を決定的に促した人物、あるいは、その最後の段階に明確に位置づけられるべき人物がソクラテスであったことは、間違いのない事実であろう。ソクラテスこそは「ロゴス」と「対話」の権化ともいうべく、人間の行為の規範となる「正義」「敬虔」「美しさ」等々がそれぞれ何であるかということを、まさに問題それ自体として対話の中に追求し、そのこと――哲学――を自分自身の生涯の仕事とし、そしてそのことゆえに死んで行った人である。

たしかにアリストパネスの言うように、ソクラテスほど「ムゥサの技芸を捨て去る」ことを促すような、ふつうの意味でいわゆる散文的な人物はいないであろう。しかしプラトンはといえば、彼はそのソクラテスの生涯の仕事のうちに、おそらくはより深い意味において、最高の「ムゥサの技芸」を見てとり、あたかも先の『蛙』のコロスの言葉に対置するかのように、「哲学こそは最高のムゥサの技芸であり、私はそれを行なっている」と『パイドン』(六一A)の中で、ソクラテスに語らせたのである。

4　プラトンの対話篇

さて、プラトンの対話篇は、たとえその起源がソプロンの物真似劇にあると言われようと何と言われようと、実際には、生前のソクラテスの対話そのものから決定的な示唆を得て、それをモデルとして成立したものであることに疑いの余地はない。そしてそのソクラテスとは、右に見られたように、叙事詩から悲劇に至る動きと、それを承けつぐ「ロゴスが主役となる」という悲劇そのものにおける動きの先に、その最後の段階を――純粋対話ともいうべきものによって――完成させるべく登場した人物にほかならなかった。すべてこれらの事柄を見とどけることによって、われわれは、当初に企図したところの、文学の諸ジャンルの継起の方向がプラトンの対話篇とどのように関係するかという、その基本的な測定を一応終えたことになるであろう。残された仕事は、以上の基本的な測定によって与えられた測定値そのものの内容を、分析し吟味することである。

まず、「対話」ということがもっている全般的な意味を、ここであらためて確認しておきたい。文学も哲学も、言葉(ロゴス)の営みである。しかるに言葉(ロゴス)というものは、本来的に、対話(ディアロゴス)性ともいうべきものを、それ自身の内に内包している。言葉とは相手に語りかけるためのものであるというだけでなく、言葉を語ることは、同時に、その言葉を自分で聞くことでもあるからである。この語る＝聞くという言葉の基本的性格は、自分の心の中だけの言葉の場合にも変りはない。プラトンは思考そのものを、「魂が沈黙のうちに自己自身を相手に行なう対話(ディアロゴス)」であると規定した(『ソピステス』二六三Eその他)。この内なる対話が到達する結論が「判断」と呼ばれ、それが口外されるとき、言表としてのロゴス(言説)となる。そして、ある言説は、たとえ潜在的・可能的な状態においてにせよ、別の言説との対置関係のもとにあるといわなければならない。この対置が現実化されたものが、通常の意味での「対話」であり、対置が尖鋭な対立としてある場合には、「論争」と呼ばれるであろう。

「ロゴスをもてる動物」としての人間にとって、「対話」とはこのように、抜きさしならぬ必然的な意味をもっている。プラトンの対話篇は、まさにこの必然性の上に立ち、一方の極における「自己自身との対話」としての「思考」そのものから、他方の極における「論争」に至るまでの、右のようなその繋りと構造の全体を踏まえて成立している。前期から後期にわたる彼の対話篇はいずれも、一方では、自分ひとりの思考を登場人物の間の「論争」の形にまで意識化し客観化したものから、他方では、「論争」的な話題を「自己自身との対話」的な次元にまで沈潜させた対話篇まで、この二方向の企図により、それぞれの度合いにおいて性格づけられているといえよう。*

* 拙稿「プラトンにおける論争の論理」(『実在と価値』所収)および本書第一章「言葉」(3節のC)参照。

ソクラテスの登場に至るまでの、遠くホメロスにはじまる言葉(ロゴス)の営みの中に看取された動きは、ロゴスが本来もっているこのようなディアロゴス性ともいうべきものが、しだいに現実化されて行く動きではなかったろうか。さしあたって形の上では、ホメロスには叙述と叙述の一部としての会話があり、抒情詩(独唱詩)が自己の心中を表白したモノローグ(モノロゴス)であるとすれば、悲劇における対話(ディアロゴス)は、このモノロゴスを別のモノロゴスに対置したものであるといえる(その一ヴァリエイションとして、エウリピデスの『メデイア』におけるような舞台するドラマである代りに、「思想」そのものを描くドラマであることを企図したものであった。それはいわば、「行為」を描くことを主眼とシア悲劇からコロスの部分を切り捨てて、この対話の部分だけを残す。それはいわば、「行為」を描くことを主眼と上のモノローグ——つまり「自己自身との対話」の具象化——がある)。次に来るプラトンの対話篇はさらに、ギリ

思想そのものを導くそのような「対話」の精髄を、プラトンは「ディアレクティケー」(ディアレクティク)——直接には「対話の技術」の意味——と呼んで、ただの会話や演説の「レートリケー」(レトリック)と区別した。それは、前提と帰結の積重ねによる推論が、対話者どうしの相互確認を通じて一歩一歩厳密に進められて行く行程であって、数学の手法につながるものをもっている。この方法のもとに、人間の行為の規範となるべき「正義」や「美」や「善」の何であるかが、いまや、舞台上に現出される特定の人物の特定の行為への密着から解き放たれて、それ自体として追求されることになる。これは最後には、純粋の思惟によってしかとらえられないイデア的な「正義」や「美」や「善」の認識を指向することにほかならない。プラトンは、ソクラテスの対話の中で追求される「……とは何であるか」という問はそのことを指し示していると解し、そのようなイデア的真実在への近迫のうちに、人間の「ロゴス」が本来的に向かうべき方向を見定めて、この近迫への努力を「哲学」と呼んだ。プラトンの対話篇は、方法的にも内容的にも、この意味における「哲学」を芯にもっている。

しかしながら、すべてこうしたモチーフは、それが文学のたどってきた動きの過程の行き着く窮極に成立したものでありながら、いっさいの感覚的形象をふり捨てるという点において、それ自身は文学と本質的にそのあり方を異にするものであり、それゆえに、それら「文学」の総体に対する対決と否定を必然とするような性格のものである。人間の知性とロゴスの本来的な発動としての「哲学」という営為が指導権を確保しないかぎり、国家も人類も永久に禍いから解放されないと考えたとき、プラトンは『国家』篇において、そのような「文学」に対する対決と否定を現実

に行なった。そして、そこで用いられた中心概念が、先にアリストテレスの検討において問題とされた「ミーメーシス」(似せて作り描くこと、描写、再現)である。

プラトンが文学の仕事をミーメーシスであると認定したのは、たとえば『トロイアの陥落』や『オイディプス王』の「作者」は、トロイアの陥落という出来事やオイディプスの行為そのものを、大工が家を作るような文字通りの意味で実際に「作る」のではなく、むしろ画家(写生画家にせよ想像画の作者にせよ)が家を描くのと同様の意味で、それらの出来事や行為を「描き出す」のであり、言葉によってそれを「再現する」のであるという、最も基本的な事実にもとづいている。悲劇作家は本来の意味での作家＝作る人(ポイエーテース)とならなければならなかったことが先に見られたが、それはしかし、実物の作り手としてではなく、似像あるいは影像の作り手としてなのである。現実世界の感覚的事象がイデアのうつしであるとすれば、文学作品に描かれる人物や行為は、さらにそれのうつしである――どれほど創造的ないしは想像的なうつしであっても――と、プラトンは判定した(『国家』第一〇巻五九五C～六〇二B)。

文学や芸術をこのような「ミーメーシス」と規定することは、今日ではあまり歓迎されるところではなく、人々はむしろ、「表現」という語を語るほうを選ぶであろう。しかし、事柄自体の明確化のためには、この「表現」という、いくらか耳に快いかもしれない概念よりも、「ミーメーシス」のほうがはるかに役に立つように思われる。何かを感覚的イメージに託して描くということは、どのような「抽象的」な作風についても妥当することであって、プラトンが行なったように、このミーメーシス概念にもとづいて、文学や芸術作品のもつ意味と機能を、学問的真理からも実際上の有用性からも区別して、それ自身に独自なものとして位置づけることは、「およそあらゆる健全な芸術理論がその上に立つべき基盤そのもの」(コリングウッド)であるということができるであろう。*

* R. G. Collingwood, *Essays in the Philosophy of Art*, 1964, p. 164. ――なお、このプラトンの文学批判における諸論点の

意味について、詳細をここで論じることはできないが、さしあたって、私の邦訳『国家』(下)(岩波文庫)における補注B(「いわゆる『詩人追放論』について」、四一六〜四二九ページ)を参照されたい。

ただ、文学はそれが文学であるかぎり、哲学とくらべて、人間の価値的規範の探求のあり方それ自体として見た場合には、必然的に限界をもたざるをえないし、まして現実にはすぐれた作家は稀であって、「劇場に集まる雑多な群衆に何が最も気に入られるか」ということだけを目ざす作家が大多数であるのが実情であろう。とすれば、現に人々がそうしているように、人間の生き方や知識の規範を無条件的・無批判的に文学に求めるのは、放置できない危険なことではないかというのが、ソクラテスの示した「哲学」を人間の営みとして確立することを志したプラトンが、『国家』における当面の文脈の中で強く主張しようとしたことであった。

しかしながら、ここまで来てわれわれは、もう一度先と同じ問題に行き当ることになる。――では、そのような議論を登場人物たちに語らせている、当の対話篇はどうなのか。われわれは先に(2)、「プラトンは『国家』において、ホメロスをはじめミーメーシス的な作家を追放しておきながら、みずからはその対話篇をミーメーシス的な手法で書いた」という、この点に関する古人(アテナイオス)の非難の言葉を見た。プラトンはこれに対して、何と答えるであろうか。

ギリシア悲劇の対話の部分がミーメーシスであるならば、同じように特定の状況設定のもとに登場人物の間で交わされる対話を描いたプラトンの対話篇は、アリストテレスの証言をまたずとも、やはり当然ミーメーシスとして認定されなければならないだろうし、したがってまたそれは、プラトンが先述のように悲劇その他の文学に対して、ミーメーシスであるがゆえにもたざるをえない限界として指摘した事柄を、それ自身も必然的に分けもっていることになるであろう。プラトン自身もまた、おそらくこれらの点を全面的に容認したであろうと思われる。では、なぜ彼は、自分の著作のためにあえてそのような形式を選んだのか。なぜ、たとえば哲学書の形式としてふつう考えられる、論文体のような形式で書かなかったのであろうか。

ミーメーシスとは、実物でなくその似像もしくは影像を作ることであったが、プラトンには、そもそも「書かれた言葉」というものが、「魂の内なる生きた言葉」を模した似像であり影像であるという認識が根本にあった。心ある人の真の熱意に値するのは、原物である「魂の内なる生きた言葉」のほうだけであって、その似像・影像である「書かれた言葉」は、必然的に似像・影像としての欠陥と限界をもち、「物を書く」ことには、不可避的に「慰戯」的な要素が伴わざるをえない(『パイドロス』二七四C以下参照)。

この認識に従うならば、何であれとにかく「物を書く」こと自体が、すでに似像・影像の作製として、基本的にはひとつのミーメーシス行為にほかならないことになる。したがってまた、「文学」が言葉を手段とするミーメーシスとして規定されるべきであるならば、およそ詩であれ散文であれ、ドラマであれ対話篇であれ、論文であれ法律文書であれ、すべての書きもの(litteratura)は「文学」(literature, littérature, etc.)であると認定されなければならない。われわれはこの帰結を、受け入れることにしよう。とすれば、問題は、いかなる態度で、いかに書くかということにある。

プラトンは『パイドロス』の同じ箇所において、同じく物を書いても、書く人自身は、哲人的な人間とそうでない人間とに区別されることを注意している。すなわち、書く当人が書かれたもの以上のものをもち、真実そのものがいかにあるかを知っていて、書かれた言葉の限界とその慰戯性を自覚している場合には、彼が書くものが何であっても、その人は「哲学者」と呼ばれるべきであり、これに対して、「書かれた作品以上に価値のあるものを自己の中にもっていない人」、ひいては、書かれた言葉の中に「何か高度の確実性と明瞭性が存する」と思いこんでいる人は、それそれの書きものの性格に応じて「作家(詩人)」とか、「作文家」とか、「法律起草家」と呼ばれるべきである。哲学者のほんとうの関心は、「ふさわしい魂を相手に得て、ディアレクティケーを用いながら、その魂の中に言葉を知識とともに播いて植えつける」ことに向けられるが、それは、言葉(ロゴス)の似像・影像に関わる書くという行為とはまったく別のことである。哲学の本義は、書くことができない。

「だからこうした事柄については、私の書きものというようなものは存在しないし、これから先もけっしてないだろう」と、プラトンは『書簡』(第七、三四一C)の中で言った。「ただし」と彼はつづけて言う、「これだけは私はよく知っているが、もしそうした事柄が書かれたり語られたりするのであれば、誰よりも私によってこそ、最も良く語られるであろう」と。

そしてプラトンは、書かなければならなかった。時代はちょうどそのころ、口承文化の時期を脱しつつ、読み書き(literacy)の時代に一歩を踏み入れていたが、哲学を人間の営みの指導的なジャンルとして確立するためには、影響力を誇る「文学」との対決もその一環であるような、広く強力な「哲学のすすめ」を文書のかたちで展開しなければならなかった。とすれば、すでに「物を書く」こと自体が基本的にミーメーシス行為にほかならない以上、要は、「哲学者」としてまさにそのことを明確に意識して、ミーメーシスであることの効果をむしろ積極的に活用しながら、その条件の中で、先に見られたような哲学本来のモチーフを、できるだけ生かすように努力することであろう。

こうしてプラトンは、多くの場合それと意識されないミーメーシスともいうべき、一人称による論文形式によって書くことを斥けて、ミーメーシスであることの明確な自覚のもとに置かれた——そして同時に、先述のような「対話」ということの必然性に即した——対話篇という形式を選び、その中で、哲学が指向する真理をさまざまな局面から、それぞれにふさわしい人物の生きた対話のうちに再現することに努めたのである——それがほんとうは「生きた」言葉のディアレクティケーそのものではなく、「生けるがごとく」描かれたその似像であることを、充分に意識しながら。そして、それをそれ自体として語りえない限度に至ったときは、さらに比喩とミュートスという、すぐれてミーメーシス的(文学的)な手法をすすんで活用する――『国家』における「太陽」「線分」「洞窟」の三大比喩、『ゴルギアス』『パイドン』『国家』のそれぞれ最後に置かれたエスカトロジーのミュートス、『パイドロス』における恋と魂のミュートス、『ティマイオス』における自然像の記述の枠組となっている世界創造のミュートス、等々。このとき、プラトンは、「作家は、いやしくも作家であろうとするなら、ロゴスではなくミュートスをこそ作らなければならない」(『パイドン』六一B)という、先に見た彼自身の設定する「作家」の条件を完全に充たしている。

以上のようにして、プラトンの選んだ対話篇という形式は、ホメロスからソクラテスに至る「ロゴス」の営みがたどった動きの先において、「考えること」自体がすでに対話であることの見定めと、「書くこと」自体がすでにミーメーシスであることとの自覚とが相まって生み出された、それ自身必然的な表現形態であった。

先に(2において)言及されたような『パルメニデス』の後半部や『ティマイオス』『法律』なども含めて、彼のすべての対話篇は、それが基本的にミーメーシスであるかぎりにおいて、いずれも「文学」であり、さらに人物や情景の描写、比喩やミュートスなどの、すぐれてミーメーシス的な手法が積極的に駆使されている点においては、par excellenceに「文学」であるといえる。他方しかし、これらすべてのことが、『パイドロス』で「作家(詩人)」や「作文家」などから区別された意味における「哲学者」としての明確な意識のもとに置かれたうえで、こうした「文学」性を最後には否定することを必然とするような哲学本来のモチーフが、そこに内包され、強力に打ち出されている点において、そして事実プラトンの言葉どおり「同じ足跡を追って探求の道を進むすべての人のための覚え書」(『パイドロス』二七六D)として、以後二千年以上にわたって哲学の源泉となってきた点において、彼の対話篇は、紛うべくもない「哲学」の書であるといわなければならない。そのミーメーシスは、哲学的真理を指向する「探求的ミーメーシス」(『ソピステス』二六七E)なのである。

第Ⅱ部

第四章　プラトンのイデア論における「もつ」「分有する」および「原範型―似像」の用語について

――その世界解釈における思惟の骨格――

プラトンのイデア論と呼ばれる思想は、さまざまの「解釈」や「定説」の蔽いを取りはらってみるとき、どのような思惟の骨格をわれわれの前に現わすであろうか。このことを見とどけるための、プラトンのテクストそのものを洗い直す作業の一環として、この論文では、イデアとその事例(個別的事象)との関係を表現するプラトンの言葉に着目し、そこに何らかの発展・変遷が見られるかどうかをあらためて注意ぶかく調査してみることにする。そして、もしそうした用語法上の発展・変遷を跡づけることができるとすれば、そのことは、とくに「第三の人間」のようなイデア論の基本問題との関連において、さらには世界解釈全般との関連において、どのような哲学的意義をもっているか、という点に照明を当てることにつとめたい。

手続きとしてまず、プラトンが中期の著作で表明したイデア論のなかで、「もつ」(ἔχειν)という語と「分有する(分けもつ、に与る)」(μετέχειν)という語とを、はっきりと意図的に使い分けていることを見とどけ、この二つの用語の明確な区別がイデア論にとって、きわめて重要な意味をもっていることを確認する(第1節、第2節)。この点は、私の知るかぎり、これまで研究者たちによってあまり論じられることがなかったように思われるからである。

そして次に、一般にプラトンが前期から後期にかけて、イデアと個別的事象との関係をどのように考えるようになって行ったかということについて、同じく用語法の調査を手掛りとして、そこに看取される思想の発展を跡づけることにする(第3節、第4節)。

――はじめに、プラトンがみずからイデア論の問題点を指摘してみせた『パルメニデス』(133 B〜134 E)における、「もつ」と「分有する」との使われ方に注目することが、以上のような主題への導入として役立つであろう。*

* 本論文は、ヨーロッパにおける哲学の伝承(現代のプラトン研究を含めて)に見られる「アリストテレス的な論理的・存在論的諸概念のプラトン哲学への滲透現象」(と私が呼ぶもの)に関する、より包括的で詳細な研究の一部をなすものである。原稿に目を通して有益な注意と教示を与えていただいたハロルド・チャーニス教授に、深く感謝する。(なお、本稿末の「後記」を参照。)

1　『パルメニデス』133 B〜134 E について

この箇所で対話人物パルメニデスが若いソクラテスを相手に提出した、イデア論に対する最後の批判的な議論は、次のような論旨のものであった。

――イデアがそれ自体だけで独立に存在するものとすれば、イデアのどれ一つとして「われわれの内」(現象界)にはなく、イデアの世界と現象の世界とは厳格に区別されなければならない。そうすると、本質的に相関関係にある(対概念をなす)ようなイデア(〈主人〉と〈召使い〉など)を考えてみると、その相関関係はあくまでイデアどうしの間に成立する関係であって、イデアが現象界の事物に対してもつ関係ではない。他方また、現象界における相関者の場合も、その相関関係はあくまでも現象界のものどうしの関係であって、イデアに対する関係ではない。したがって、イデア界と現象界との間には、何の関係もありえないことになる。

例えば、(イデアとしての)〈主人〉自体は、あくまで(イデアとしての)〈召使い〉自体の〈主人〉であり、他方、人間界にいる主人はどこまでも人間界における召使いの主人である。また〈知識〉自体は〈真理〉自体についての〈知識〉であり、他方、われわれのもつ知識は、われわれの世界における真理についての知識であり、われわれの世界の個々の事物についての知識でしかありえない。したがって、われわれはイデアの知識をもつことはできない。〈美〉そのものも、〈善〉そのものも、われわれにとって不可知であることになる。また逆に、神のもつ〈知識〉は最も正確な〈知識〉であるとしても、われわれの世界のことを知ることはできないことになる。——

この議論の全体としての仕組みについては、チャーニスの見るとおりであるといってよい。すなわち、この議論は、〝……に依拠している〟(dependent upon)という意味での「関係」(前置詞 πρός によって表わされる)を、〝……と相関的な〟(relative)という意味における「関係」(πρός)に置き換えることによって成り立っている。たしかに現象界のものは、現象界のものに対してのみ相関的であるが(πρὸς ἄλληλα)、しかし同時にまた、イデアに依拠して(πρὸς τὰ εἴδη)はじめて存在しうるものであるのに、パルメニデスは、この後のほうの関係を故意に無視しているのである、と。[1]

これがこの議論の主要な問題点であることを念頭に置きながら、しかしいま私がとくに注意を向けたいのは、この箇所でパルメニデスが「もつ」と「分有する」という二つの語を、まったく無差別に、相互に置き換えうるような仕方で用いているという事実である。これはプラトンの正常な用語法にあまりにも明白に違反しているので、プラトンは意図的に、対話人物パルメニデスにそのような語り方をさせたとしか思えないのである。しかしもしそうとすれば、この点は、いま見られた議論の主要な筋書きと、どのような関連をもつのであろうか。

このことを考えてみるために、まず手続きとして、そもそもこの「もつ」と「分有する」という用語はプラトンのイデア論において、本来はどのように用いられていたかを確認しておくことが必要であろう。それはさしあたってこの対話篇では、パルメニデスがいくつかの批判的質問を始めるに先立って、若いソクラテスがそれまでに語ったイデア論の基本的立場を要約した次の言葉のうちに見出される。

「君は自分でそのように、一方におけるイデアそれ自体と、他方それを分有するものとを区別したのかね。そして、(例えば)われわれがもっている類似性とは別に、〈類似性〉そのものが区別されて存在するというように、君には思われるのかね」(130 B2〜4)。

ここでは、コーンフォードも指摘しているように、[2] 次の三つのものが明確に区別されている。

(1)イデア自体。例えば〈類似性〉そのもの。——以下これをΦで表わす。

(2)内在的性格(性質)。例えば「われわれがもっている(ἔχομεν)類似性」。——以下これをFで表わす。

(3)イデアを分有し(μετέχει)、当の性格(性質)をもっている(ἔχει)ところのもの(個々の事物・事象・人間)。——以下これをxで表わす。[3]

これによって、「分有する」という語はxのΦに対する関係について用いられ、他方「もつ」は、xのFに対する関係について用いられることが知られるであろう。

「分有する」と「もつ」とのこのような使い分けは、イデア論が正式に表明された『パイドン』において確立されていた用語法にほかならない。『パイドン』の後半部においていわゆるイデア=原因説が述べられ、そして例えば〈大〉のイデアと「われわれの内なる大」とが区別されたとき、「分有する」という語はxとΦ(イデア、例えば〈大〉そのもの)との関係についてしか用いられず、他方「もつ」という語は、xとF(内在的性格、例えばわれわれの内にある大きさ)との関係についてしか用いられていなかった。「xがΦを分有する」という言い方と、「xがFをもつ」という言い方とは、このような仕方で、互いにはっきりと区別されているのである。[4]

なぜプラトンがこのような使い分けをしなければならなかったか、その基本的な理由は充分に理解できるであろう。「AがBをもつ」(τὸ A ἔχει τὸ B)と言えば、Bがそれ自身そのままAの内にあるという意味がつよく出る。だからこの言い方は、上記『パイドン』の箇所からも知られるように、[5]「BがAの内に内在する」(τὸ B ἐστὶν (ἔνεστιν) ἐν τῷ A)または「BがAに現在する」(τὸ B πάρεστι (ἔπεστι) τῷ A)という言い方と同じ意味になる。だから、この「もつ」という用語(および「内在する」「現在する」を使った言い方)は、xとF(いわゆる内在的性質)の関係を表現するのに適しているといえる。

他方、「AがBを分有する(分けもつ、に与る)」(τὸ A μετέχει τοῦ B)という言い方は、Bがそれ自身そのままAの内に内在したり現在したりすることを意味せず、むしろそのような直接的・全体的な内在や現在を積極的に否定する言い方である。したがって、この表現は、xとΦ(いわゆる超越的イデア)との関係を記述するのに適した表現であり、そしてまさにこの理由によって、「もつ」を使った表現とは厳重に区別されなければならないのである。[6]

さて、以上のことを念頭に置いたうえで、最初に見た問題の『パルメニデス』(133 B〜134 E)の箇所にもう一度目を向けてみよう。この箇所では、「もつ」と「分有する」という語が以下の(i)(ii)(iii)におけるような使われ方をして現われる。

(i)「われわれの世界にある(イデアの)似像……つまり、それをわれわれが分有することによって、それぞれのものであると呼ばれるところの似像」[7](133 C9〜D2)

傍点部分で語られているのは、「われわれ」(x)とイデアそのもの(Φ)との関係ではなく、その似像(F)との関係であるから、先に確認された本来の用語法に従えば、「それをわれわれが分有することによって」(ὧν μετέχοντες)ではなく、「それをわれわれがもつことによって」(ἃ ἔχοντες)と言われなければならないはずである。かりにこのような「もつ」

と「分けもつ」との区別の問題を別としても、「イデアの似像を分有する」という言い方はそれ自体としてもおかしいので、学者たちの間では、原文の読み方を工夫してこの困難を回避しようとする試みがいろいろと行なわれている。例えばコーンフォードは、ここの「分有する」の原語の使われ方を例外的なものと見て、'which we possess'(=ἔχομεν)と訳し[8]、あるいは、アーペルト、モロー、チャーニス等は、関係代名詞(ὧν)のかかる先行詞を違った仕方で解釈して、「われわれが分有する……ところのかのもの(イデア)の似像」というように読もうとする[9]。

しかしながら、この(i)の箇所においてだけ意味の上での困難を回避するために、文法上の自然さを犯してこうした手段にうったえるよりも、「もつ」と「分有する」との使われ方に着目しつつ次の(ii)と(iii)を合わせ考えるならば、むしろ、プラトンは意識的にこのような言い方をパルメニデスにさせたと解するべきではあるまいか。パルメニデスが「もつ」と「分有する」との使い分けを曖昧にさせ、xとΦとの関係を表現すべき「分有」用語の特別の機能を無視しようとしていることを告げるために、である。次の二箇所を見よう。

(ii)「さてしかし、イデアそれ自体は、君が同意しているように、われわれはそれをもっていないし、われわれの世界に存在することもできないのだ」——「ええ、けっして」——「しかるに、まさにそれぞれのものであるところの〈類〉そのもの(イデア)は、〈知識〉のイデアそのものによってこそ、知られるはずだろう」——「はい」——「しかしその〈知識〉のイデアを、われわれはもっていないのだ」——「いません」——「そうすると、イデアのどれ一つとして、われわれによって知られることはないわけだ。〈知識〉自体をわれわれは分有していないのだから」(134 B3〜12)

見られるように、ここでは、「もつ」が二回、本来の正しい使われ方をしたあとで、最後に目立たぬように、「分有する」によって置き換えられている。この操作によってパルメニデスは、「われわれはイデアをもっていない」とい

う正当な否定を、「われわれはイデアを分有していない」という不当な否定にすりかえている。(10)

(iii)「もし〈知識〉自体を分有するものが何かあるとすれば、神以上にこの最も正確な〈知識〉をもつ者がいるとは、君は主張できないだろう」(134 C10～11)

ここでもまた、単一の短い条件文の中で、条件句で使われた「分有する」が、帰結句であっさりと「もつ」に置きかえられている——あたかもこの二つの語が、まったく同じ意味と機能を有するものであるかのように。

以上(i)(ii)(iii)に見られた事実は、同じ議論が展開されるテクストのさほど広くない範囲内に立て続けに現われるものだけに、けっして偶然とは思われないであろう。「もつ」と「分有する」という用語のこのような異常な扱い方は、それがここでのパルメニデスの議論における、最も主要な仕掛けであるとまではよし言えないにしても、しかしパルメニデスが導き出そうとしたイデア界と現象界との絶縁の主張を、支持し促進する効果をもっているということは確実に言えるであろう。なぜなら、この二つの用語は本来ならば、われわれは〈知識〉その他のイデアそれ自体を、そのままもって(ἔχομεν)はいないけれども、しかし分有して(イデアに与って)はいる(μετέχομεν)という事実(11)を表現することができるのに、ここではそれができなくされているからである。そしてこれは、そのことを表現するための肝心の「分有」用語が、現象界そのものの内での関係を記述する「もつ」と無差別に用いられることによって、その本来の正常な機能を麻痺させられているからにほかならない。

同じことを、先にチャーニスに従ってこの議論の主要な仕組みとして述べたところに即して言えば、こうなる。——すなわち、パルメニデスはここで、イデアに依拠している(πρὸς τὰ εἴδη)という意味での関係(πρός)を、相関的である(πρὸς ἄλληλα)という意味での関係(πρός)に置き換えることによって、前者のほうの関係を蔽い隠しているのであるが、この操作が有効に進められるために、「分有する」という語の本来の意味の以上のような蔽い隠しが、一役買っているということである。なぜなら、「分有する」とはまさに、現象界のものがイデアに依拠しているという関係(πρὸς τὰ εἴδη)を表現するための用語だからである。

2　プラトン解釈における或る種の傾向について

『パルメニデス』(133B～134E)に見られた「もつ」と「分有する(に与る)」という用語の以上のような扱われ方を、先述の『パイドン』(100C～103B)における使われ方と比べてみるとき、プラトン自身はこの二つの語の本来の用語法に充分注意を払うことが、イデア論の理解のために決定的に重要であると考えていたことが、強く示唆されるであろう。

事実、イデア論における「分有」の考えに対して『パルメニデス』で最初に提出された批判的議論(131A～E)——これはプロクロスの指摘するように[12]、イデアが具体的事物であるかのように語ることによって困難を導き出すものであるが——この議論もやはり、同じような用語法上の観点からとらえることができる。すなわち、対話人物パルメニデスはこの議論の中で、「分取」「分有」(μεταλαμβάνειν, μετέχειν)ということを、「……の内にある」(εἶναι ἐν)または「……の上にある」(εἶναι ἐπί)という言い方で解釈している[13]。この面から見るならば、彼の議論は基本的には、「xがΦを分有する」を「Φがxの内に(上に)ある」へと置き換えることによって成り立っているといえる。そして、「Φがxの内に(上に)ある」は、先に見られたように、「xがΦをもつ」と等値であった。

プラトンが問題の著作『パルメニデス』において、自分のイデア論に対する反論の二つまでを(131A～E, 133B～134E)こうしたやり方で提示しているのを見ると、以上のような「分有する」と「もつ」(=内在する)との混同または類同化が、実際にアカデメイアの学徒の間のイデア論論議のなかでしばしば行なわれていたのではないか、と推測することもできるであろう。そしてプラトンはこれらの「反論」を通じて、この種の誤解に対する注意を喚起しているのではないか、と。

さて、現代においてもまた、いくらか違った仕方において、「xがFをもつ」と「xがΦを分有する(に与る)」との区別を軽視する根強い傾向が、学者たちの間に見られるように思われる。次のような発言に、われわれはしばしば出会うからである。

「Y性のイデアとは、Y性という属性とわれわれが呼ぶべきものとほとんど同じものであり、そのイデアに与るということは、その属性をもつこととほとんど同じことである」[14]

あるいは、

「〝或る性質(性格)をもつ〟という言い方は、もちろん、〝或るイデアを分有する〟という言い方と同義である」[15]

こうした発言に見られる傾向――「Fをもつ」と「Φを分有する」とを同一視する傾向――は、プラトン哲学についての或る一定の解釈の型と結びついている。それはどのようなタイプの解釈か。――これを見とどけるためには、先述の『パイドン』(100 C～103 B)の箇所でこれらの用語と関連しつつ確立されている諸論点を、もう少し詳しく見ておかなければならない。

(a)まず、xとFとの関係、およびxとΦとの関係に関するかぎりは、[16]そこで語られている事柄について論者たちの間に、それほど大きな解釈の違いはないと期待できるように思われる。われわれは、この箇所全体(100 C～103 B)の論点を、次のようにまとめて記述することができるであろう。

「xはFである」(あるいは、xはΦの名を受けてFと呼ばれる)ということは、xがFをもつ(ἔχει)ことを意味し、そして、xがFであり、Fをもつという事態は、xがΦを分有する(μετέχει)ことによって成立する。[17]

(b)では、イデアそれ自身についてはどうであろうか。「イデアそのものはつねに自己自身の名前で呼ばれる資格をもつ」(103 E3～4)と言われる。例えば、個々の美しい事物が〈美〉のイデアの名をもらい受けて、いわば間接的・第二次的に「美(美しい)」と呼ばれるのに対して、〈美〉のイデア自身は、もともと「美(美しい)」(καλόν)とは直接第一次的に〈美〉のイデア自身の名前にほかならないがゆえに、[18]つねに端的に美しく(καλόν)ある。すなわち、〈美〉そのものとしてのイデアだけは、ひたすら自己自身であることによって、全き意味においてつねに美しい、ということである。

このきわめて重要な、そしてまた論争の的となることのきわめて多い論点は、「分有」の思想をこのコンテクストのなかで初めて正式に表明した言葉(100 C4～6)のうちにも、はっきりと見て取ることができる。――

「〈美〉そのものを除いて他の何か或るものがもし美しくあるとすれば(εἴ τί ἐστιν ἄλλο καλὸν πλὴν αὐτὸ τὸ καλόν)、それはほかでもない、ただかの〈美〉を分有することによってこそ、美しいのである」

この文章――「分有」の原理が述べられる locus classicus というべき文章――は、右の傍点部分が無視されるべきでないとすれば、次のことを直接含意しているといわなければならない。

「或るものが美しい(美という性格をもつ)のは〈美〉そのものを分有することによってである」という原則は、〈美〉そのものに対しては、その適用が除外される(πλὴν αὐτὸ τὸ καλόν)。すなわち、他の何か(τὶ ἄλλο)は〈美〉のイデアを分有することによって美しくあるけれども、しかしこの当の〈美〉そのもの(αὐτὸ τὸ καλόν)が美しいのは、けっして何かを「分有する」ことによるのではなく、まして何かを「もつ」ことによるのでもなく、まったく無条件的にそうなのである。

以上の(a)と(b)を念頭に置きながら、われわれの先の問に戻ることにしよう。すなわちそれは、「もつ」と「分有する」との用語法上の区別を軽視する先に見られたような傾向は、プラトン哲学についてのどのようなタイプの解釈と結びついているか、ということであった。次の(1)〜(5)の諸点に注意を向けることによって、われわれはこの問に答えることができるであろう。

(1)まず疑えないのは、われわれが述べた傾向は、その例として引用した発言の一つからも知られるように、イデアとは本来「性質」「性格」('characters' 'properties')、「属性」('attributes')、「普遍」('universals')といったもの——Φでなく F に対応するであろう——であると考えようとする解釈と、本質的に結びついていることである。事実、もし「イデアΦを分有する」と「Fという性格をもつ」とが〝ほとんど同じこと〟であり〝同義〟であるとみなされるべきだとすれば、先に『パイドン』から抽出された命題、「xがFであり、Fをもつのは、xがイデアΦを分有することによる」において、「xがイデアΦを分有することによる」という説明の必要がいったいどこにあろうか。[19]

その場合、「Φを分有する」ということも、したがってまた〝Φ〟そのものも、余計なものとなって、xがFであり、Fという性格をもつことは、それだけで自立自存している事態であるとみなされることになるであろう。じっさいわれわれは、「或る性格(F)をもつ」という陳述が、〝Φ〟の存在を前提しなくとも、それ自体として成り立つと考えることにあまりにも慣らされているといえる。

(2)こうして、考慮に入れられるべきものはxとFの二項だけである以上、右の(1)のように考える人々にとっては、この二つの〝カテゴリー〟の区別——すなわち、或る事物とその属性(character, property, attribute, etc.)との区別——がきわめて重要な、根本的なものとなる。だから、ヴラストスは次のように書くことができた。

「プラトンは、〃〈類似性〉という性格は、その性格をもっているいかなる事物とも区別されるか〃(Is the property, Similarity, distinct from any of the things that have that property?)という簡単な問の代りに、彼の離在前提(Separation Assumption)によって誤まった道に導かれて、〃〈類似性〉という性格は、その特定の事例の内に具現されている〈類似性〉の性格と区別されるか〃(Is the property, Similarity, distinct from the property of Similarity which is exemplified in particular instances of Similarity?)という、まったく違った問を発することになった[20]」

もしプラトンの存在論に特有の、この後のほうの二元論的思想さえなかったなら、ヴラストスの言う'Non-Identity Assumption'はプラトンにおいて、もっと違った形のものになっていたであろうと、彼は考えるのである。すなわち、

「それ(the Non-Identity Assumption)はもっと簡単に、〃xがFである場合xはFと同一でありえない〃(If x is F, x cannot be identical with F)と述べられることができたであろう。これがこの根本原理の正しい表示の仕方であると、私は考える。例の離在前提(Separation Assumption)さえなければ、FとΦという二つの記号は必要でなく、後者は余計(redundant)であろう[21]」

(3)われわれは先に『パイドン』において、〈美〉のイデアが美しい場合と、他の何かが美しい場合とが、明確に区別されているのを見た。つまり、プラトンのイデア論において、次の二つの命題はそれぞれ、まったく違った事態を語っているということである。

(i)〈美〉のイデア(〈美〉そのもの)は美しい。

(ii)この特定の事物は美しい。

ところで、以上(1)と(2)のように考える人々は、当然また、「……は美しい」(美しくある)ということの意味の基準は、命題(ii)のほうにあると考えるであろう。しかるに命題(ii)は、或る特定のものが美という性格をもっていることを意味しているから、彼らは命題(i)も同じように、〈美〉のイデアが美という性格をもっている、という意味に解釈する。そして、彼らにとってイデアとは性格(character, property, attribute, etc.)にほかならない以上、命題(i)のこの解釈はさらに、或る性格にほかならないイデアがその当の性格をもつ(A Form which *is* a character *has* that character)[22]、というかたちに一般化されるのである。

(4)同じくこのように、命題(i)における「……は美しい」(美しくある)の意味を、命題(ii)におけるそれへと類同化あるいは還元することは、また次のような解釈を生み出すことにもなる。すなわち、命題(ii)は「このものは〈美〉のイデアを分有している」という記述に置き換えることができるから、これを基準として命題(i)が解釈されるとき、「すべてのイデアは自己自身を分有している」(Every Form *participates in itself*)[23]ということになる。

この解釈も、その前の(3)に見られた解釈も、先述の『パイドン』(100 C4〜6)の文章が告げるところと真向から抵触することは、あまりにも明白であろう。すなわち、イデアは、或る特定の事物がもつところの性格をもつこともありえないし、何かを分有することもありえないのであって、端的に、それ自身が〃まさにそれであるところのもの〃である、というのがその確認事項であった[24]。

(5)最後に、真正にプラトン的な命題である上記(i)の命題が、すべてこのような——不当な——仕方で解釈されるとき、それはまた、「属性・普遍を実体化し、物と化すること」('reification of attributes', 'hypostatization of universals', etc.)」、「イデアとその完全な事例との混同」('confusion between idea and its perfect instance')、「自己述語」('self-predication')等々の、われわれがよく聞きなれた批判の言葉で呼ばれることになるのは、当然の成り行きであろう。

さて、以上(1)から(5)にわたって見られたイデア論解釈は、疑いもなく、イデアについてアリストテレス的な仕方で考えることにほかならないであろう。そして、かなり多くの学者たちがプラトンのテクストが告げている事柄に違反してまで、現に以上のような見方をしているという事実は、彼らの思考がアリストテレス的な概念によって強く規制されているために、イデア論を意識的・無意識的に、アリストテレス的な思考の枠組を通して見ようとしているからだと解するのでなければ、説明できないように思われる。

事実、アリストテレス哲学の基本的立場をいくつかの点にわたって思い浮かべてみれば、それは上述のようなプラトン解釈の仕方と逐一よく符合していることが、すぐにわかるであろう。

(a)アリストテレスは、超越的(離在的)存在としてのイデアを否定して、代りに、事物に内在する形相を原理に据えた(上述の(1)と対応)。

(b)アリストテレスにとって、実体と属性の区別、あるいは「このもの」(τόδε)として表示される事物と、「このような」(τοιόνδε, ποιόν)と言い表わされる性質との区別は、根本的・窮極的なものであった(上述の(2)と対応)。

(c)このことと関連して、アリストテレスには、プラトンの思想とは全面的に異なった観点に支えられた、独自の「述語」表記のシステムがあった。これに従えば、上述の(3)において見られた、(i)「〈美〉そのものは美しい」といったタイプの命題は、「美が〈美〉そのものに述語される(κατηγορεῖται κατά)」＝「美が〈美〉そのものに属する(ὑπάρχει)」と記述されるほかはない。「属する」を使った後者の記述は、「美が〈美〉そのものの内にある」＝「〈美〉

そのものが美という性格をもつ」と等価であるといえよう(上述の(3)(4)と対応)。

(d)アリストテレスは、イデアを「永遠化された感覚物」と呼び、また、イデア論者たちが「イデアを普遍とするとともに、同時にまた離在するものとして、一種の個物として扱っている」といった言い方で批判している[25](上述の(5)と対応)。

次にまた、上述のような解釈の仕方——とくに(3)と(4)——は、『パルメニデス』(132 A1～B2)において提出されたいわゆる「第三の人間」の議論の基本構造をかたちづくるものであることも、直ちに明らかであろう。なぜならば、もし(3)に見られたように)イデアとしての〈大〉そのものが、個々の事物が「大である」(命題(ii))のと同じ意味において「大である」のだとするならば、そして、或るものが大である場合、そのものは、それが分有している〈大〉そのものと同一でありえないとすれば、『パルメニデス』のこの箇所で述べられている無限背進(はじめの〈大〉そのものと別の〈大〉のイデアが次々と立てられること)は、当然避けられないことになるからである[26]。

近年、この「第三の人間」の問題をめぐって、おびただしい議論が行なわれ、おびただしい論文が発表された。ここでこの論争に立ち入ることは不可能であるし、またおそらく不必要でもあろう。なぜなら、プラトンが提示したこの議論がその細部においてどのように解釈されようとも、それがプラトンのイデア論に対して有効(valid)であるかどうかという、肝心の点に関するかぎりは、答はあまりにも明白だからである。すなわち、この議論を成り立たしめているイデア論解釈(とくに上述の(3)と(4))は、すでに充分確かめられたように、プラトンが『パイドン』その他において実際に述べている事柄に直接違反している以上、「第三の人間」の議論は、プラトン自身のイデア論に対する反論としては、効力をもたないのである。

ヴラストスは、'Self-Predication' assumption と彼が呼ぶところのものが「第三の人間」の議論が成立するための根本前提であること、そしてこの前提は、ほかならぬプラトン自身がイデア論において想定している前提でもあったこと（したがって「第三の人間」論はプラトンのイデア論にとって致命的な反論であること）を論じた。'Self-Predication' assumption とは、彼の定式化によれば、「いかなるイデアもそれ自身に述語されうる」(Any Form can be *predicated of* itself.) という前提であり、あるいは、「何かがそれを分有することによって或る性格をもつところのイデアは、それ自身がその当の性格をもつのでなければならない」(A Form by participation in which anything has a certain character must itself *have* that character.) という前提である。[27]

しかし、上述したアリストテレスの(c)の立場（その前の(3)(4)と対応）を念頭に置くならば、ここでヴラストスが用いている用語（傍点部分）を一瞥しただけでも（'be predicated of'＝κατηγορεῖσθαι; 'have' the character＝ἔχειν)、この前提はけっして彼の言うようにプラトンの「暗黙の前提」などではなく、むしろヴラストス自身の――そして他の多くのアリストテレス主義的解釈家たちの――イデア論解釈における「暗黙の前提」であることが直ちに明らかである。

ヴラストスはまた、'Non-Identity' assumption と彼が呼ぶところのものが、「第三の人間」の議論を支えるもう一つの根本前提であること、そしてこれもまた、ほかならぬプラトン自身のイデア論における前提であったことを論じた。すなわちそれは、「何か或るものが或る性格をもっている場合、そのものは、その性格が認知されるための根拠である当のイデアと同一ではありえない」(If anything *has* a given character, it cannot be identical with the Form in virtue of which we apprehend that character.) という前提であり、あるいは、「何か或るものがイデアを分有することによって或る性格をもっている場合、そのものは、その当のイデアと同一ではありえない」(If anything *has* a given character by *participating in* a Form, it cannot be identical with that Form.) という前提である。

その通りである、とわれわれは答えよう。ただし、これがその通りであるのは、この前提命題のなかの〝何か或るもの"が、イデアならぬ個々の事物(e.g. τὶ ἄλλο…πλὴν αὐτὸ τὸ καλόν, *Phaedo* 100 C4～5)である場合にかぎられる、とわれわれは急いでつけ加えなければならない[28]。イデアそれ自身は、何らかの「性格をもつ」ことも、何かを「分有する」ことによって当のものであることも、そもそもありえないのだから、と。

3 「分有」用語の登場と退場について

しかしながら、一歩ゆずって考えるならば、中期対話篇において「もつ」と「分有する」という用語を使って表明されたプラトンのイデア論は、前章に見られたような誤解を充分に防ぎきるだけの防御装置を、必ずしも完備していないのではないかとも疑われよう。とくに、もともとは共に日常語である「もつ」と「分有する」との使い分けや、「……である」という言表の意味内容の、イデアの場合とその事例の場合との区別といった点は、これらがイデア論の思想にとっては決定的に重要な点であるにもかかわらず、異質の思考による誤解の入りこむ余地がまったくないほどまでに明確に示されているとは――げんに昔も今も上述のような誤解が行なわれている以上――いえないのかもしれない。

――ただしかし、われわれがこれまでに「もつ」と「分有する」という用語に関連しつつ『パイドン』のうちに見た事柄は、プラトンが初期以来最後までとりつづけた不動固定の立場を示すものではむろんないし、またそれが中期イデア論における用語と記述の唯一の方式であるともいえないであろう。中期イデア論には、個々の事例がイデアを「分有する」と言わずに、イデアに「似ている」(イデアの似像である)という言い方を使った方式もあるからである。いずれにせよ、これまで問題になったような基本的な論点をめぐって、プラトンには前期から後期にかけての思想の発展と、異なった視角からのアプローチがあり、そしてそれに伴って――このことはしばしば否定されるけれども

——それぞれの段階と局面に対応する用語と記述方式の変化が、はっきりと見られるように思われる。われわれはここで一挙に視野を広げて、前期から後期に至るプラトンの全著作にわたり、そのような用語法上の事実を総覧し、そこにどのような思想の発展と変化が反映されているかを見とどけることにしよう。

このような用語の調査には、ロスの先例がある。彼もやはり、個別的事象とイデアとの関係を記述する用語を、プラトンの全著作にわたって拾い上げたリストを作成した。[29]しかし、以下にも述べるように、ロスのこのリストには、調査に当っての観点、方法、精密度などにおいて、一見してわかる大きな欠陥があり、評者からもきびしく批判された[30]（そのために、プラトンは用語について無関心であるという通説をかえって強化する、逆効果を生んだ観さえある）。私は、ロスと同じ調査を、ロスとは基本的に異なった次のような方針のもとに行なうことにしたい。

(1)ロスが行なったのは、個別的事象とイデアとの関係を記述したプラトンの言葉を、イデアの〝内在〟を表わす用語と〝超越〟を表わす用語とに二分し、各対話篇に現われるそれぞれの頻度をしらべるということであった。〝内在〟用語と〝超越〟用語へのこの単純な二分は、それ自体きわめて危険であると思われるが、とくに承服しがたいのは、彼が「分有する」という言い方を〝内在〟用語と解して（この点は他の多くの論者も同じである）、「もつ」「内在する」「現在する」といった用語と一括して扱い、これを、〝超越〟用語とみなされた「イデア＝原範型」と「個別的事象＝似像」という表現方式と対置している点である。しかしわれわれがすでに充分に確かめたように、「分有する」と、「もつ」「内在する」等との間には根本的な機能の違いがあり、イデア論にとってほんとうに重要なのは、この二種類の用語の厳格な使い分けのほうなのである。

こうした点を考慮したうえで、私はまず第一の方針として、問題の関係を記述したプラトンの用語を、次の三つのグループに分類することにする。[31]

(I)(I′)「もつ」「内在する」「現在する」「受け入れる」等。——ἔχειν, κεκτῆσθαι ; ἐνεῖναι (εἶναι ἐν), παρεῖναι, ἐπεῖναι, παραγίγνεσθαι, ἐπιγίγνεσθαι ; δέχεσθαι, ἐγγίγνεσθαι, εἰσιέναι.

(II)「分有する」(分けもつ、に与る、分取する)。——μετέχειν, μέθεξις, μεταλαμβάνειν, μετάσχεσις.

(III)「原範型(実物、原物、モデル)—似像(模像、写像)」の関係として記述する諸表現。——παράδειγμα—εἰκών, ὁμοίωμα, etc.(ただし、「パラデイグマ」という語がこの関連でイデアそのものについて用いられる例は、『パルメニデス』『ティマイオス』以外にはほとんどなく、中期のパラデイグマティズムはむしろ「似像」を表わす語によって特徴づけられる。この理由により、以下この(III)を「似像」用語と簡略化して呼ぶことにする。)

(2)方針の第二として、調査対象として着目する箇所を、イデア——および、初期の段階におけるソクラテスの「Xとは何であるか」という問の〝X〟——が問題とされていることが明確であるような箇所に限定する。ロスのリストに挙げられているかなり多くの箇所は、イデアと個別的事象との関係とは何の関係もないような箇所であるから、除外しなければならないし、逆にまた、彼が挙げていないいくつかの箇所を、新たに追加しなければならない[32]。

調査が成果を挙げるためにこの方針がきわめて重要であることは、あらためて強調されてよいであろう。なぜなら、右の(I)(II)(III)のどのグループの用語も、もともと言葉それ自体としては何ら特別の用語ではなく、すべてみな普通の日常語であり、プラトンもまたまさに日常語として、イデア論と関係のない場面でも広く自由にこれらの語を多用しているからである。だから、プラトンがはっきりと意識的にイデア(あるいは、「Xとは何であるか」の〝X〟)のことを語っていると認定できる箇所だけに——ときにはその認定の困難な場合があっても——用語の調査範囲を限定するのでなければ、このような調査は、とうてい有意味な結果を得ることができないであろう。

(3)箇所の指示にあたっては、例えば『国家』における「線分の比喩」が語られる箇所、「洞窟の比喩」の箇所、あるいは『ティマイオス』における「受容者」「場」に関する箇所といった場合のように、可能な場合にはその箇所を全体としてまとめて指示することにして、こうしたそれぞれの箇所の範囲内に特定の用語が何回出てくるかを逐一数え上げることはしない。ロスが示したそのような頻度計算表は、全般的な思想の発展と変化を大局的に摑むのにかえって不都合に働くからである。(33)

(4)『パルメニデス』の「第一部」、および『ソピステス』における〈類〉〈形相〉〈イデア〉の結合関係が論じられる箇所は、ロスが言うのと同じ理由によって、調査対象から除外する。すなわち、『パルメニデス』のほうについては、「プラトンはそこで自分の見解を表明しているのではなく、それを(批判的)討論の対象としているのであるから」という理由であり、『ソピステス』のほうについては、「イデア相互間の関係は、イデアと個物との関係とは別の事柄であるから」という理由である。(ただし『パルメニデス』の「第一部」において、ソクラテスが提示しパルメニデスによって批判されるイデア論が、ほとんどもっぱら(Ⅱ)のグループの用語によって記述されるイデア論であることは、注意さるべき点であり、本稿でも後に問題とされるであろう。)

なお、プラトンの著作の年代順についても、ロスの想定した順序にほぼそのまま従うことにする。当面の目的のためには、それでとくに支障はないからである。

以上述べた方針のもとに、(Ⅰ)(Ⅰ′)と(Ⅱ)と(Ⅲ)の各グループの用語がイデア論に関係する用語として、プラトンの著作の中に現われる箇所をチェックしたものが、次の表である(表の中で、括弧に入れた諸箇所は、本来は該当しないと思われる疑わしい使用例であるが、念のために挙げたものである。太字は主だった重要な箇所を示す)。

	(I)(I′) [ἔχειν, ἐνεῖναι, etc.]	(II) [μετέχειν, etc.]	(III) [παράδειγμα, etc.]
『カルミデス』	(158 E～159 A)		
『リュシス』	(217 B～218 C)		
『ラケス』	**191 E～192 B**		
『エウテュプロン』	**5 D1～5**		(6 E3～6)
『ゴルギアス』	(503 E4)		(503 E～504 D)
『ヒッピアス(大)』	289 D2～4, al., 293 E11～294 A2, 300 A9～B1, al.		
『エウテュデモス』	(301 A4)		
『メノン』	72 C～D		
『クラテュロス』	389 B9～C1, E3～4, 390 B1～2, (413 C3)		(389 A～B)
『饗宴』		211 B1～5	212 A4～5
『パイドン』	(100 D5～6) (I′) 102 B～103 B (I′) 105 B～C	**100 C～101 C** 102 B1～2	**74 D～75 B**
『国家』	(402 C5) (I′) 597 C8	472 C2 **476 D1～2**	(402 C6) (472 C4, D1), **476 C6～7** (484 C8), (500 E3), **509 E～511 A**(「線分」), **514 A～516 E**(「洞窟」), 520 C4～5, (540 A9), (592 B2), (596 B7 sqq.)
『パイドロス』	((I′) 251 E2～3), ((I′) 252 A7～B1)		250 A～B, C～D, 251 A3
『パルメニデス』		批判の対象とされる	
『テアイテトス』			(176 E)
『ソピステス』	(247 A)	συμπλοκὴ τῶν εἰδῶν へと適用される	
『ポリティコス』			285 D～286 A
『ティマイオス』	(I′) **48 E～52 D**		**27 D～29 C** 37 C8, 39 E1～7, **48 E～52 D** (「受容者」「場」)
『第七書簡』			342 E～343 C

さて、私はこの調査表が、まったく手落ちのない完全なものであると主張するつもりはないが、問題の点に関するプラトンの用語と記述方式の主要な変遷を知るための手掛りは、ここから充分に得られると信じる。以下において、この表が告げていると思われる重要な点を、必要な説明と注記を加えながら、順を追って挙げて行くことにする。

A

『饗宴』『パイドン』に先立つ前期の諸対話篇においては、ソクラテスが問いかける「Xとは(例えば、〈勇気〉とは、〈敬虔〉とは、〈徳〉とは)何であるか」という問における〃X〃と、その事例となる個々の行為・事柄との間の関係は、ほぼ例外なく、(Ⅰ)のグループの用語によって表現されている。[34] この関連で「分有」用語((Ⅱ)のグループ)がまったく用いられていないことは、注目を引く。[35] もちろん先述のように、プラトンはこの日常語を他の一般的なコンテクストにおいては広く自由に使っているけれども(そして当の使用例がそのような一般的な用例であるか、イデア論と関係ある使用例であるかの判別は、ときに困難であるけれども)、しかし少なくとも、イデア論を準備したこの「Xとは何であるか」という問そのものが、ソクラテスによって明確な問題意識のもとに発せられる場合には、問われているその〃X〃に対する個々の事例の関係は、一度たりとも「分有する」という言葉によっては語られていないのである。この点は、イデア論の初期の段階(あるいは前段階)を、やがてきたるべき中期の思想から区別する重要な標識であるといえるであろう。

B

(Ⅱ)のグループの「分有」用語がこの関連で登場してくるのは、こうして、はっきりと『饗宴』『パイドン』以後においてであり、そしてその登場は、(Ⅲ)のグループの「似像」用語による表現方式の明確な登場と正確に時を同じくしている。

『パイドン』100C～101Cに見られるこのような、中期に至ってはじめて現われた「分有」用語の使用について、ハクフォースはしかし、次のように言っている。

「〝美を分有する〟(μετέχειν τοῦ καλοῦ)といった表現は日常語的な表現であり、それ自体としては何ら専門的(technical)あるいは形而上学的(metaphysical)な意味をもっていない。例えば『ゴルギアス』467Eの、〝善でも悪でもないものと君が言うのは、ときには善を分有するがときには悪を分有し、ときにはまたどちらをも分有しないようなもののことかね〟という用例を見よ[36]」

たしかにこの通りだと一応いえる。日常用語だということはわれわれも、ただ「分有する」という語だけでなく、いま調べている他のすべての用語についても強調したところである。けれども、そのこと以上にここで強調しなければならないのは、プラトンが中期の著作に至って、イデアの存在論的な資格に関心と注意を集中するようになったとき、あるいは、〈勇気〉〈敬虔〉といったそれぞれの或るイデアまたは形相が何であるかということよりも、そもそもイデアであること自体は何を意味するかということを[37]問題としはじめたときに、彼はそれまで(I)のグループの用語で表現していた事柄を、代りにいまや「分有」用語によって語るようになった、という事実である。これは、新しい用語法の意識的な採用であるとしか思えない。

そして、なぜこの関連で(I)のグループの表現をプラトンが使わなくなったかという、その基本的な理由は、すでにわれわれが第一節で見たところから、うかがい知ることができよう。すなわちそれは、プラトンがいまや、イデアそのものが個別的事象の内に直接そのまま現在することを含意するような表現――「もつ」「内在する」「現在する」等の表現――を避けなければならなかった、ということである[38]。この意味においては、プラトンがそのような形而上学的文脈の中で新しく使いはじめた「分有」用語は、充分に〝専門的あるいは形而上学的〟(technical or metaphysical)

と呼ばれるに値するといってよいであろう。

さて、問題の箇所が一つある。『パイドン』100 D3〜7 において、ソクラテスは次のように言う。[39]

「ぼくは単純に、素朴に、そしておそらくはまた愚直に、ただこのことを自分の考えとして堅持する。すなわち、そのものを美しくあらしめているのは、ほかの何ものでもなく、ただかの〈美〉そのものの現在、もしくは共有であるということだ。もしくはまたその関係の仕方が、何と呼ばれようとかまわない。ぼくはその点までは強く固執しないから(οὐ…διισχυρίζομαι)」

このソクラテスの言葉は、通常額面通りの意味に受け取られて、プラトンが用語法については無関心であったことを示す証拠としてしばしば引用されてきた。[40] しかし、ほんとうにそうであろうか。この言葉は、よほど注意して扱われなければならないように思われる。というのは、プラトン自身は、実際には大いにその点に強く固執している(διισχυρίζεται)のをわれわれは見るからである。すなわち、このソクラテスの言葉にもかかわらず、そしてこのソクラテスの言葉を唯一の例外として、この箇所の前後を通じてイデアと個物との関係を述べる用語は、一貫してすべて「分有」「分取」とその変形である。[41] 他方また、少し後で内在的性格(F＝例えば「われわれの内にある大」)がイデア(Φ＝例えば「〈大〉そのもの」)と明確に区別されてからは、その性格(F)とそれを所有するもの(x)との関係を記述する言葉は、一貫してこんどはすべて「もつ」「内在」の用語である。[42] こうして、テクストそのものは用語法の点で、完全な首尾一貫性を示しているのである。もしプラトン自身がほんとうに自分の用語法に対して無関心であったとしたら、けっしてこうはならなかったであろう。

われわれとしては、したがって、こうしたコンテクストの中で唯一の例外をなす先のソクラテスの言葉を、プラトン自身の態度表明と受け取ることに警戒しなければならない。むしろ、プラトンはこの箇所で、自分の実際の態度とは別に、意図的にこうした言葉をソクラテスに語らせたと見ることができるであろう。なぜなら、コーンフォードも正しく注意しているように、「プラトンが、自分自身の超越的イデアの説はソクラテスによって主張されなかったものであることを意識していたとすれば、彼がイデアと事物との関係をソクラテスの口を通じて述べなければならなかったちょうどこの箇所において、若干の気後れが期待されてよいだろう」[43]からである。

(Ⅱ)の「分有」用語が(Ⅲ)のグループの「似像」用語による表現方式と同時に登場しているという事実もまた、われわれの注目を引く。調査表に現われているこの事実は、とくに『国家』第五巻476 C～D のような箇所を見るとき、少なくとも中期対話篇に関するかぎり次の主張を裏づけるものである。――「分有用語の使用はけっしてそれ自体としては、イデアが同時にパラデイグマであると考えられていないことを示すものではない。この二種類の用語法は、相互に相容れないどころか、同じ一つの概念を記述するために一緒に用いられることさえできるし、事実しばしばそのように用いられているのである[44]」。

C

しかしながら、『国家』第六巻～第七巻の「線分」と「洞窟」の比喩においてその論述の全体が、実物・原物と似像・影像との関係の観念に依拠して展開されたのち、後期の諸著作にかけてこの(Ⅲ)のグループの「似像」用語が優勢になるのが見られる。そして他方、(Ⅱ)のグループの「分有」用語は、イデアと個物との関係を表わす用語としては姿を消す――『パルメニデス』において批判の対象として現われる以外は。

この対話篇において若いソクラテスがイデア論を提出したとき(128 E～129 D)、そこでイデアと個物との関係を述べるのに用いられているのはすべて(Ⅱ)の「分有」用語であること、また、これにつづくパルメニデスの批判的質問がこの「分有」の観念に向かって集中していることは、果たして偶然であろうか。「他のものはパラデイグマとしてのイデアの似像である」ということも、そこでは、「分有」と並ぶ別の考え方としてではなく、「分有する」ということの可能な一解釈として述べられている。そしてこの『パルメニデス』における批判以後には、われわれはもはやこの「分有」用語がそれまでのように、個別的事象とイデアとの関係について用いられているのを、一度も見出すことができないのである。代りに、この用語は『ソピステス』(251~259)において、イデアどうしの結合関係というまったく別の事柄を表現することだけに、その使用が限定されることになる。(45)

誤解を避けるために、ここで念のために次のことを明確にしておきたい。

これまでH・ジャックスン、R・D・アーチャー＝ハインド、W・D・ロスといった人々が、プラトンの後期対話篇において「似像」用語が「分有」用語に取って代るという、似たような説をそれぞれの仕方で唱え、(46) そしてE・ツェラー、P・ショーリイ、H・レーダー、H・チャーニスといった人々によって批判され、斥けられてきた。(47) しかし、私がこれまで述べてきた事柄は、このジャックスンやロスなどが主張した見解とは、まったくといってよいほど内実を異にするのである。彼らはいずれも、「分有」用語は個別的事象との関係におけるイデアの〃内在〃を、「似像」用語はその〃超越〃を表わすべく意図された用語であるということを、頭から前提している。そして彼らの主張では、プラトンの思想の発展とは、「分有」用語から「似像」用語に向かっての、すなわち、〃内在〃の思想から〃超越〃の思想への、きわめて単純な一直線の動きにほかならなかった。(48)

このようなことは、およそ私の言いたいことからは程遠い。そもそも〃内在〃用語か〃超越〃用語かという割り切り方はそれ自体問題であると思われるが、かりにしかしそういう観点をとるとすれば、「分有」用語は、先に見られたように、むしろ〃超越〃のほうを表現するための用語であるといわなければならない。そしてそのような性格の用語として、この「分有」用語は彼らの主張に反して、プラトンの思想の初期の段階では形而上学的文脈の中に用いられることはなく、中期対話篇に至ってはじめて、しかも彼らがこれと対置する「似像」用語と時を同じくして、登場するのが見られたのである(ジャックスンはどういうわけか、「パラディグマー似像」用語は『パイドン』や『国家』に表明された、〃古い〃(older)イデア論の中には出て来ないとまで言っている)。

さらにはまた、後期になってからこの関連で用いられなくなったと私が言うのは、(Ⅱ)のグループの「分有」用語についてだけであって、ジャックスン、アーチャー＝ハインド、ロスがこれと一括して〃内在〃用語として扱ったところの、(Ⅰ)(Ⅰ')の用語もまた姿を消したとは私は言っていない。

これだけの但し書をつけたうえで、哲学用語としての「分有」用語は、プラトンの前期諸著作の中にそれが見出せなかったのと同様、後期の諸著作の中で個別的事象とイデアとの関係については用いられなくなったということを、あらためて私は、否定できない事実として認定することにしたい(49)。

ところで、後期著作におけるこのような「分有」用語の退場と、代って「似像」用語が前景に出てくることとは、背後にこの動きを支える明確な哲学的思考がなかったとしたら、それだけでは別に大した意味はないであろう。しかし私としては、中期著作における「分有」用語の(Ⅰ)の用語に代る)登場にそれなりの理由と必然性が見られたのと同じように、後期著作におけるこの用語法上の変化もまた、プラトンの哲学的思考の発展からの必然的帰結であったとみなすべき有力な理由があると考える。それはたんに、そのときどきの特定の主題とコンテクストに適合した表現を選ぶという、修辞上の要求によるものとはけっして思われない。プラトンは「分有」用語について、それをイデアどうしの関係を述べるためには用いることができても、しかし「似像」用語と違って、もはや個別的事象とイデアとの関係を記述するのには適しないと考えるようになったのではないか。次節において、その点をしらべてみることにしたい。

4　「似像」用語とパラデイグマの思想、とくに『ティマイオス』48 E～52 D について

『パルメニデス』に戻って考えてみよう。そこで提出されているいわゆる「第三の人間」の議論(132 A1～B2)が、プラトンが『パイドン』その他において示した原則に違反する前提に依拠している以上、プラトン自身のイデア論に対する反論としては効力をもたないということは、すでに見られた(第2節)。プラトンもそのことを、よく知っていたと考えられる。しかし、彼がとくに自分のイデア論に対するこのような反論を提示してみせたということは、すでに見たこの前後の二つの反論(131 A～E, 133 B～134 E)の場合と同じく、「分有」用語によって記述されたイデア論が、『パイドン』100 Cや『国家』597 Cにおける言明にもかかわらず、この「第三の人間」論に示されるような仕方でしばしば誤解されたこと、また事実そうした誤解の可能性をはらんでいるとプラトンが自覚していたことを、告げているように思われる。われわれの見たところでは、その誤解とは基本的には、次の二つの命題(〈美〉を例にとると)――

(i) 〈美〉のイデア(〈美〉そのもの)は美しい。

(ii) この特定の事物は美しい。

において、(i)の命題が述べる「……は美しい」(美しくある)ということの意味を(ii)の命題のそれと同じように解し、そしてその意味の基準を(ii)の命題のほうに置く、ということに集約されるものであった。

ところで、この対話篇で登場人物の若いソクラテスは、少し後で(132 C12～D4)、「イデアとはパラデイグマ(原物、

手本、原範型)であり、その他のもの(個々の事例となるもの)はそれの似像である」という見解を、新たな仮設として提案する。この「似像」用語によるイデア論の表明こそは、本来、「第三の人間」論に組みこまれている右のような誤解の可能性をはじめから排除するものであることは、疑いないのではないか。なぜならば、イデアが原物で個々の事例はその似像であると表明することは、先の二種類の命題における「……は美しい」(美しくある)ということの意味の基準が確実に(i)の命題のほうに置かれるべきこと、それが(ii)の命題の「この特定の事物」に適用されて「美しい」と語られるのは、ちょうどソクラテスの似像が「ソクラテス(である)」と呼ばれる場合と同じように、派生的・第二次的な呼び方にすぎないことを、およそ可能なかぎり明確な仕方で言明することにほかならないからである。あるいはまた、〈美〉のイデアは——「美しくある」ことの唯一の基準・原範型そのものにほかならない以上——自己自身以外の何ものによって美しくあるのでもなく、したがって、命題(ii)のほうは「……は美という性格をもつ(〈美〉のイデアの似像であることによって)」と等価であるのに対して、命題(i)はけっしてそのような言い方に置き換えられてはならず、また置き換えることができないという大事な論点も、この「イデア=原物、個々の事例=その似像」という言明によって、能うるかぎり明確に打ち出されることになる。

そして、「似像」用語によって明確に打ち出されるすべてこれらの点は、「分有」用語によって記述されたイデア論においては、『パイドン』100 C その他におけるプラトンの言葉にもかかわらず、これほどまでには明確に表明されえないことに、われわれは注意しなければならない。

『パルメニデス』において、ソクラテスが提出したこの新たな考えに対し、パルメニデスは周知のような反論(132 D5~133 A6)を行なって、ふたたび「第三の人間」と同じような無限背進をそこから導き出す。しかしこの反論は、ほんとうは成立しない。なぜならそれは、議論の途中(132 D9 sq.)で新たな「似像(似ている)」用語の代りに、元からの「分有」用語を不当に再導入してこれに置き換え、それによって、この新たな提案の新たなポイントを無視することに依存して進められているからである。その新たなポイントとは、この箇所の議論に即して言えば、原物とその似像とは相互に似ていると一応いえるとしても、それはしかしけっしてパルメニデスが論じるように、両者が同資格で共に同じ一つのものを分有していることによるのではなく、ただ単純に後者が前者を模した似像であるという事実による、ということである。(50) つまり、原物とそのいくつかの似像があるとき、「相似ている二つのものは同じ一つのものを分有(共有)していることは必然」(132 D9〜E1)ということは、似像相互間の場合についてだけ言えることであって、一方がその類似関係(類似点)の当の原物そのものである場合には言えないということであり、このことは、右の「分有している」を、本来一貫して用いられるべき「似ている」に置き換えてみれば直ちに明らかになるであろう。

この問題を論じたかなり多くの人々が、(51) なぜこのような、「分有」用語を不当に再導入しつつ「一般に相似た二つのものは……」という形で示された右の 132 D9 のパルメニデスの言葉(τὸ δὲ ὅμοιον τῷ ὁμοίῳ… μεγάλη ἀνάγκη ἑνὸς τοῦ αὐτοῦ μετέχειν)を、ほかならぬプラトン自身が容認した想定であると解したのか、まったく理解に苦しむところである——彼らの思考が、基本的には先の二種類の命題の解釈について、最初からアリストテレス的な思考の枠組の強い規制下に置かれているからだと考えるのでなければ。(52)

こうして、(III)のグループの「似像」用語は、(II)のグループの「分有」用語によっては必ずしもそれほど明確に表明されえない重要な諸論点を、明確にするものといえる。しかしわれわれはさらに、この二種類の用語法の間には、そのことにも劣らない重要な、プラトンの思想にとってきわめて本質的な意味をもつような差異があることに、注意しなければならない。

プラトンが『パイドン』で行なったように、「分有する」と「もつ」(＝「内在する」)という言葉で現象を記述することは、Φ（イデア）とF（性格）とx（この或るもの）という三項によって事態を分析することにほかならなかった。そして、とくにそのことがはっきりと言明されているわけではないけれども、「分有」用語はその実際の使われ方から見て、FとΦとの関係ではなく、xとΦとの関係について用いられるものであることは、ほとんど疑いない。[53] つまり、この記述方式は、〃x〃（この或るもの）を記述文の主語として要求するのである——「xはFである＝xはFをもつ、そしてこの事態は、xがΦを分有することによって成立する」というように。

『パイドン』後半部や『パルメニデス』第一部で述べられるイデア論について、例えば、「イデア論のうちには、物理的事物の実在性を問題視するような考えは何もない。『パイドン』においても『パルメニデス』においても、個物（物理的事物）の実在性がイデアの分有に依存していることを告げる言葉はまったく見られない[54]」という意味のことが言われるのも、「分有」用語で述べられるイデア論においては、物理的事物・個物に対応する〃x〃（この或るもの）が主語として不可欠であり、あるいは優先するとさえいえるからであろう。

「分有」用語がもっているこのような性格は、イデア論を「第三の人間」の困難に巻きこむことになる先述のような誤解を許す、ひとつの禍根であるということができる。なぜなら、この記述方式は、主語としての「この或るもの」を不可欠とするまさにそのことによって、先の(i)と(ii)の命題を共に同じように〃主語・述語〃＝〃実体・属性〃＝〃このもの・これこれの性質〃といった概念のもとに解釈する思考法へと、類同化される可能性を多分にもっているからである。後者の思考法はまた、xとFを二つの窮極的なファクターとみなし、ひいては、「xがΦを分有する」を「xがFをもつ」と〃ほとんど同じこと〃、あるいはたんに〃同義である〃とみなすような思考法であった（第2節）。

ところで、『パルメニデス』においては、「イデアに似ている」「イデアの似像である」という把握の仕方は、たんに「イデアを分有する」ということの一つの可能な解釈として導入されていて（132 D3～4）、あたかもこの二種類の用語法は、x・F・Φに関するシンタクスにおいても、まったく同じであるかのような印象を与えている。けれども、この(Ⅲ)のグループの「似像」用語は、他の箇所のテクストが告げるところと、この用語法がもっている内的な論理ともいうべきものから考えて、xとΦとの関係について用いられる「分有」用語とは異なって、本来はFとΦとの関係を記述する用語であることは、充分に明らかであろう。(55)

そして他方、右に個物・物理的事物の実在性についての解釈の言葉(マーフィ)を引用したけれども、しかしプラトンの哲学はもともと、〃x〃(この或るもの)の窮極的な資格を問題視することを最初から中心的なモチーフとしてもっていたといえる。なぜなら、プラトンは感覚される現象の世界を、不断の生成変化の過程にある世界とみなしていたし、この見方にもとづく最終的な分析のもとでは、この現象の世界そのものの内に〃x〃(この或るもの)が窮極的な実体の資格をもつものとして実在するということは、不可能であるはずだからである。

『パイドン』のイデア原因説については、注釈家が注意しているように、次のように言うことができるであろう。「イデアは事物の性質(qualities)の原因であって、事物そのもの(concrete things themselves)の原因ではない。〈美〉のイデアは、事物が美しくあることの原因であって、美しい事物の原因ではない。……(しかし)ソクラテスが生成・消滅の原因の問題を全般的に検討する必要があると言ったとき(95 E)、当然期待されたのは、生命を有しまた有しない実体(substance)の生成と消滅の説明——それらの属性(attributes)の生起と消失の説明よりも——であった。(56)」——ただしかし、この区別、すなわち〃事物〃と〃性質〃、〃実体〃と〃属性〃、x(またはFx)とFとの間の区別は、『パイドン』においてさえも、プラトン哲学にとって窮極的で根本的な意味をもつものではありえないであろう。最終的な場面においては、〃x〃は解体されるべき或るものだからである。プラトンの哲学において、窮極的で根本的な区別として最後まで存続するのは、FとΦとの区別でなければならない。

そうとすれば、用語と記述の方式においてもまた、プラトンにとって最後まで根本的なものとして存続するのは、〝主語〟・〝事物〟・〝実体〟としての〝x〟に言及することなく、FとΦとの関係をそれとして記述するところの「似像」用語による記述方式でなければならず、〝x〟を不可欠の主語として要求する「分有」用語によるそれではありえないであろう。

プラトンの後期諸著作は、プラトンが以上のような思考の線を追求して、〝x〟の窮極的な資格を問い、「似像」用語の使用に内包されるパラデイグマティズムの論理と形而上学の基盤を固める作業を進めて行ったことを、告げているように思われる。[57] そしてこれらすべての作業は、『ティマイオス』における最終的な答へとつながっている。以下において、その『ティマイオス』のうちに、これまで問題とされてきた諸論点の行方と決着を見とどけることにしたい。[58]

（1）まず、「つねにあるもの、生成しないもの」としてのイデアと、「つねに生成しつつあるもの、あるということのけっしてないもの」としての感覚的事象との間の根本的な区別、およびこれと共に、前者は原範型（パラデイグマ）であり後者はその似像（エイコーン）であるという設定が、まさに自然的世界を記述するための基盤として、叙述全体の冒頭に提示されている（27 D～29 C）。

（2）〝この或るもの〟（「分有」用語の主語であった〝x〟）の解体は、「すべての生成の受容者」(ὑποδοχή)——後に「場」(χώρα)と呼ばれるもの——を論じた箇所において完成されている（48 E～52 D）。その箇所でプラトンは、どのようなものをほんとうに〝水〟なら〝水〟と呼ぶことができて、むしろ〝火〟と呼ぶべきではないというように、確定的に語ることは絶望的に困難であることを強調する。そしてこの感覚的現象の世界を、永続する事物からなる世界としてではなく、現われては消える特定の諸性格の変動するパターンとして見るべきことを説く。

(3)とくに、"このもの"(τοῦτο, τόδε)という呼称の使用についてそこで与えられている注意は重要である(49C〜52D)[59]。すなわち、われわれは「このもの(これ)は……」と言うことによって変化流転する現象のいかなる局面をも、他のいかなる局面からも区別することはできないがゆえに、「このものは火である」とか「これは水である」とかいった言い方をすべきではない、と告げられる。そして、"火"や"水"といった名前で呼ばれる(「……は火(水)である」)べきものは、正しくは、「そのつどいつも似たものとして現われるような、これこれ様の性格」(τὸ τοιοῦτον ἑκάστοτε, τὸ διὰ παντὸς τοιοῦτον, τὸ τοιοῦτον ἀεὶ περιφερόμενον ὅμοιον, etc.)である、と説かれるのである。

(4)感覚的現象の世界を永続する事物の世界とみなすことに対する、そしてそれとともに、"このもの(これ)"(τοῦτο, τόδε)を主語に据えた記述を用いることに対する、この最後的な拒否宣言は、疑いもなくまた、個別的事象とイデアとの関係を「分有」用語によって記述することに対する、正式の拒否宣言としての意味をもつであろう。この用語法は、"このもの(これ)"に対応する"x"を記述の主語に置くことを、不可欠とするからである。

(5)"火"や"水"などのそれぞれの名前によって名ざされる上述の「そのつど似たものとして現われるこれこれ様の性格」(τὸ διὰ παντὸς τοιοῦτον, etc.)は、〈場〉の中へ入ることによって現われ、ふたたびまたそこから消滅して行く。それらは、永遠恒常の真実在(イデア)の似像(μιμήματα, ἀφομοιώματα, etc.)であると語られている(50C4〜5, 51A2, 52A4〜7)。プロクロスが解したように[60]、これらの似像は、『パイドン』後半で——可滅的であるが自身の性格を変えない(反対の性格を受け入れない)ものとして——語られていたところの、内在性格(F)に対応するものと考えられる。

(6)すべてこのような思想的裏付けのもとに、「似像」用語による記述方式が——すなわち、"x"に言及することなく、ただFとΦ(および〈場〉)によって現象を記述する方式が——いまや最終的に採用されたということができる。

この方式によれば、例えば日常語で「これ(x)は美しい(F)」と語られる事態は、正確には、「場のここに∧美∨のイデア(Φ)がうつし出されて(F)いる」、あるいは、「∧美∨のイデア(Φ)の似像が場のこの部分に受け入れられて、〃美〃(F)として現われている」と記述されることになる。そして、〃水〃なら〃水〃として現われるものは、実際には〃水〃という(実体的な)物ではなく、∧水∨のイデアの似像を受け入れた∧場∨の部分であり、〃火〃として現われるものは∧火∨の似像を受け入れた∧場∨の部分であり、その他同様に、そうした似像が∧場∨のうちに入る(うつし出される)のに応じて、それぞれのものとして現われるというのが、この現象の世界(自然界)のありようなのである。[61]

(7)「似像」用語によるこのような記述方式が、「分有」用語のそれと比べてもっている差異と利点については、これまでの考察によってすでに充分に明らかであろうと思われるが、ここであらためて若干の新たな点を加えつつ、総括しておくことにする。

(a)基本的な点として、先に見られたような意味において、「分有」用語によるx/Φ関係の記述は、イデア論を「第三の人間」の問題に巻きこむことになるような(アリストテレスふうの)概念の枠組の中に、捕えられやすい危険性をはらんでいる。これに対して「似像」用語によるF/Φ関係の記述は、イデアΦを強調的にFの原範型として表明することによって、また、主語・基体・実体と解されやすい〃この或るもの〃(x)をなしですませることによって、右の点における禍根を絶っているといえる。

(b)共にもともとは日常用語である μετέχειν(分有する、分けもつ、に与る)と ἔχειν(もつ)とは、日常語としては互いによく似たまぎらわしい二つの語であり、プラトンが哲学用語としてこれらを系統的に区別していても、混同され類同化される可能性がきわめて強く、また現実にその傾向があった。それがイデア論にどのような結果をもたらすかは、われわれが第一節と第二節において見たとおりである。他方、「似像」用語にはむろん、そのような問題ははじめからない。

(c)いうまでもなく、新しい記述方式において表面的に文法上の主語となることもありうる〃場のこの部分〃と、古い記述方式の主語となる〃この或るもの〃とは、その実質的な意味内容において根本的に異なっている(前者は本来、文字どおり場所的副詞であろう)。実体的な個物と解されうるような〃このもの〃(τοῦτο, τόδε)を、＜場＞およびそれぞれの性状(F)へと解体し還元することが、新しい記述方式の拠って立つ基盤にほかならなかった。

(d)こうした＜場＞の描写的な新しい記述方式においても、「受け入れる」(δέχεσθαι)とか「……の中に入る」(εἰσιέναι)、「……の内に生じる」(ἐγγίγνεσθαι)とかいった、(Ⅰ)(Ⅰ')のグループの用語に属する表現は依然用いられる。ただしそれはむろん、もはやイデアの似像としての知覚的性状(F)と事物(x)との関係についてではなく、前者と＜場＞との関係についてである。そしてプラトンは、二つの独立した恒常的原理である＜イデア＞と＜場＞はけっして、一方が他方の内にあったり生じたりすることはありえないこと、したがって＜場＞の〃中に入り〃、＜場＞の〃内に生じる〃もの、あるいは＜場＞が〃受け入れる〃ものとは、けっしてイデア(Φ)それ自身ではなく、その似像としての知覚的性状(F)であることを、とくに強調して明言している。他方、似像は、それ自身では独立自存しえないがゆえに、何か他のものの〃内に生じる〃ことによって全くの無であることを免がれ、辛うじて「有にしがみつく」というのがその本来のあり方であると言われている(52 A2〜3, C2〜D1)。

(8)最後に、このような＜場＞の概念についてのアリストテレスの扱い方に目を向けておく。それは、これまで見てきた問題連関のなかに置かれるとき、きわめて注目に値するからである。すなわちアリストテレスは、プラトンの＜場＞を＜質料＞(ὕλη)と同一視しつつ、これを「(イデアを)分有するもの」(τὸ μεταληπτικόν, τὸ μεθεκτικόν)と呼んでいるのである。[62] このことは、アリストテレスが〃この或るもの〃(τόδε τι)や質料的基体の概念を道具立てとする彼自身の思想に導かれて、プラトンの〈場〉の概念に託されたすべて以上のようなモチーフを、完全に無視していることを告げている。だからこそ彼は、同じ『ティマイオス』においてその廃棄が言明されていると見られた主語としての〝x〟(この或るもの)を不可欠とする「分有」用語を、イデアに対する関係を記述する用語としてほとんど自動的に再導入し、「分有」に代る新しい記述方式を根拠づける肝心の〈場〉についてさえ、それを適用することができたのであった。[63]それだけではない。アリストテレスが、場(τόπος)が「分有するもの」である以上、イデアは場の内にあるのでなければならぬと語っている[64]ことは、「〈場〉がイデアを分有する」というそれ自体が非プラトン的な言い方が、彼にとってはさらに、本来は「イデアが〈場〉の内にある」(=〈場〉がΦをもつ)という意味に解されるべきものであったことを示している。プラトンが現に〈場〉の内に生じるのはイデア(Φ)それ自身ではなく、イデアの似像(F)でしかありえないと強調的に語っているのを、彼はまったく考慮に入れていない。

このようにして、アリストテレスの〈場〉の解釈のうちには、『ティマイオス』に表明された世界の見方の基本的な意義について、二重の誤解があらわになっている。そしてその誤解そのものが、観点と立場の相違を表面化して際立たせる結果になっているといえる。プラトンのほうの立場と観点とは、〝x〟を主語・主体とすることなしに現象を記述する方途を切り開くとともに、恒久的な〝事物〟〝物〟(原子その他の物質的実体)を窮極の実在として想定することなしに自然学を構築しうるような立場と観点であった。

われわれは、すべてこうした論点が、存在と価値(善)の問題と深く関わり合っていることを注意することによって、この論究を結ぶことが許されるであろう。〝この或るもの〟としての〝x〟は、当然のことながら、価値的にはニュートラルであるほかはなく、これに対応する〝事物〟〝物〟を何らかのかたちで世界の窮極的な構成要素として想定することは、世界のあり方の基礎から価値を排除することにならざるをえず、存在と価値とを基本的に分離・分裂させることにほかならないからである。

(1) Cherniss(1), pp. 282~284 (with n. 191). ——(なお、以下このように、文献の指示は本稿末一四二~一四四ページの文献表のリストに従って行ない、著者の姓のみ記して書名・論文名は省略する)。

コーンフォード(Cornford(1), p. 98)、ロス(Ross(2), p. 90)、ヴラストス(Vlastos(1), p. 258)などはいずれも、この箇所の議論はイデアとその完全な事例との混同にもとづいて行なわれている、と解釈するが、この解釈の線には与しえない。またそもそも、この議論の中にそのような混同があるとも思わない(この点については、cf. Geach, p. 268)。この種の解釈の仕方はそれ自体、本稿においていずれ吟味の対象とするであろう。

(2) Cornford(1), p. 81.

(3) Φ、F、xという記号の使い方は、ヴラストス(Vlastos(3))その他の例に従う。

(4) 「xがΦを分有する」: 100 C5, 101 C3~5, 102 B2. ——他方「xがFをもつ」: 102 C2, 4, 7, 103 B6. 〔ただしこの最後の103 B6 は、x/F関係かx/Φ関係か必ずしも一義的に明確ではない。しかし逆に、「分有する」が使われるのは、必ずx/Φ関係であることが明確な場合にかぎられていることは確実である。〕

(5) 102 B5, 103 B8. ——その他、この箇所で多用されている「われわれの内なる大きさ」といった表現。

(6) 『パイドン』100 D5~7 におけるソクラテスの言葉だけが例外となっているが、解釈上の陥し穴になってきたこの箇所については、本稿第三節(一一九~一二〇ページ)を見よ。

(7) τὰ παρ' ἡμῖν...ὁμοιώματα..., ὧν ἡμεῖς μετέχοντες εἶναι ἕκαστα ἐπονομαζόμεθα.

(8) 彼は、この箇所の μετέχειν c. gen. は 'have as our share' という意味に用いられていること、そしてこのような μετέχειν の用法は、例が皆無ではないにしても、アブノーマルであり例外的であることを注記している(Cornford(1), p. 96, n. 1, p. 84, n. 3, p. 85, n. 2)。

(9) Apelt, p. 63; Moreau, p. 203; Cherniss(3), p. 364 with n. 1. ——これらの人々は、ὧν=ἐκείνων ὧν と解し、その先行詞を ὅσαι τῶν ἰδεῶν(133 C8)であると解釈する。

しかし、意味の上での困難を別とすれば、文法的にはやはり、ὧν は直接 τὰ παρ' ἡμῖν...ὁμοιώματα κτλ. にかかっていると見るのが自然であるといわなければならない。文法的には、この箇所の原文(注(7)を見よ)の言いまわしは、130 E5~6 の、εἴδη ἄττα, ὧν τάδε τὰ ἄλλα μεταλαμβάνοντα τὰς ἐπωνυμίας αὐτῶν ἴσχειν と完全にパラレルなのである。したがって当然、ほとんどの解釈家はそのように，ὧν の先行詞を τὰ παρ' ἡμῖν…ὁμοιώματα κτλ. ととっている(Taylor; Cornford (1); Diès; Owen(2), p. 302, n. 1, etc.)。

キャンベルは，念の入ったことには，この箇所の言葉の内に，イデアから現象界の個物への下降における二つの段階を見てとった——すなわち，(i)ὁμοίωσις, subsisting between the idea and its ὁμοίωμα or concrete type, (ii)μέθεξις τοῦ ὁμοιώματος (!)(Campbell, p. 313, n. 1)。

(10) コーンフォード(Cornford(1), p. 99)は，134 B12 におけるこの ἔχειν→μετέχειν のすりかえに注意している。しかし彼はここにもまた，'the same confusion of the Form, Knowledge, with the perfect instance of knowing'(p. 98)なるものを見ようとするので(本稿の注(1)参照)，この点についての彼のコメントはわれわれのそれとは異なっている。次の(iii)の箇所についても同様である。

(11) Cf. Proclus, *In Parmenidem*, col. 934. 2〜6(Cousin).

(12) *In Parmenidem*, col. 934. 19〜20(Cousin).

(13) εἶναι ἐν: 131 A8, B1〜2, 5, C6. ——εἶναι ἐπί: 131 B9, C2.

(14) Wedberg, p. 41: "The Idea of Y-ness is almost the same as what we should call the attribute Y-ness, and to participate in that Idea is *almost the same as* having that attribute." (italics mine.)

(15) Mills, p. 169: "The locution 'to have a character' is of course *synonymous with* the locution 'to partake of a Form.'" (italics mine.)

(16) ἔχειν と μετέχειν とがそれぞれ，性格(性質)(F)およびイデア(Φ)に対する或る個物(x)の関係を表わす語であることは，この論文において後に重要な点となるであろう。他方，性格(性質)(F)とイデア(Φ)との関係は，『パイドン』のこの箇所の範囲内では，それとして語られていないが，74 D〜75 B において，F(e.g. τὰ ἐκ τῶν αἰσθήσεων ἴσα)がΦ (αὐτὸ τὸ ἴσον)に「似ている」「あこがれている」といった言い方で述べられている。

(17) 〔もう少し詳しく書くとこうなる。——「いかなる個物xのいかなる性格FについてもイデアΦが存在し，その名を受けてxはFと呼ばれる。そして，xがFである(すなわち，xがFをもつ，またはFがxに内在する)のは，ただxがΦを分有することによってである」(For any character, F, of any individual, x, there exists a Form, Φ, after which x is named F; and x is F(i.e. x has F, or F is in x)if, and only if, x participates in Φ.)〕

(18) この点については，cf. Allen(1), pp. 45〜46.

(19)　こうして例えばC・C・W・テイラー(C. C. W. Taylor, p. 47)は，'x is F through sharing in the Φ' ということを，'x is F through sharing in F-ness' というように解釈し，そして"one could as well say that 'x is F because x is F' states a necessary and sufficient condition for being F" と述べている(ただし，原文における記号は，Fの代りにφが用いられている)。

(20)　Vlastos(1), p. 252.(傍点筆者)。

(21)　*Ibid.*, n. 2.(傍点筆者。また記号はわれわれのそれに合わせた)。

(22)　Vlastos(1), p. 250.

(23)　Wedberg, p. 42. Cf. also Mills, p. 169.

(24)　典拠としてこれまでもっぱら『パイドン』100 C4〜6を挙げてきたが(これは一つには，私の知るかぎりそこの「美のイデア以外の何か他のものが」という保留条件の意義が，従来あまり注意されなかったように思われたからでもある)，プラトンの同じ論点は，『国家』X. 597 C7〜9(「まさに寝椅子であるもの」と，「寝椅子の相をもっているもの」との峻別)，『パルメニデス』158 A〜B(「〈一〉であるもの」と「〈一〉を分有するもの」との区別)にも見ることができる。Cf. Cherniss(3), pp. 370〜372. ――ヴラストス(Vlastos(4))は後者の『パルメニデス』の箇所を何とかして処理しようと試みている。

(25)　*Metaphysica* B 2. 997b12, M 9. 1086a32〜34.

(26)　アリストテレスが「述語される」(κατηγορεῖσθαι)という用語を使って行なった「第三の人間」論のフォーミュレイション(*Peri Ideon*=Alexandr. *In Metaph.* 84.21 sqq.)，およびこの問題に関する彼のコメント(*Metaph.* Z 13. 1038b34 sqq., *Soph. El.* 178b36 sqq.)を参照。

(27)　引用した二つの記述文は，それぞれ一九五四年の論文(Vlastos(1), p. 236)および一九六九年の論文(Vlastos(2), p. 291)からのもの(傍点およびイタリック筆者)。次に見る'Non-Identity' assumption の二つの記述文についても同様である。

(28)　すなわち，プラトン自身のイデア論における'Non-Identity' assumption は，ヴラストスの一九五四年の論文における表記を使うと，必ず(A4a)の〃弱い〃それでなければならないのであって，'full-strength' のそれ(A4)ではありえないのである。Cf. Bluck, p. 124(with p. 127).

(29)　Ross(2), pp. 228〜230.

(30)　D. J. Allan, *Philosophical Quarterly* II(1952), p. 370; Cherniss(3), p. 363; Allen(2), p. 146.

(31)　第一グループの(I)と(I')との区別，およびそれぞれの意味については，後に必要になった段階で説明する(注(42))。(III)のグループに入る個々の語は，ロスのリストにおける(II)のそれとほぼ同じである。ただしそのうちで，ロスの(b) (αὐτὸ καθ' αὐτό)と(e)(τἀκεῖ)は除き、εἴδωλον と σκιά を加える。

(32) 事実私には、ロスがどうして『饗宴』204 C6 や、『パイドロス』237 D6 や、『ソピステス』228 C1 や、『ピレボス』25 B6 などのような箇所をリストの中に挙げることができたのか、まったくわからない。そして他方で『ポリティコス』285 D10～286 A7 のような重要な箇所をどうして落しているのかもわからない。

(33) Cf. Cherniss(3), p. 363: "it is perverse to count as three scores for 'immanence' Plato's assertion that it is irrelevant whether the causal relation of ideas to phenomena be called 'presence' or 'communion' or any term whatever (*Phaedo* 100 D4～8)."

(34) 『エウテュプロン』6 E で使われている「パラデイグマ」という語は、個別的事象をイデアの似像として語る中期のパラデイグマティズムを示していない。Cf. Ross(2), p. 230; Allen(2), pp. 154～155("It is one thing to say that a Form may be used as a standard, and another to say that it may be so used because it is an exemplar of which its instances are deficient examples"). ——また、『ゴルギアス』503 E～504 D と『クラテュロス』389 A～B を(III)グループの欄に括弧つきで一応挙げたのは、「製作者がモデルに目を向けて作品を作る」ということが述べられているからであるが、「モデル」や「似像」を表わす語そのものが用いられているわけではない。

(35) ロスのリスト、またビュデ版プラトン全集のデ・プラス(*Platon, Oeuvres Complètes*, XIV, *Lexique*, s. v.)は、『ゴルギアス』467 E(ἃ ἐνίοτε μὲν μετέχει τοῦ ἀγαθοῦ, ἐνίοτε δὲ τοῦ κακοῦ, ἐνίοτε δὲ οὐδετέρου κτλ.)を、「イデアを分有する」という意味での μετέχειν の例として挙げている(デ・プラスは保留つきで)。しかしこの箇所の文章にそのような意味は全然ないことは、例えば『プロタゴラス』322 D5 の、「つつしみといましめを分けもつ」(αἰδοῦς καὶ δίκης μετέχειν)というプロタゴラスが語る言葉が、イデア論とまったく関係がないのと同様である。Cf. Dodds, p. 237(note *ad loc.*); Hackforth, p. 143, n. 1.

(36) 前注の最後に挙げたハクフォースの注釈。また、引用されている『ゴルギアス』467 E についても前注を見よ。

(37) Cf. Allen(2), p. 158.

(38) 本稿第一節一〇〇ページ参照。——この意味において、「分有」用語は、むしろ、個々の事例に対するイデアの〃超越〃を表現するように意図された語というべきであって、けっしてロスその他により一般に考えられているように、〃内在〃を表わす用語ではない。

(39) 〔προσγενομένη(D6)の代りに、パピュロスによって確かめられる προσαγορευομένη(Wyttenbach の修正案)を読む。ただしこの点は、全体の意味にはさしてひびかない。〕

(40)　Campbell, p. 309; Archer-Hind(1), *ad loc.*; Burnet, *ad loc.*(p. 111); Hackforth, p. 143; Cherniss(1), p. 166, n. 95; Crombie, pp. 251～252 with n. 1; Skemp, p. 208, n. 2; Vlastos(3), p. 142, etc.

(41)　100 C5, 101 C3, 4, 5, 102 B2. ――なお、「美しいものは〈美〉によって美しい」(100 D7～8, E2～3)といった言い方は、「美しいものは〈美〉を分有することによって美しい」というフォーミュラを縮めた形であるというヴラストスの見方に賛成する(Vlastos(3), p. 143, n. 33)。

(42)　102 B5, C2, 4, 7, 103 B6, 8.〔ただし最後の二箇所については注(4)を見よ。〕――(I)のグループの用語のこうした使われ方は、イデア(Φ)と明確に区別された内在的性格(F)についてのみそれが用いられている点において、前期の著作における、「Xとは何か」の〃X〃について用いられていた場合とは、厳密にいえば違っているので、われわれはこれを(I′)と記して前期のそれから区別したわけである。いわば未分化であった〃X〃がΦとFとに分化したという、状況の違いを示すためといってもよい。

(43)　Cornford(1), p. 78.

(44)　Cherniss(3), pp. 363～364. ――ただし、注(49)参照。

(45)　ツェラーは(次に取り上げるH・ジャックスンに対する反論として)、『ソピステス』で扱われるイデアどうしの関係は、個物とイデアとの関係にも適用されるものでなければならぬ――例えば、イデアとしての〈人間〉が〈生〉のイデアを分有することによって「生きもの」と呼ばれるように、個々の人間も同じ分有によって生きものと呼ばれるのである――と論じ、このことをもって、「分有」用語は『ソピステス』において、個物とイデアとの関係についても用いられていることの論拠とした(Zeller, p. 378)。

しかしこれは承認できない。或るイデアに対する個々の人間の関係は、単純にx／Φ関係ではない。或るイデアと他のイデアとの関係(Γ／Φ関係)は、x／Φ関係と全面的に性格が異なり、前者の記述に「分有」用語を用いることはまったく新しい用語法に属する。

(46)　Jackson(esp.), X. p. 284, XI. pp. 292 sq., pp. 296 sqq., XIII. pp. 3, 267; Archer-Hind(2)(esp. p. 182 ad *Tim.* 52 A); Ross(2), p. 230.

(47)　Zeller, pp. 369～397; Shorey(1), pp. 274～309, (2), pp. 45～78, esp. p. 66, (3), pp. 37～38; Raeder, p. 85 with n. 4; Cherniss(3), pp. 362～364.

(48)　ジャックスン説(アーチャー－ハインドによりほとんど全面的に受け入れられた)の場合は、この主張は、καθ' αὑτά であ

るイデアと καθ' αὐτά でないイデアを区別するという、彼のきわめて特異な見方、および、プラトンは後期においてただ καθ' αὐτὰ εἴδη としての自然物のイデアだけを信じたという、承服できない見解と結びついている。ただしこの点は、ここでは直接関係ない。

(49) こうして私は、プラトンが終始一貫して「分有」用語と「似像」用語を共に用いつづけたという、何人かの碩学の主張を、受け容れることはできない。e.g. Cherniss(3), p. 362: "Plato at *all* times used both idioms (μέθεξις and μίμησις) as they suited the particular context." (his italics); Zeller, p. 376; Shorey(3), p. 37.

以下私のこの論点に関連して気づいた点をいくつか注記する。

(a) ロスは、μετέχειν が後期著作でイデアと個物との関係について用いられているただ一つの例として、『ソピステス』228 C1 を挙げている(Ross(2), p. 229)。この箇所がどうしてそのような例であるとロスが考えることができたのか、私にはまったくわからない。

(b) ツェラーもショーリイも、『ティマイオス』51 A7〜B1 (μεταλαμβάνον δὲ...τοῦ νοητοῦ) を、後期著作における「イデアの分有」という用語法の有力な証拠とみなす明白な誤りをおかしている(Zeller, p. 379; Shorey(2), p. 66)。古くはプロクロス(*In Parmenidem*, col. 876. 34〜35, Cousin)が『ティマイオス』のこの箇所をそのように誤解したし、またアリストテレスにもその疑いがある。次節一三一—一三二ページおよび Cherniss(1), p. 118 を参照。

(c) ツェラーは、アリストテレスが原則としてプラトニストにおけるイデアと個物との関係を「分有」として述べ、「パラデイグマ」については一箇所(*Metaph.* A 9. 991a21=M 5. 1079b25)を除いて他では語っていないから、これが、アリストテレスがプラトンの講義を聴いていた時期のプラトンの用語法であったに違いない、と論じる(Zeller, pp. 382〜383)。

私は本稿においてプラトン自身の著作のみを扱い、アリストテレスの証言を考察の範囲外に置いているけれども、それでもなお次のような事実にもとづいて、ツェラーと反対のことを論じることができるであろう。①アリストテレスの『イデアについて』の現存断片のほとんどは、Fr. 5(Ross)を除いて、プラトンのイデアをまさにパラデイグマとして語っていること。②アレクサンドロスの『形而上学』注釈は、イデアの最も主要な性格はそれがパラデイグマであることだ、と語っていること(*In Metaph.* 83. 21〜22)。③クセノクラテスは、イデアを「パラデイグマとしての原因」(αἰτία παραδειγματική)と定義していること(Xenocrates Fr. 30, Heinze=Proclus, *In Parmen.* col. 888. 17〜19, 36〜37, Cousin)。④テオプラストスは μίμησις をプラトニストの形而上学における重要な概念として語っていること(Theophr. *Metaphys.* 5 a25〜28, Ross and Fobes)。

しかしながら、プラトン自身が実際には(少なくともその著作においては)イデアと個物との関係について「分有」用語を中期著作においてしか使っていないのに、この「分有」用語が全期間を通じてイデア論の正式用語であったという一般的な印象が、後の時代の注釈家たちに植えつけられた(そして注釈家たちによってそれが強化されて行った)のは、『パルメニデス』第一部におけるイデア論のフォーミュレーションと並んで、著作集(Corpus Aristotelicum)におけるアリストテレスにその主要因があったと考えられる。この意味において、アリストテレスがプラトンの「分有」概念を、『ティマイオス』における「場」(χώρα)にさえ適用していることは、注目に値しよう(次節終りの(8)の論点を参照)。

(50) Cf. Cherniss(3), pp. 365～369; Bluck, p. 124.

(51) Ross(2), p. 89; Owen(1), pp. 318～319; Vlastos(1), p. 244; Runciman, pp. 158～159; Wedberg, p. 38, etc.

(52) A・E・テイラーの論述は、もうひとつ別の典型を示しているように思われる(A. E. Taylor, esp. pp. 253～255)。彼は、イデア論を弁護するに当り、同一を表わす「(で)ある」('is' of identity)と述語を表わす「(で)ある」('is' of predication)とを正しく区別する。しかしテイラーは、イデアを基本的に〝概念〟(concepts)、〝性格〟(properties)、〝普遍〟(universals)等々としてとらえているため(例えば、緑の葉'a green leaf'に対する「緑という色」'the colour green'、雪'snow'に対する「白さ」'whiteness'など。これらは、Fに対するΦに対応するものであるよりも、Fxに対するFに対応するであろう)、彼がイデア論の思想であるとして主張する〝同一性の「(で)ある」〟の意味内容は、きわめて空疎なものとなっている(いわば、概念的同一性にとどまり、実質的同一性ではない)。

そして彼は、プロクロスとともに、原物とその似像との関係はたんなる類似関係(mere likeness=a symmetrical relation)ではなく、類似関係プラス派生関係(likeness *plus* derivation=an asymmetrical relation)であることを正しく指摘しているけれども、しかし上述のような彼のイデア把握(〝概念〟etc.)のために、結局のところは、イデアはパラデイグマであり個々の事例はその似像であるというプラトンの言明に、充分な実質的意味を与えることができなかった。イデアが〝概念〟〝性格〟〝普遍〟としてとらえられているかぎり、オーエンの彼に対する批判(Owen(1), p. 319, n. 3)は妥当するといわなければならない。

もしプラトンのイデア論における〝同一性の「(で)ある」〟('is' of identity)ということを言うのならば、それはむしろ〝同定の「(で)ある」〟('is' of *identification*)とでも呼ばれるべきであろう。つまり、イデアについて語られる「(で)ある」の機能は、イデア(Φ)を、個々の事例(F)の唯一の思惟的パラデイグマとして積極的に同定する(*identify*)ことにある、ということである。

(53) 〔「個物(x)がイデア(Φ)を分有するのは、ただ個物が或る性格(F)をもつことを介することによってのみ分有するのであるから、〝分有〞は正確にはFがΦを分有することであり、ただ派生的にのみxとΦの関係に適用される」と主張する人もいるが(R. G. Turnbull, "Aristotle's Debt to the 'Natural Philosophy' of the *Phaedo*", *Philosophical Quarterly*, XXVII (1958), p. 133)、これほどテクストを無視した議論が行なわれているのは空恐しいことである。xがFをもつことを介して(via)Φを分有する(Fであるがゆえに Φを分有する)というのは、まったく話が逆である。テクストには、「何か或るもの(x)がFである(Fをもつ)とすれば、ただそのもの(x)がΦを分有するがゆえにのみFである」(*Phaedo* 100 C, cf. esp. *Parmenides* 129 A〜D)と語られている。〕

(54) Murphy, p. 141(傍点筆者)。

(55) プラトンは一般には、個別的事象を或るときにはFとして語り(e. g. *Symp.* 210 A〜C: τὸ ἐπὶ πᾶσιν τοῖς σώμασι κάλλος, etc.)、或るときには x_F として語る(e.g. *Symp.* 211 C: πάντα τὰ καλὰ σώματα, etc.)。そして、多用される τὰ πολλὰ καλά (*Respb.* V. 479 A sq.)といった表現にもつねに同様のアンビギュイティがあることはたしかである(cf. Crombie, pp. 70, 264)。——しかし、「似像」用語による記述の場合は、例えば「美しい事物が＜美＞のイデアに似ている」と言われるときも、それは正確に言えば、美しい事物の〝美しさ〞(F)が＜美＞(Φ)に似ているということであり、類似関係によってΦと比較されるのはxでも x_F でもなくFである。この点、クロンビーの注意は正しい(Crombie, p. 275: "We cannot compare in point of P-hood the class of P things with P-hood itself", whereas it may be possible to "compare the P-hood of P things with 'true P-hood' and to say that the former falls short of the latter".)。

現に例えば『パイドン』74 D〜75 B において、＜等＞そのものに「似ている」とか「憧れている」とか言われているものは、「等しい木材」(τὰ ἴσα ξύλα)ではなく、「木材の内にある等しさ」(τὰ ἐν τοῖς ξύλοις＜ἴσα＞, 74 D4〜5)とか、「感覚によって知られる等しさ」(τὰ ἐκ τῶν αἰσθήσεων ἴσα, 75 B6)とかいった表現を与えられている。そして、後に取り上げる『ティマイオス』48 E〜52 B では、「似像」用語がFとΦとの関係についてしか用いられないということは、もはや何の疑いも残さない。〔もちろん、「現代オクスフォード・アナリシスによれば、性格(F)を表わす語は'action' verbs の主語になりえないから、或る性格(F)が何かに〝達しようとつとめる〞〝憧れる〞といった言い方は明白なナンセンスである(だから「似像」用語はF／Φでなくx／Φ関係を記述する)」といったような議論(R. G. Turnbull, "Aristotle's Debt to the 'Natural Philosophy' of the *Phaedo*", *Philosophical Quart.*, XXVII(1958), p. 134)は、全然問題にならない。右に記したテクスト上の事実に違反するし、また事柄自体としても、オクスフォードの学者としての前記クロンビーの判断のほうがむろん正しい。〕

(56) Hackforth, p. 144(傍点筆者)。——彼はしかし他方において、個物(x)を結局のところ、さまざまの性質、形相がその内に保持される「コンテナー」にすぎないと考えている(p. 154: "no more than a container of forms, a container which always remains what it is, but in which various forms, amongst which are two opposites, reside.")。

(57) 例えば、『テアイテトス』のいわゆる第一部(esp. 156 A～157 C)における、感覚的知覚の分析と吟味を通じての「物」的実体の解体作業(物理的事物は動と変化に還元される。また 157 B8～C2 における ἄθροισμα の観念を参照)。『ソピステス』246 A sqq. の「実在」論争における物体主義者への批判や、239 D 以降の中心的課題となる「似像」「影像」の存在論的根拠づけ〔私の『ソピステス』(プラトン全集3)の「解説」四二六～四二九ページ参照〕、等。

(58) 〔『ティマイオス』が、『テアイテトス』『ソピステス』『ポリティコス』などの諸対話篇より後に書かれた後期著作であることは疑えない。古代のギリシア人自身もそう見ていた(cf. Plutarchus, *Solon* 32)。オーエンの論文(Owen(1))は、問題提起としてすぐれた着眼点をいくつも含んでいるが、『ティマイオス』が『パルメニデス』以前の著作であるという主張自体は、とうてい成立しえないであろう。オーエンが『パルメニデス』以後のプラトン哲学から排除しようとしたパラデイグマティズムについて、私の本論文がテクスト上の事実にもとづいて照射につとめたその思想の発展の基本的筋目そのものも、オーエンの解釈とは逆に、古代以来認定されてきた『ティマイオス』の後期性をさし示している。オーエン論文に対する全面的反論はチャーニスによってなされたが(Cherniss(3))、この間の事情については、プラトン全集15(岩波版)の「文献案内」二一五～二一六ページ、私の『ソピステス』の「解説」四二七ページ(プラトン全集3)、また W. K. C. Guthrie, *History of Greek Philosophy* vol. V, p. 243 などを参照。〕

(59) この箇所(esp. 49 D～E)のテクストは、チャーニス(Cherniss(2))が指摘したように、そして Solmsen(p. 41, n. 83, p. 43, n. 91)や Lee や Mills が従っているように、τοῦτο や τὸ τοιοῦτον を主語的に読むべきであり(「τοῦτο を〝火〟や〝水〟と呼んではならず、τὸ τοιοῦτον を〝火〟や〝水〟と呼べ」)、述語的に読むこと(「〝火〟や〝水〟を τοῦτο と呼んではならず、τὸ τοιοῦτον と呼べ」)は文法上からだけでも困難である。

(60) コーンフォードが取り上げているプロクロスの断片を見よ(Cornford(2), pp. 183～184)。

(61) *Timaeus* 51 B4～6, 52 D5～E1. ――〈美〉や〈熱〉といったいわゆる性質的または形容詞的なもののイデアおよびその似像と、〈火〉や〈水〉といったいわゆる実体的または名詞的なもののそれとの間に、根本的な資格・身分の差異がないことは、重要な点である。Cf. Cherniss(2), p. 129.

(62) *Physica* Δ 2. 209b11～13, 35.

(63) アリストテレスがこのように χώρα と ὕλη を同一視したことについて、ロス(Ross(1), pp.565～566)が次のようなA・

E・テイラーのコメントに賛成し引用しているのは正しい。"Aristotle is himself so imbued with the view that the permanent implied in change can only be thought of as 'stuff' or 'substrate' that he was probably unconscious that he was falsifying the theory of the *Timaeus* by forcing his own technical terminology into it"(A. E. Taylor, *A Commentary on Plato's Timaeus*, p. 347, note on 52 B4).

他方しかし，ロスが続けて次のように言うのは正しく(correct)ない。"It is *correct* to say that the *Timaeus* identifies χώρα and τὸ μεταληπτικόν "because" τὸ μεταληπτικόν is *not a bad paraphrase* of such words as ὑποδοχή and πανδεχές" (italics mine). ——実際には，「分有するもの」(τὸ μεταληπτικόν, τὸ μεθεκτικόν)というのは，私が論じているような根本的理由によって，「場」(χώρα)や「受容者」(ὑποδοχή)のおよそ最悪のパラフレーズなのである。この点についてはアーチャー－ハインドの指摘が正しい(Archer-Hind(2), p. 184, ad 52 A: "Aristotle has in fact no right to apply to the ὑποδοχή the terms μεθεκτικόν, μεταληπτικόν".)。スケンプも同様である(Skemp, p. 209: "Plato's usage encourages the notion that μέθεξις or μετάληψις would be the relation of particular to Form, not of 'recipient' to 'occupant' ".)。Cf.(in general)Cherniss(1), Chapter II.

(64) *Physica* Δ 2. 209b33〜35.

文 献 表

Allen, R. E.(1): "Participation and Predication in Plato's Middle Dialogues" in *Studies in Plato's Metaphysics*, ed. R. E. Allen, London, 1956, pp. 43〜60.

Allen, R. E.(2): *Plato's Euthyphro and the Earlier Theory of Forms*, London, 1970.

Apelt, O.: *Platons Dialog Parmenides*, Leipzig, 1919.

Archer-Hind, R. D.(1): *The Phaedo of Plato*, London, 1883.

Archer-Hind, R. D.(2): *The Timaeus of Plato*, London, 1888.

Bluck, R. S.: "Forms as Standards", *Phronesis* II(1957), pp. 115〜127.

Burnet, J.: *Plato's Phaedo*, Oxford, 1911.

Campbell, L.: Jowett and Campbell, *The Republic of Plato*, vol. II. Oxford, 1894.

Cherniss, H. F.(1): *Aristotle's Criticism of Plato and the Academy* I, Baltimore, 1944.

Cherniss, H. F.(2): "A Much Misread Passage of the *Timaeus*(*Timaeus* 49 C7–50 B5)", *American Journal of Philology* LXXV(1954), pp. 113～130.

Cherniss, H. F.(3): "The Relation of the *Timaeus* to Plato's Later Dialogues" in *Studies in Plato's Metaphysics*, ed. R. E. Allen, London, 1965, pp. 339～378.

Cornford, F. M.(1): *Plato and Parmenides*, London, 1935.

Cornford, F. M.(2): *Plato's Cosmology*, London, 1937.

Crombie, I. M.: *An Examination of Plato's Doctrines*, vol. II, London, 1963.

Dodds, E. R.: *Plato's Gorgias*, Oxford, 1959.

Geach, P. T.: "The Third Man Again" in *Studies in Plato's Metaphysics*, ed. R. E. Allen, London, 1965, pp. 265～278.

Hackforth, R.: *Plato's Phaedo*, Cambridge, 1955.

Jackson, H.: "Plato's Later Theory of Ideas", *Journal of Philol.* X(1882), pp. 253～298, XI(1882), pp. 287～331, XIII (1884), pp. 1～40, pp. 242～272, XIV(1885), pp. 173～230, XV(1886), pp. 280～305.

Lee, E. N.: "On Plato's *Timaeus* 49 D4～E7", *American Journal of Philology* LXXXVIII(1967), pp. 1～28.

Mills, K. W.: "Some Aspects of Plato's Theory of Forms: *Timaeus* 49 C ff.", *Phronesis* XIII(1968), pp. 145～170.

Moreau, J.: *Platon, Oeuvrcs Complètes* par L. Robin, II, 1950.

Murphy, N. R.: *The Interpretation of Plato's Republic*, Oxford; 1951.

Owen, G. E. L.(1): "The Place of the *Timacus* in Plato's Dialogues" in *Studies in Plato's Metaphysics*, ed. R. E. Allen, London, 1965, pp. 313～338.

Owen, G. E. L.(2): "A Proof in the *Peri Ideon*" in *Studies in Plato's Metaphysics*, ed. R. E. Allen, London, 1965, pp. 293～312.

Raeder, H.: *Platons Philosophische Entwicklung*, Teubner, 1905.

Ross, W. D.(1): *Aristotle's Physics*, Oxford, 1936.

Ross, W. D.(2): *Plato's Theory of Ideas*, Oxford, 1951.

Runciman, W. G.: "Plato's *Parmenides*" in *Studies in Plato's Metaphysics*, ed. R. E. Allen, London, 1965, pp. 149～184.

Shorey, P.(1): "Recent Platonism in England", *American Journal of Philology* IX(1888), pp. 274～309.

Shorey, P.(2): "The *Timaeus* of Plato", *American Journal of Philology* X(1889), pp. 45～78.

Shorey, P.(3): *The Unity of Plato's Thought*, Chicago, 1903.

Skemp, T. B.: "Hyle and Hypodoke" in *Aristotle and Plato in the Mid-Fourth Century*, ed. I. Düring and G. E. L. Owen, Göteborg, 1960, pp. 201～212.

Solmsen, F.: *Aristotle's System of the Physical World*, Ithaca, 1960.

Taylor, A. E.: "Parmenides, Zeno, and Socrates", *Proc. Arist. Soc.* XVI(1916), pp. 234～289.

Taylor, C. C. W.: "Forms as Causes in the *Phaedo*", *Mind* LXXVIII(1969), pp. 45～59.

Vlastos, G.(1): "The Third Man Argument in the *Parmenides*" in *Studies in Plato's Metaphysics*, ed. R. E. Allen, London, 1965, pp. 231～263.

Vlastos, G.(2): "Plato's 'Third Man' Argument (*Parm.* 132 A–B2): Text and Logic", *Philosophical Quart.* XIX(1969), pp. 289～301.

Vlastos, G.(3): "Reasons and Causes in the *Phaedo*", *Philosophical Review* LXXVIII(1969), pp. 291～325, reprinted in *Plato* I, ed. G. Vlastos, New York, 1971, pp. 132～166.

Vlastos, G.(4): " 'Self-Predication' in Plato's Later Period", *Philosophical Review* LXXVIII(1969), pp. 74～78, see now also *Rev. of Metaphisics* XXV(1972), pp. 415～458.

Wedberg, A.: "The Theory of Ideas" in *Plato* I, ed. G. Vlastos, New York, 1971, pp. 28～52.

Zeller, E.: "Ueber die Unterscheidung einer doppelten Gestalt der Ideenlehre in den platonischen Schriften", *Kleine Schriften*, I Band, 1910, pp. 369～397.

後　記

本稿は，英語で書かれた私の論文，" ''Εχειν, Μετέχειν, and Idioms of 'Paradeigmatism' in Plato's Theory of Forms", *Phronesis*, vol. XIX, no. 1(1974)を，この書物に収録するにあたって，日本語に移したものである。日本語の論文としての自然な行文と表現に合わせるようにつとめ，また，あまりに専門的に簡略化された記述には適宜説明の言葉を加えるなど，必ずしも逐語訳とはなっていないが，内容的にはほぼ原論文のままである。

原論文の発表以後、ヴラストスとの手紙の往復や、ガスリーのコメント(W. K. C. Guthrie, *A History of Greek Philosophy*, vol. V, Cambridge, 1978, p. 41, n. 4)などがあり(また山川偉也『人間とイデア』(一九七七年、法律文化社、二四二〜二四三、三五〇〜三五二ページ他)による、かなり詳しい検討の対象にもされた)、これらの示唆によって、私としては論点を補強したい部分がいくつかある。しかし原論文で述べた見解そのものは基本的に今でも変っていないので、そうした補強したい論点についてはまた別の機会に発表することにして、ここでは原論文の内容を逸脱することを差し控えた次第である。ただし注のうち、〔　〕で示した注(または注の一部分)は、新たに加えたものである。

第五章　知るもの、生きるもの、動くもの

――プラトン『法律』第一〇巻の自然哲学と〈プシューケー〉論について――

「中世とそれにつづく時代には、それに先立つアリストテレスにおけると同様に、生命あるもの(the animate)と生命なきもの(the inanimate)とのあいだの境界線を見出すことが、困難な課題となっていた。今日の学問体系は、なぜそのような困難があったかを明らかにして、問題を解決した。――境界線は実は存在しないのである」

――Sir Charles Sherrington

「ファラデーは現象の座を、媒質のなかに起こりつつある実在的な作用に求めた」

――Clerk Maxwell

「自然」や「宇宙」というものを、いかに理解し、表象するか。――人間の学的思考の歴史は、少なくともヨーロッパにおいてこの問とともにはじまり、そして今日においても、この問は依然人々の内奥に生きつづけて、学問全般をおしすすめる一つの中心的動因であることをやめていない。物質・運動・生命等々の概念が、その探求のための手がかりとして導入され、幾たびか意味の修正を加えられつつ用いられて来た。いま思うところあって、同じこれらの概念に関連しながら、そうした「自然」の学的表象をその発生状態において一観点より跡づけようとするにあたり、時代的にわれわれに近い科学者の言葉をことさらに二つまでも、エピグラフめいたかたちで右にかかげたのは、べつにこれらの言葉がさし示しているような、喧伝されてすでに久しい現代の自然観の一傾向を、そのまま古代ギリシア

の自然観のうちに読みとろうという魂胆からではない。たしかに、物心二元論を主要な特色としつつ近世初頭にはじまった自然像と対比させるとき、これをはさむ古代と十九世紀後半以後との考え方のあいだに、ある程度の対応や類似を見出すことは可能であろう。しかしながら、大雑把な概括は古代哲学においても現代科学においても危険であるだけでなく、それにもとづく安易な比較論は、かえってわれわれがこの種の事柄に対していだく直接的で素朴な問を蔽いかくし、その問を追求しようとするわれわれの思考そのものを停止せしめるであろう。

以下の小論において意図されるところ、またなしうるところは、だから、あくまでも西洋古代哲学の一断面に関する歴史的研究の範囲にとどまらなければならない。つまり、現代のわれわれ自身なり、あるいは他の「専門の学者たち」なりがすでにより以上の何事かを知っていると思いこむことをしばらくやめて、自然や宇宙に関するさまざまの問題を、どこまでも歴史的にあたえられたテクストにもとづき、むかしの哲学者たちの「素朴」な――と言われている――言葉を手がかりにしながら、考えてみようというのである。はじめのエピグラフも、そこで言われているような事柄を、現代のわれわれにあたえられている結論ないしは解答としてではなく、ただ考察をすすめるにあたっての一つの問題意識として、念頭に置かんがためにほかならない。

直接の手びきとして、しらべたり考えたりしようとするのは次のような事柄である。

プラトンの晩年の大作『法律』の第一〇巻のなかで、宗教立法に関連して無神論に対する反駁と批判がなされている。そこに表明された神学思想が、しばしば史上最初のまとまった「自然神学*」と呼ばれることからも知られるように、プラトンの批判は、批判の対象である無神論の自然主義的主張に応じて、神々の存在をやはりひとつの自然学によって根拠づけるかたちで行なわれている。この自然と宇宙に関する構想をそれ自体として取り出し、紀元前六世紀初頭以来の古い自然哲学の伝統のなかにこれを置いてみるとき、それはどのような特色と意義をもつであろうか。また、そこで当面の批判の対象とされている思想とくらべて、自然学としてのほんとうの原理的な違いはどこにあるか。これらの事柄をできるだけ精密に考察することによって、われわれは、タレス以来の自然学の発展の諸相に触れつつ、それが窮極においていかなる必然性により、いかなるかたちをとるに至ったかという点について、いくばくかの光明が得られるものと期待する。

＊ この名称はローマの学者テレンティウス・ウァルロの分類と命名によるものであって、本来はいわゆる「啓示神学」に対する言葉ではない。Cf. Augustinus, *De Civitate Dei*, VI. 5.

『法律』第一〇巻におけるプラトンの反論の骨子をなすのは、プシューケー*に関する考え方であり、それはまた古代自然哲学全般の中心概念である以上、こうした自然学や宇宙論の比較は、それぞれのプシューケー論の比較のかたちをとることになるであろう。

＊ 以下「プシューケー」(ψυχή)を便宜上この原語のカナ書きのままで使うが、その大体の基本的な意味として Liddell & Scott, *Greek-English Lexicon*, Oxford のあげる語義を一応示しておく。① *life*(「いのち」) ② in Homer, *departed spirit, ghost*(「霊」「たま」「亡霊」) ③ immaterial and immortal *soul*(「たましい」) ④ the *conscious self or personality* as centre of emotions, desires and affections(「こころ」「精神」「意識」)。

1 『法律』第一〇巻における神学論争の一般的意味と思想史的背景

まず、われわれがこれから取り上げるべき『法律』第一〇巻の神学論争が、歴史的にみて、またプラトン自身にとって、どのような一般的意味をもっていたかを概観しておこう。というのは、そこで批判されている無神論は、その主張の基礎に、

「すべての事物は、現在においても、過去においても、また未来においても、あるいは自然(ピュシス)によって

生じ、あるいは技術(テクネー)によって生じ、あるいは偶然(テュケー)によって生じる」(八八八E)という考え方のシェマをもっていて、この考え方の背後には、かなりの思想史的背景がひかえているからである。右の言葉のうち、実際に重要な役割を果たすのは、「自然」と「技術」との対立であるが、後者は一般に人為的であることを示す名称であるといってよく、「法習」(ノモス)という言葉によって置きかえられることもある。* つまり右に引用された言葉は、いわゆる「ノモスとピュシス」という概念のもとに、ものごとを自然本来にあるもの(ピュシス)と、法や風習や習慣や技巧などの人為的なもの(ノモス)との対立の相から見ようとする、ほぼ前五世紀中葉ごろからひとつの時論にまで拡大されていた問題の定型をさし示しているのであるが、この節でわれわれが予備的にたしかめておきたい問題は、『法律』第一〇巻に見られる無神論が、右のような対立概念の上に立って実際に主張されたさまざまの言説のなかにあって、どのような位置づけをあたえられるものであるかという点である。

＊　八八九E6、八九〇A9ほか。

もともと、このような意味でのピュシスという言葉は、自然哲学にかかわる語であったと考えられる。アリストテレスが、自分に先立つ哲学者たちの見解を吟味するにあたって、小アジアのイオニアの地に拠ったタレス以来の哲学者たちを「ピュシスについて論究した人々」* と呼んでいるように、万有についてその自然本来の(ピュシス的な)あり方を問うというのが、初期以来のギリシア哲学を動かしていた主要なモチーフであった。そして、そのような論究(φυσιολογεῖν περὶ πάντων)がすすめられるにつれて、論者たちが万有の真実本来のあり方として想定するものは、ひとびとが日常直接経験する世界と次第にかけへだたった姿をもつようになり、後者は実在としての資格を奪われるに至る。自然哲学をひとつの方向に完成させた原子論者デモクリトスの説くところとして、セクストスとガレノスの両伝承によってたしかめられる——

「『甘い』といい、『辛い』といい、『熱い』といい、『冷たい』といい、また色彩といい、これらはすべてノモスの上のこと。真実にはアトムと虚あるのみ」(Fr. 9=125)

という言葉は有名であろう。つまり、われわれが日常、習慣的にそれに規制されつつ生きているところの環境を構成する、色や味や触感などのいわゆる「第二性質」の世界は、まさにそのような人間の習慣的なものを取りされば何も残らない、一種虚妄の世界とみなされるわけである。

* *Metaphysica* A 5. 986b14, A 8. 989b30, 990a3, al. ――「ピュシス」(φύσις)という語の意味について同じ『形而上学』の中では、アリストテレスは「ピュシスの第一の本来的な意味は、自己自身のうちに動の原理を有するものがもっている本性ということである」(*Ibid.* Δ 4. 1015a13〜15, cf. *Physica* B 1. 192b21〜23)というふうに規定している。バーネット(*Early Greek Philosophy*[4], p. 10, *Greek Philosophy*, p. 27, etc.)の「この語のもともとの意味は“the *stuff* of which anything is made”(「原質」)ということである」という規定は、彼が典拠として引くプラトン『法律』第一〇巻八九一Cに対する注釈者イングランドをはじめ、一般に否定されている。バーネットの規定する語義は、語の meaning ではなく、ひとつの application であると考えられるからである。Cf. R. G. Collingwood, *The Idea of Nature*, pp. 43〜48, 80〜82.

自然への考究において見られるこれと同じ事情――すなわち、反省なしに従って来たものに対して、それが自然本来の（ピュシス的な）根拠をもつかどうかを問うこと――は、モラルの世界にも投影される。というより、ピュシスという言葉が右のように、もともとは自然哲学者たちが自然万有の真相は如何という問の意識をもつときに念頭に置かれる語であったとしても、これにノモスの観念が対比せしめられて、「これこれのものはピュシスによるものではなく、ノモスのうえのことにすぎぬ」という発想法をとるのは、ちょうどこのように対立項として置かれた「ノモス」そのものに対する不信感に促されなければ、生じえなかったであろう。これには、すでに一般に指摘されているように、それだけの歴史的社会的な背景があった。かつて、宗教的感情に裏づけられた伝統的な法と掟が絶対的に肯定され、それにもとづく風習や道徳のうちに動かすことのできない権威がみとめられていた時代には，人間の営みと行為の示す価値は，自然そのものよりかえって堅固な基盤と秩序をもつとみなされ，自然の運行の秩序正しさがはじめて認識されるようになったとき，ひとびとはこれを「正義」という，人間の行為の価値にかかわる名前で呼んだほどであった。* けれども，他国との交流や海外の知識の普及によって，ひとびとが自国のそれとは異なった風習や価値体系を知るにつれ，また，たびたびの政変や戦争によって，現実の立法の過程を身近かに経験するにつれて，かつて絶対視されていたものが実は相対的なものにすぎないのではないか，要するに人間が勝手にきめて勝手に変更できるようなものではないかという自覚が，次第に目ざめて行く。「ノモスとピュシス」という対立概念は，このような状況にあって，いわば直接的なノモスともいうべき風習や国法から，正義その他の道徳上の観念を含めて，およそ人為的な臭いのする一切のものの本来的な価値を論じ，その存在の根拠を問うべくしてつくられたカテゴリーであるといえる。以下に見られるその種の言説の実例において，われわれはそこにいくつかの段階を区別することができるであろう。

* Cf. J. Burnet, *Early Gr. Philosophy*[4], p. 9, *Greek Philosophy*, p. 106, "Law and Nature in Gr. Ethics" (*Essays & Addresses*, 1929, pp. 23 sqq.).

相対性の自覚はまず，ところによって異なる各国の風習に対して向けられる。すでに歴史家ヘロドトスが，ペルシア戦争を記述するにあたって，そのような批判的な眼をもっていたことが知られるが，彼が，他国の習俗祭儀をおかしがって嘲笑したペルシア王カンビュソスを批評しながら，

「もしすべての人間に向かって，各地のさまざまの風習(ノモス)を全部集めたなかから最善のものを選べと言ったとしたら，ひとはそれらをよくしらべたうえで，結局それぞれ自分のところの風習を選ぶことであろう」(III. 38)

と述べているその見解は、そのまま、時代を下って前五世紀の終わりごろ、文化の中心アテナイを離れた地方の言葉で書かれた覚え書、『両論』(ディソイ・ロゴイ)の無名の筆者の確信するところでもあった。*

* 『両論』第二章「美と醜について」一八節。

同じような疑いの眼は、当然のことながら、もろもろの道徳的価値のうえにも及ぼされる。アナクサゴラスの弟子であったといわれるアルケラオス(前五世紀中頃〜四世紀前半)の見解として伝えられる

「正しいとか醜いとかいうのは自然にはないことであって、ノモスのうえのことにすぎない」(Diog. Laert. II. 16, Diels-Kranz 60 A1)

という言葉は、自然学者によってなされた最初の明確な主張のひとつとみなされうるが、同様の見解の典型的なものは、いわゆるソフィストのアンティポンの次のような言葉のうちに見出されるであろう。

「正義とは、自分の住む国の法律習慣に違反しないということである。だから人が正義というものを最もよく自分のために利用するには、証人のいるときにはかかる法習(ノモス)を大いに尊重し、証人のいないときには自然(ピュシス)のそれを尊重すればよい。なぜならば、法習は後から勝手に定められたものであるが、自然のそれは必然的なものだからである。……だから、法習に違反しても、見つからなければ刑罰や恥辱を免れることができるけれども、自然の本性にもとづいて生じたものは、可能な限度を超えてこれに無理を加えるならば、万人がそれを見ていようといまいと、そこに生じる悪い結果に変わりはない」(Fr. 44A. Col. 1〜2)

アンティポンの右の言葉の中で、ノモスとピュシスとの対立は、「後から勝手に定められたもの」(ἐπίθετα)と「必然的なもの」(ἀναγκαῖα)との対立という意味をあたえられているが、このような対立はもともと、ヒポクラテスの名を冠して伝えられる文書*の中に見られるような、人間の定めたものと神の定めたものとの対立というかたちで意識されて

いたものと思われる。前五世紀を代表する悲劇詩人ソポクレスは、その作品『アンティゴネ』や『アイアス』**において、このような「神の法」と「人の法」とが、死者の埋葬という古い家族宗教につながる行為をめぐって、いかに分裂し、するどく対立しなければならなかったかを描き出しているが、なかんずく四四二〜一年ごろの上演と推定される『アンティゴネ』においては、それが全篇を貫く大きなテーマとなり、人物と状況の的確な設定によって、この対立の意味するところを最も見事に語っている***。

* *De Victu* I. 11: νόμον μὲν ἄνθρωποι ἔθεσαν αὐτοὶ ἑαυτοῖσιν, φύσιν……δὲ πάντων θεοὶ διεκόσμησαν.

** *Ajax* (praesertim) 1130, 1343 (τοὺς θεῶν νόμους). Cf. *Oedipus Tyrannus* 863〜872.

*** 『アンティゴネ』における神の法と人の法との対立の意味を、劇構成や思想史的背景との関連のもとに分析した興味ぶかい論説として、松永雄二「劇アンティゴネの統一性についての一つの覚書」(『西洋古典学研究』第四号、一九五六)——とくにその第二章——がある。

かくて、宗教的基盤の上に揺ぎのない権威を保っていた法や掟の価値体系が、まず「神の法」と「人の法」とに分裂しなければならなかったことは、紀元前五世紀という時代の宿命ともいうべきものであったが、この分裂を促した同じ動因の行き着く先にあっては、古い宗教感情とのつながりが全く断絶した人々があらわれるようになり、やがて神そのものもまた、「法習」の中へくり入れられてしまう。四〇四年のアテナイ敗戦後に三十人独裁政府を組織したクリティアスは、

「法律は明らさまの暴行をさまたげたけれども、人間はひそかにこれを行なっていた。そこで、はじめて誰か悧口で思いつきのよい者が、人間たちのために、神々をおそれることを発明したように思われる」(Fr. 25. 9〜13)

という言葉を残している。はじめ、あらゆる法の窮極の根拠をなし、次に人の定めたノモスに対立してピュシス性を裏づけるものであった「神」もまた、このようにしてノモスの上の存在とみなされるに至るとき、ピュシスの観念は

いわばはだかになり、ちょうど原子(アトム)論者たちにとって、この宇宙に真実なものはアトムと虚空間しか残らなかったように、プラトンの『ゴルギアス』に出てくるカリクレスのような、時代の典型的人物にとっては、人間の生の領域においてなお自然的根拠をもつものとして残るのは、個人の本能的な欲望と快苦、そしてそれを助ける「力」の観念しかなかったのであり、まさにこれらのものが、「自然の正義」(τὸ τῆς φύσεως δίκαιον)の名のもとに礼讃されるのである。*

* *Gorgias* 482 E～484 C, 491 B～492 C.

こうした時代的思潮と対決することは、当然、思想家としてのプラトンにとって生涯の宿題であった。右に触れた『ゴルギアス』をはじめとして、『国家』の第一巻から二巻にかけて、また『テアイテトス』(一七二A)において、彼はこの種の考え方の代弁者たちにその主張するところを存分に語らせ、これをまともに受けとめて来た。——たとえこの「ノモスとピュシス」という対立概念が、一見明確なものであり、多くの青年たちの心をとらえるとしても、それは執拗な思考の吟味に果たしてよく最後まで堪えうるかどうか。そもそも人間にとって、何がほんとうにピュシスなのであるか。周知のごとき彼の哲学の主要なテーマ、ノモスを生むものとしての人間精神の神的な可能性と、それに対応すべきイデア的存在への探索は、そのまま、通常最も「ノモス的」とされる正義その他の道徳的価値がもつピュシス性の追求であるとみなされうるし、他方、彼の文芸批判や感情教育論は、一般に最も「ピュシス的」とされる快苦の感情や欲望のもつノモス性を示そうとしているとみなすことができるであろう。*

* 後者の点については、拙稿「文芸の χάρις, ὀρθότης, ὠφελία ——プラトンの文芸論に関する若干の基礎的考察」(『西洋古典学研究』第四号、一九五六)で取り扱われている。

そして、ここに最後の作品『法律』において彼が取りあげた無神論もまた、基本的には、『ゴルギアス』のカリクレスや、『国家』のトラシュマコス、アデイマントス、グラウコンたちが展開したのと同じ系統の考え方が、同じところまでおしすすめられて成立した思想である。それが先に見られたすべての要素を含んでいて、法習そのものから道徳的価値、神々の存在までをノモスの名においてその相対性を強調していることは、はじめの自然・技術・偶然という分類から導き出された――

「神々は人工のたくみによる存在である。それは自然によってあるものではなく、法習による存在であり、したがって、各国の人々がお互いの合議によって約束してきめれば、国々によってそれぞれ異なる神があるわけである。また美しい事柄というのも、自然によって美しいものと、法習のうえで美しいものとは異なるし、さらに正義というようなものに至っては、はじめから全然自然の根拠をもっていない。ひとびとはこれについて、互いに異論をとなえつづけ、そのときどきでたえず考えも変わるのであるが、しかしそれを何と変更しようとも、一旦変更すれば、何でもそのときから有効になる。それはほかでもない、そういったものが人為のたくみにより、法習によってつくられるものであって、何らかの自然的根拠をもって生じるものではないからである。」(八八九E)

という主張が明瞭に示すところであろう。そしてこれが実践的には、「何でも力ずくで勝ちえたものが正義」という考えにつながり、法を無視した暴力的支配を「自然に従った正しい生活」と呼んで、青年たちをそれへいざなっていると語られているのである。

ただしかし、この『法律』第一〇巻にあらわれる無神論には、これまでプラトンが取りあげて来た同系統の思想とくらべて、ひとつの顕著な特色がある。それは、この「ノモスとピュシス」の対立にもとづく無神論が、その理論的根拠として、はっきりとした自然学を正面に立てていることである。「神をないがしろにした生活へ彼らの魂を向けさせるものは、ただ快楽と欲望の無節制だけではない。最高の知識と思われているところの、ある種の大きな恐るべき無知もその原因のひとつだ」(八八六A〜B)。それは物的自然の基礎の上に、人間の技術や道徳や宗教が後から発生したという、一種の進化論的自然主義の世界解釈のかたちをとっていて、ノモスの名においてその相対性が強調されるものはこれまで見たところと同じであっても、ピュシスの名のもとに絶対視されるのは、ここでは個人の欲望や快苦や力の観念であるというより、さらにその窮極において、万有の根源としての非情な(οὐδὲν τῶν ἀνθρωπείων πραγμάτων φροντίζειν δυνάμενα, 886 D〜E)物質的自然なのである。

――かくして、われわれは先に、ピュシスという語がもともと自然哲学にかかわることを見たが、いまプラトンは、「ノモスとピュシス」という対立にもとづく主張を、その本来の自然学の領域において吟味し、何がほんとうに自然のもの(ピュシス)であるかという同じ問を、「自然」そのものについて問うことになる。

2 『法律』第一〇巻における自然主義的無神論とプラトンの反論

では、その無神論者たちの拠る自然学とはどのようなものであったか。もう一度はじめの自然(ピュシス)・技術(テクネー)・偶然(テュケー)の三つによる事物の分類にかえると、これにつづいて彼らは、まず一般的な主張として、「このうち最も重要で立派な仕事は自然と偶然によってなされる」ものであること、これに対して人為のたくみは、「自然がすでに第一段階の重要な仕事をなしとげた後で、それを自然から受けとり、これに加工したり形をととのえたりする」にすぎないことを述べる。そして、これをさらに具体的に説明するかたちで、その主張の核心とも見られる次のような自然学的理論が展開されるのである。

「火や水や土や空気は、いずれも自然と偶然とによってあるのであって、そのどれひとつとして、人工によるものではない。またさらにこれらにつづく物体、大地や太陽や月や星などの物体も、プシューケーを全然もたないこれらのもの(火・水・土・空気)を通じて生成したのである。そして、こうした要素的物体(物質)の各々は、それぞれがもっている作用力の偶然的条件によって運動せしめられ、一種同族的な仕方でたまたま適合するものがあれば——たとえば熱いものは冷たいものに、乾いたものは湿ったものに、軟いものは硬いものにというふうに——互いに結び合わされる。このほか一般に、偶然にしたがって行なわれる反対の性質のものどうしの混合という仕方で、必然的に混合させられるようなものはすべて同様である。かくてはじめの要素的な物体(物質)は、このように反対のものどうしが混合させられることによって、そのまま天の全体とその下にあるすべてのものを生ぜしめたのであるが、さらにこれらからあらゆる季節が生ずるにつれて、動物と植物のすべてを生ぜしめることになった。この生成は知性によるものでもなければ、何らかの神によるものでもなく、また技術によるものでもない。ただ自然と偶然によって生成したものである。

これに対して技術は、後になってから、これらのものからおくれて生まれてきたものであって、それ自体の性格もその出生も死すべき定めをもつものであるが、さらにおくれて何か児戯に類するものを生んだ。この技術の産物たるや、真実性のまるでないもの、それを生んだ技術そのものと同様に、何か影のごとき存在であって、それはちょうど絵画や音楽や、そのほかこれと同列に数えられる技術の生み出すところのものに似ている。こうした技術のなかで、もし何らかの真実の価値あるものを生み出すものがあるとすれば、それは、たとえば医術や農耕の術や体育術のように、その能力を自然と共同させるかぎりの技術だけである。ところが政治の技術のようなものになると、ごく小部分しか自然に共同することなく、大部分は人為のたくみによるもの。同様に立法術もまた、徹頭徹尾自然によらずに人為のたくみによるものであり、その制定するところには真実性がない」(八八九B〜E)

かくてさらに、神々や美や正義が法習にのみもとづくものであることを論ずる先に引いた言葉(本稿第1節の終り)が、これにつづく――。

われわれはのちに(本稿第6節)、ここに表明された自然哲学的見解をもうすこしくわしく検討したいと思うけれども、さしあたって、『法律』の主要対話人物であるひとりのアテナイ人が、右の主張に対してどのように反駁したかを見なければならない。

彼は右の説のいちばん重要な前提を、彼ら無神論者たちが火や水や土や空気を万物のなかで最初のものであると考えて、これを「ピュシス」と名づけていること、これに対してプシューケーは後になってそれらから派生的に生じたものとみなしていることに求め、この点こそが一般に、これまで自然研究にたずさわった人々の、誤った考えのよってきたる根源であると注意する(八九一C)。すなわち対話人物のアテナイ人によれば、こうした考えは、万物の生成と消滅をひき起こすいちばん最初の原因を逆に後に位置づけるという、前後錯倒の誤りをおかすものであって、彼はこれに対して次のような反対のテーゼを提示する。すなわち――

「プシューケーこそ――彼らのほとんどすべてが、それがいかなるものであり、一般にまたとくに生成に関してどのような力をもつものであるかということを知らないらしいけれども――あらゆる物体(物質)に先んじて生まれたものとして第一次的存在に属し、物体(物質)のすべての変化と転形を何にもまして支配するものなのだ」(八九二A)

自然主義者たちが「火水風土がピュシスによる存在である」と主張することによって、ピュシスという語にあたえている意味は、「いちばん最初に生じたもの」ということにほかならないわけだから、もし右の反対テーゼが正しければ、ピュシス的な存在、自然によってあるものと呼ばれるべきものは、火水風土ではなく、むしろプシューケーであるということになるであろう。このプシューケーの先在は、次のようにして論証される。

(一)　まず、「動」(キーネーシス)のさまざまの種類が分類され、列挙される(キーネーシスは、場所的運動、状態・性質の変化、生成消滅などのすべてを含む概念である)。分類の観点は必ずしも一定せず、いろいろの観点から一〇種類の「動」の名があげられるが、そのなかでとくに、(1)他のものを動かすことはできるけれども、自己自身を動かすことのできないような動(他から伝達された動き)と、(2)つねに自己自身をも他のものをも動かすことのできるような動(自発的動)との区別に着目される。

(二)　宇宙内の生成変化に示される動を、この観点から二つに分けるとすると、そのうち、自己自身を動かすことのできる動は、その生まれと力においてあらゆる動のなかで第一のものでなければならぬ。なぜならば、ひとつのものから他のものへと伝わって行く変化の系列を考え、最初に変化をひき起こすもの(τι πρῶτον μεταβάλλον=ἀρχή)をそこに求めるとすると、そのような最初の起動者は、他によって動かされるものではなく、自分で自分を動かした動の示す変化以外にはありえない。またさらに、万物が一緒になって静止した状態を考えると、そこで最初に動をひき起こすのは、自分で自分を動かすところの動以外には考えられない。したがって、

「自己自身を動かすところの動は、あらゆる動の始原(アルケー)として、また静止しているものの中に最初に生じ、かつ動いているものの中の第一番のものという資格において、必然的にあらゆる変化のうちで最も古く、また最も支配力をもった変化である」(八九五B)

(三)　ところでわれわれは、何かあるものが自発的運動を示すのを見るとき、そのものを「生きている」と呼び、そして「生きている」というのは、その中にプシューケーがあるということにほかならない。そこで、各事物についてその本質(οὐσία, essentia)と定義(λόγος, definitio)と名前(ὄνομα, nomen)の三つを考えるとすると、プシューケーとは、

「自分で自分を動かすことのできる動」という定義をもつものにつけられた名前である、ということになる(八九六A)。

(四) かくして、右の(二)と(三)により、プシューケーは、「あらゆるものにとってあらゆる変化と動きの原因(アイティアー)」という資格において、過去・現在・未来にわたるあらゆるもののうちで最初の生成であり、最初の動である。これに対して、他によって動かされ、自己自身のうちに動かす力をもたないような動は、いのちなき物体(物質)の動であって、下位に位置づけられなければならぬ。したがって当然、プシューケーは物体(物質)よりも先に生まれたものであり、物体(物質)を支配するものである(八九六B～C)。

この基本的な結論の確立によって、さらにそこから、

(1) プシューケーが物体(物質)より先にあったとすれば、また、プシューケーに属するものとしての「気性、品性、意欲、計算、真なる判断、配慮、記憶」などの方が、「長さ、広さ、深さ、強さ」などの物体(物質)の属性よりも、先に生じたはずであること。

(2) プシューケーはあらゆるものの原因である以上、善・悪、美・醜、正・不正等の原因でもあること。

(3) プシューケーがあらゆる動くものに内在してこれを支配している以上、それはまた天体の動きをも支配していること。

(4) プシューケーは、ただひとつではなく、複数で考えられなければならぬこと、すくなくとも、善と悪の原因に対応する二つ以上の種類がなければならぬこと。

などが導き出される。かくて、ここで宇宙について基本的な構想をえがいてみれば、それは次のようなことになるであろう。

「プシューケーは天と地と大海におけるあらゆるものを、みずからの動によって動かしみちびく。その動の名は意欲、考察、配慮、考慮、正しくあるいは誤った判断、快苦、元気と恐怖、愛憎、およびすべてこれらと同族で第一次的な動がそれである。これらの第一次的な動がさらに、第二次的な動であるところの物体(物質)の動を受けとり、万物をみちびいて増大と減少、結合と分離、またこれらにつづく熱・冷、重・軽、硬・軟、白・黒、辛・甘などの性質を生ぜしめる。そしてプシューケーは、それが用いるすべてのものにおいて、もし知性(ヌゥス)を援助者として得るならば、万物を正しく幸福にみちびくけれども、無知とともにあるならば、あらゆるものを今度はそれと正反対のものにするのである」(八九六E〜八九七B)

ここから問題は、天地万物の運行を支配するプシューケーが、右の言葉の最後に言われたような、知性をもつ善きプシューケーであるかどうか、したがってそれを神とみなすことができるかどうかという、そもそもこの反論の目的であった神学的問題へと移行する。宇宙を支配するプシューケーが知と徳をそなえたものかどうかは、宇宙の全運行が知性(ヌゥス)の動と同様の性格をもって、斉一性と秩序性を示しているかどうかによってきまるであろう。この宇宙に無秩序があることを否定できないとしても、したがって悪しきプシューケーの存在を全面的に否定することはできないとしても、宇宙を全体として支配する動きは秩序を示す。すなわちそれは善きプシューケーである。

「あらゆる星辰や月、あらゆる歳月や季節について、ひとつもしくはそれ以上のプシューケーがそれらすべてのものの原因であり、しかもそのプシューケーは全面的徳性をそなえたものである以上は、これを神々であると主張する以外にいかなる説を立てることができようか。……何びとにせよ、これらの事柄をみとめながら、万物は神々に満ちているということを、あえて否定できる者がいるだろうか」(八九九B)

『法律』第一〇巻におけるプラトンの無神論批判は、⑴神々の存在を全くみとめない者、⑵神はあるが、しかし人間のことを顧みないとする者、(3)神々は人間に関心はもつけれども、悪事をはたらいても祈りや供犠によってこれを慰撫することができると考える者の、三種類の人々に対する反論に分かれていて、後にまだこれら(2)(3)に対する反論がつづいているが、根本は以上に概観された(1)への反論にあり、他はこれにもとづいて比較的容易になされている。

3　初期自然哲学者たちのプシューケー観(1)——タレス、アナクシメネス、アポロニアのディオゲネス、ヘラクレイトス、アルクマイオン

以上から知られるように、プラトンの反論の骨子となっているのは、「自己自身を動かすことのできる動」と定義されたプシューケーが、宇宙全体を支配しているという考えである。このようなプシューケー概念がプラトンの書いたものの中にはじめて明確にあらわれたのは、彼の中期作品のひとつ『パイドロス』の中のプシューケー不死の論証(二四五C〜二四六A)においてであって、この対話篇の主役ソクラテスが恋(エロース)について物語る美しいミュートスの前に置かれて、その思想的基盤とされている。『パイドロス』におけるプシューケー不死の論証は——

「自己自身を動かすものは、あらゆる動の始原(アルケー)をなすものであって、不生不滅である」

「しかるにプシューケーは、自己自身を動かすものである」

「したがってプシューケーは(あらゆる動の始原であり)不生不滅である」

という論のすすめ方で行なわれているが、これを右に見られた『法律』第一〇巻の論証——

「自己自身を動かす動は、あらゆる動の始原(アルケー)であって、あらゆる変化のうち最初のものであり、最も支配力をもつ」

「しかるにプシューケーは、自己自身を動かすことのできる動、と定義できる」

「したがってプシューケーは、最初の動であり、万有の動の原因である」と並べてみると、両者の思想の親近性は一見して明らかであろう。

われわれはここで、古代ギリシアにおける自然観の最も特徴的な側面に触れることになる。プシューケーというものを、魂とか精神とかいった訳語だけで考えるとき、今日のわれわれとしては、これをわれわれの内部に考え、われわれの意識事実についてのみこの語を使う傾向を否定できないであろう。そしてプラトンその人にあっても、プシューケーを右のように、「動」の原理としてはっきりと宇宙全体の規模で考えるのは、中期の作品『パイドロス』に至るまでほとんど見られなかった考え方である。しかしながら、タレス以来のギリシアの哲学を全体として見るならば、それはむしろ正統的な位置を占めるものといわねばならぬ。彼ら古人にとって、プシューケーとは、個々人の心理意識にかかわる心理学的概念であるというよりは、むしろ生命現象一般にかかわる生物学的概念であり、あるいはさらに、天体の運行をふくめた万有の動にかかわる天体論的宇宙論的概念であったといってよい。彼らは、宇宙内において動きと生命のあるところすべてにプシューケーのはたらきをみとめ、プシューケーが万有にゆきわたっているとみなして「生ける自然」の観念を表象する。そしてまさにこの点が、「アニミズム」の名のもとに幼稚な考えとして片づけられたり、あるいは、非機械論的な自然観として、かえって現代の考え方との親近性が論じられたりするわけであろう。先に見た『法律』第一〇巻の自然主義的無神論もまた、このような一般的背景があったからこそ、宇宙の根源からプシューケーの観念を排除することを、とくに強調しなければならなかったのである。

ただしかし、一般的にはそのようにいえるとしても、プラトンの展開した宇宙論的プシューケー論が、それまでの自然哲学のプシューケー論と全く同じであるかどうかはまだ断定できない。そしてわれわれにとって重要なのは、かりにそれが同じであるとすれば、その同じでなければならなかったことはいかなる必然性によるのか、またもし違うとすれば、その差異はどのような意味を含んでいるか、さらにまた、先述の自然主義的思想に見られたプシューケーの排除は、それまでの自然学とくらべて正確にどのような意味をもつか、といった点なのである。これらの点を明らかにするために、われわれは、前章で概観された二つの相対立する考えをそれ自体として分析する前に、タレス以下の自然哲学者たちの見解として残されている言葉を、実際にしらべてみることにしよう。そのことによってまた、『法律』第一〇巻において対置された二つの思想の間にある、自然学としてのほんとうの違いも明らかになると期待されるからである。

資料は厖大であるが、幸いにしてアリストテレスが『デ・アニマ(プシューケーについて)』と題される書物を残していて、その第一巻(A巻)を先人たちの見解の紹介と吟味にあてているので、文献学的な批判さえ忘れなければ、後代の資料を扱うにあたっても有力な手引きとなるであろう。

まずタレス(前五八五年ころ)について——。

(1) 「記録によるとタレスもまた、プシューケーを何か、ものを動かす性格のものと考えたようである。なぜなら、彼は石(磁石)が、鉄を動かすという理由で、プシューケーをもつと言ったのだから」(Arist., *De Anima* A 2. 405a19～21; D. K. (=Diels-Kranz, *Die Fragmente der Vorsokratiker*) 11 A22)

(2) 「アリストテレスとヒピアスによれば、タレスは磁石や琥珀を証拠として、いわゆる無生物もまた、プシューケーを分け持っているとみなしたということである」(Diogenes Laertius I. 24; D. K. 11 A1)

(3) 「タレスは、プシューケーをつねに動く、もしくは自己運動性の性格のものであるという見解を表明した最初の人である」(Aetius IV. 2. 1; D. K. 11 A22a)

(4) 「ある人々は、プシューケーが万有のうちに行きわたって混在していると主張する。タレスが、万物は神神に満ちている*と考えたのも、おそらくこの理由からであろう」(Arist., *De Anima* A 5. 411a7~8; D. K. 11 A22)

＊「万物は神々に満ちている」という表現は、われわれが先に見たプラトン『法律』(八九九Ｂ９)の言葉と同じ。

(3)は、後代においていろいろの見解が何でもタレスからはじまると言われることがよくあるので、そのまま信用してしまうわけにはゆかないし、とくにタレスが正確に永遠運動者(ἀεικίνητον)とか、自己運動者(αὐτοκίνητον)とかの概念をもっていたかどうかは全然疑わしい。アリストテレスの(1)と(4)の言い方も、断定を避けた用心ぶかい推測である。けれども、(1)と(2)から、タレスが磁石にプシューケーをみとめたこと、したがってプシューケーを、ものを動かすはたらきのものと考えていたということだけは、最小限度にいうことができるであろう。問題はタレスが、この磁石というわば特別の現象だけを根拠にして、(4)に見られるような一般化を行なったかどうかという点である。* しかし実際にはむしろ逆に、(4)のような一般的見解が、(1)のような特殊な事例によって確かめられたと見る方が、正しいのではないだろうか。いずれにしても、石(天然磁石)や琥珀のような「静物」でさえ、ものを動かす力をもちうることの発見を、それまで行なわれていたもっと原始的な、海や川や風などを生きていると想像する普通のアニミズムの背景の中で考えれば、タレスの一歩すすんだ自然哲学的な「生ける自然」の表象も充分理解できるであろう。それに、(2)において磁石のほかに琥珀が加わっていることは興味ぶかい。** なぜならば、琥珀はむろんそのままでは磁力をもたないから、そこには摩擦という一種の実験が行なわれたと考えられるからである。そしてもしそうとするならば、タレスが他のすべてのものもまた、同様に何らかの方法を見出しさえすれば、同じようにものを動かす力を(すなわちプシューケーを)もつことがわかると考えたであろうという推測も、かなりプロバブルなものとして成り立つ。――こうしたタレスの「生ける自然」の考えはまた、アリストテレスが『形而上学』の第一巻において、タレスが万有の根源を水であるとした理由を推定して述べている――

(5)　「おそらくこの見解を彼は、万物の生命を養うものが水であること、また(生物のもつ)暖かさそのものが水から生じ、水によって生きることを、観察して得たものであろう」(Arist., *Metaph.* A 3. 983b22～24)

という言葉からもひとつの裏づけをあたえられるであろう。なぜなら、この推定の内容そのものの当否[***]は別としても、アリストテレスは、タレスが万有を生きている(プシューケーをもっている)と考えていたという前提が念頭にあるのでなければ、万有の根源が水であるとタレスが考えた理由を、このようなかたちで推測しなかっただろうからである。少なくともアリストテレスのこの説明は、プシューケーが万有に行きわたっているというタレスの見解を背後に置くことによって、最も自然に理解できるであろう。そしてこのような、広大な宇宙に行きわたってたえず活動をあたえている生命力が、(4)に見られるように、「神」と呼ばれるのも不思議ではない。おそらく「水」はタレスにとって、アリストテレスが『形而上学』で規定しているような素材的原因として自覚されていたというよりは、むしろ『デ・アニマ』の一般的記述からうかがわれるように、万有の根源(アルケー)＝水＝プシューケー＝神という素朴な等式の方が、実際に近いのではないだろうか。この点――

(6)　「タレスによれば、宇宙の心は神であり、万有は生ける(プシューケーをもつ)ものであるとともに、神々に満ちている。そして要素的な水分を通じて、それを動かす神的な活動が行きわたっている」(Aetius I. 7. 11; D. K. 11 A23)

という報告は、学者たちによって一般に指摘されているように、用語にも内容にもストア派的性格がつよく出ていて、タレスその人の考えとしてそのまま採用するわけには行かないが、一応参考にはなるであろう。

*　バーネット(*Early Gr. Phil.* p. 50)は、「磁石や琥珀が alive であると言うことは、それ以外の事物は然らずということを意味する」というふうに、この点を全然否定的に見ている。他方、cf. K. Freeman, *The Pre-Socratic Philosophers*, pp. 53～54;

(et praesertim) Kirk-Raven, *The Presocratic Philosophers*, pp. 93〜98.

＊＊　この点は(1)と(2)をくらべてみると、アリストテレスより古い資料としてのヒピアス(五世紀後半に活動した博識のソフィスト)の書物に記されてあったものと考えられる。Cf. Kirk-Raven, *op. cit.* p. 94.

＊＊＊　ここでもバーネット(*Early Gr. Phil.* pp. 48〜49)は、タレスの時代を支配していた観点は天文学的なそれであって、生物的な考察ではないという理由で、アリストテレスのこの推測に対して否定的見解を示している。しかしフリーマン(*op. cit.* p. 52)やカーク-レイヴン(*op. cit.* p. 89)のこれに対する批判は正当であろう。

次に同じミレトス学派のアナクシメネス(前五四六年ころ)については、次のような報告がなされている。

(7)　「エウリュストラトスの子でミレトスの人アナクシメネスは、事物の根源(アルケー)が空気であるという見解をとなえた。なぜなら万物はこのものから生じ、そしてふたたびこのものへと解体して行くからである。彼は言う、『空気(アエール)であるところのわれわれのプシューケーが、われわれを統括しているのと同じように、気息(プネウマ)と空気が宇宙全体を包んでいる』と」(Aetius I. 3. 4; D. K. 13 B2)

「彼は言う」以下の引用が、普通アナクシメネス自身の言葉として扱われているものである。用語の上で二、三の疑点があり、またそれが正確に何を言おうとしているかということにも問題が残るであろうが、* ただひとつ、この引用の言葉が、古代自然哲学全般の特色のひとつともいえる大宇宙と小宇宙の類比(ὁ μικρόκοσμος ἐν τῷ μακροκόσμῳ)の表現であることはまちがいなく、そしてこの類比に従って、アナクシメネスが空気を(個々の人間の場合と同じように)宇宙のプシューケーであるとみなし、それがやはり万有全体に生命と活動をあたえていると考えたであろうことは、充分推察できよう。もしこれに加えて——

(8)　「アナクシメネスの言うところでは、空気は神である」(Aetius I. 7. 13; D. K. 13 A10)

という証言を信用することができるとすれば、タレスの場合と同じような、万有の根源＝空気＝プシューケー＝神という等式を、ここでもたしかめることができるわけである。

＊ 「統括する」(συγκρατεῖ)と「宇宙」(κόσμος)の二語が疑われ、前者と関連して全体の意味がいろいろ問題にされている。Cf. Kirk-Raven, *op. cit.* pp. 158〜161.

(7)に見られたアナクシメネスの考え方は、アリストテレスが「いわゆるオルペウスの詩句なるもの」に見られる説として伝える次の見解と密接な関係があるように思われ、おそらく前者は後者によって補足されることができるであろう。

(9) 「プシューケーは、呼吸に際して、風にはこばれて(動物体の中に)はいって行くのである」(Arist., *De Anima* A 5. 410b28〜30; D. K. 1 B11)

すなわち、(7)や(9)の言葉の背後にあるのは、プシューケー(いのち、こころ)＝プネウマ(風、いき)＝アエール(空気 cf. ἄημι 吹く、呼吸する)という考えであり、これは古代のプシューケー観における最も一般的な考え方とみなされる。プラトンの『クラテュロス』(三九九D〜E)の中でプシューケーという言葉の語源論が行なわれたときにすぐ思い浮かべられたのも、このような「いき」「生命のいき」との結びつきであった。＊ さらにいえば、たとえば πνεῖν μέγα(大きな呼吸をする)とは「はないきの荒いこと」「気力のさかんなこと」を意味し、λιποψυχία(プシューケーを一時的に手放すこと)は「気が遠くなること」「気絶」を意味するが、プシューケーはちょうどこのような「気」という語の意味と重なるかもしれない。この漢字のもとに含まれる「いき」「自然界・大空に起こる現象」「いきおい、ちから、生命を保つ力、活動力」などの意味は、いずれも自然哲学者たちの使うプシューケーの意味だからである。アナクシメネスにあっては、これが大宇宙と小宇宙との類比によって把握されて、万有のプシューケーと個人のプシューケーとは、アエール(空気)のかたちで直通しているわけである。＊＊

＊ ψυχή の語源を ἀναψύχειν や ἀναπνεῖν と関連させる考えは、そこで「通俗的」(φορτικόν)とさえ言われている。Cf. Arist., *De Anima* A 2. 405b28. ——プシューケー—アエール—プネウマの関係については、後で見られるデモクリトスのほか、クセノパネス(D. K. 21 A1)、エピカルモス(D. K. 23 B22)、ペレキュデス(D. K. 7 A5)などを参照。

＊＊ Cf. Empedocles B 136 (Sextus Empiricus, *Adv. Math.* IX. 127)

ついでに少し先まわりしていうと、一世紀あまり後になって、アポロニアのディオゲネス(前五世紀後半)が、このアナクシメネスの見解をうけついで発展させている。＊ ここからわれわれは、数少ないアナクシメネスの言葉を補足するための参考となる情報を得ることができるであろう。同じく万有の根源を空気とみなしながら、ディオゲネスはその理由として、空気が知力(ノエーシス)をもち、季節や昼夜天候の配分を行なうということ(D. K. 64 B3)とともに、次のような事柄をあげる。

⑽ 「人間をはじめそのほかの動物は、空気を呼吸することによって生きる。空気は彼等にとっていのち(プシューケー)でもあり、ものを知るはたらき(ノエーシス)でもある。もし空気が取り去られるならば、彼らは死んで、知るはたらきを失う」(Simplicius, *Phys.* 152. 18～21; D. K. 64 B4)

⑾ 「私の考えでは、知るはたらきをもつものは空気と人々に呼ばれているものであり、すべての人間はこれによって導かれ、これが万物を支配している。なぜなら、まさにこの空気こそは神であり、あまねく万物に至って万物をつかさどり、また万物のうちに内在しているように思えるから。およそこれにあずからぬものは何ひとつないのである」(Simpl., *Phys.* 152. 22～25; D. K. 64 B5)

＊ アポロニアのディオゲネスのプシューケー観については、ここに挙げるもののほか、cf. Theophrast., *De Sensu* 39 (D. K. 64 A19), Aetius V. 20. 5 (D. K. 64 A30), Simpl., *Phys.* 153. 19 (D. K. 64 B7), *ibid.* 20 (D. K. 64 B8).

アリストテレスはこれについて次のように説明する。

(12)　「ディオゲネスはほかのある人々と同じように、プシューケーを空気であるとみなしたが、これは、空気があらゆるもののうちで最も微細な構造をもつものであり、ものの根源であると考えたからである。そして彼によれば、このことこそ、プシューケーが知るはたらきと動かすはたらきをもつ理由にほかならない。つまり、プシューケーはそれが原初的なものであり、他のものはみなそれから成るということによって、知るはたらきをもち、また、それが微細であるということによって、動かすはたらきをもつというわけである」(Arist., *De Anima* A 2. 405a21～25; D. K. 64 A20)

アナクシメネスのプシューケー＝空気の説の継承発展として、前五世紀後半のアポロニアのディオゲネスに関する資料に先まわりして触れたわけであるが、ふたたび六世紀にもどって、ヘラクレイトス(前五〇〇年ごろ)についてしらべよう。

(13)　「ヘラクレイトスも、他のものがそれから構成されているところの蒸発気をもってプシューケーとみなしている以上、事物の根源となるもの(アルケー)がすなわちプシューケーであると主張していることになる。それは最も非物体的なもの、つねに流転しているものであり、そして動いているものは動いているものによってのみ知られると彼は言う」(Arist., *De Anima* A 2. 405a25～28; D. K. 22 A15)

「蒸発気」(アナテューミアーシス)というのは、ヘラクレイトスが万有の基礎に想定した「上り道」と「下り道」の二つのプロセスのうち、しめった土や水から乾いた火へと至る上り道に相当するものである。具体的には火に近い乾いた蒸気のようなものを考えればよいということが、古代の注釈家によって言われているが[*]、むしろプロセスそのものを考えた方がヘラクレイトスの真意に近いと思われる。ここでも、土や水から火へ至る万有のプロセスが、個々の魂によって共有されているわけである。――

(14)「ヘラクレイトスによれば、宇宙のプシューケーは宇宙内の水分の蒸発過程であり、動物のプシューケーは、外界および生体の中の水分の蒸発過程であって、同族同質のものである」(Aetius IV. 3. 12; D. K. 22 A15)

(15)「(ヘラクレイトスは)プシューケーは蒸発によってつねに知るはたらきをもつようになることを表現しようとして、プシューケーを河にたとえて次のようにいった。『河は同じでも、その中に入って行く者には、あとからあとから違った水が流れてくる。プシューケーも、その水から蒸発しているのだ**』」(Arius Didymus ap. Eusebium *Praeparat. Evangel.* XV. 20; D. K. 22 B12)

* Philoponus, *De Anima* 87. 10.

** 以下ヘラクレイトスの断片(D. K. 22 B に属するもの)の訳文は田中美知太郎訳による。

彼の次の言葉も、おそらく主として、広大な万有のすがたをうつすものとしての魂を考えて言われたと解される。

(16)「プシューケーの際限は、どこまで行っても、どの途をたどって行っても、見つかることはないだろう。計ればそんなに深いものだ」(Diogenes Laertius IX. 7; D. K. 22 B45)

プシューケーが、火―水―土の過程に対する土―水―火の「上り道」で考えられる以上、乾いた魂ほどすぐれた魂であり、湿った魂ほど力を失い、死に近づくものと考えられる。――

(17)「乾いたプシューケーこそ、最も知力をもち、最もすぐれている」(Stobaeus, *Anth.* III. 5. 8; D. K. 22 B118)

(18)「プシューケーにとって水となることは死であり、水にとって土となることは死である。しかし土からは水が生じ、水からはプシューケーが生じる」(Clemens, *Stromata*, VI. 17. 1~2; D. K. 22 B36)

(19)「大人でも酒に酔えば、よろけながら、どっちへ行くのかわからずに、年の行かない子供に手をひかれて行く。魂(プシューケー)をしめらせたからだ」(Stobaeus, *Anth.* III. 5. 7; D. K. 22 B117)

ヘラクレイトスと大体同じころ(前五〇〇年)の人と推定されているアルクマイオンは、クロトンの医学派の有力なメンバーであり、生理学的心理学の創始者といわれていて、知覚や思考の座をはじめて大脳に位置づけた人であったが、プシューケーについては、やはりその特質を動のうちに求め、これを天体の運動に連絡させている。

⒇「アルクマイオンもまたプシューケーについては、これらの人々(タレス、アポロニアのディオゲネス、ヘラクレイトス)と近い見解をもっていたようである。すなわち、彼の主張によれば、プシューケーは、不死なるもの(天体)に似ているがゆえに、不死なる性格をもつ。そしてプシューケーがこの性格をもつのは、つねに動くものとしての資格においてである。というのは、あらゆる神的なものもまた、つねにたえざる運動を行なっているからーー。たとえば、月、太陽、もろもろの星、そして天の全体」(Arist., *De Anima* A 2. 405a29~b1; D. K. 24 A12)

(21)「クロトンの人アルクマイオンは、もろもろの星をプシューケーをもった神々であると考えた」(Clemens, *Protrepticus* 66; D. K. 24 A12)

(22)「アルクマイオンは、プシューケーを、本性上永遠不断の自己運動であって、まさにそのゆえに不死であり、神々に似るものであると解している」(Aetius IV. 2. 2; D. K. 24 A12)

(23)「アルクマイオンは、プシューケーが不死であり、太陽と同じように連続的に動くものであると言った」(Diogenes Laertius VIII. 83; D. K. 24 A1)

もしこれらの間接的証言を信用するとすると、アルクマイオンの考えは、先に『パイドロス』の魂不死の論証に見られたプラトンの思想と非常に近いことになる。次の言葉は、天体の運行と同じ円運動をあたえられた人間の魂が、その円運動を行ないえなくなったとき、人間は死ぬのだという意味であろう。

(24)「アルクマイオンの主張によれば、人間が死ぬのは、始めを終りにつなぐことができなくなるためであ

る」([Arist.] *Problemata* XVII. 3. 916a33〜35; D. K. 24 B2)

4　初期自然哲学者たちのプシューケー観(2)——エンペドクレス、アナクサゴラス、デモクリトス、プシューケー＝ハルモニアー説、その他

紀元前五世紀のはじめから中葉にかけて、パルメニデス、ゼノン、メリッソスらのいわゆるエレア学派が登場し、すべての生成・運動が彼らの強力な論理によって虚妄として否定されるにおよんで、自然哲学はひとつの重大な危機に追い込まれる。この危機から自然哲学を再建することにつとめたのが、シケリア島アクラガスのエンペドクレス(前四九二〜四三二年ころ)と、イオニアのクラゾメナイに生まれてアテナイに移り住んだアナクサゴラス(前五〇〇〜四二八年ころ)である。運動を否定するエレア派の人々に運動の原理としてのプシューケー論を期待するのは無理であろうけれども、エンペドクレスについては、アリストテレスは彼を、プシューケーの機能を主として知と感覚に求めた人々の中にかぞえながらも、やはり万有の根源(アルケー)をそのままプシューケーと見る人として伝えている。

(25)　「(プシューケーの特質を知と感覚の機能に見る人々は、一元論者にせよ多元論者にせよ、プシューケーとは、彼らがアルケーとなすものにほかならないと言うが)たとえばエンペドクレスは、プシューケーを、ものの根元的要素(ストイケイオン)のすべてから成ると考え、しかもそれら各々の要素がすなわちプシューケーにほかならないと考えた」(Arist., *De Anima* A 2. 404b11)

ここで「ものの根元的要素」(ストイケイオン)と言われるのは、火・空気・水・土のいわゆる四元と、結合と分離の原理としての「愛」(ピリアー)と「争い」(ネイコス)とであって、アリストテレスは右の言葉の根拠として「われわれは土によって土を見、水によって水を見、空気によって……」(Fr. 109)というエンペドクレスの詩句を引用している。

すなわち、知る主体は知られる対象と同じ構成をもたねばならぬという原則(γιγνώσκεσθαι τὸ ὅμοιον τῷ ὁμοίῳ)がそこに考えられるわけである。ただし、右のアリストテレスの言葉のうち、「それら要素の各々がすなわちプシューケーであると考えた」というのは、一般にみとめられているように、まちがった推定のように思われる。われわれが土や水や火を知るのは、プシューケーのうちにそれぞれに対応する同じ要素があるからだというのは正しいとしても、しかしプシューケーがプシューケーとして成立し、知るはたらきをもつようになるのは、それら要素の全部がしかるべき比率で結合されたときにのみ、可能だと考えられたと見るべきであろう。『デ・アニマ』のなかには、ほかにもエンペドクレス説に触れた言葉がいくつかあるが、同様にアリストテレス自身の解釈が混入しているおそれがあるので、ここでは右の一般的な説明をあげることにとどめておく。生理学研究者としてのエンペドクレスは、このプシューケーの知の機能の座を血液のなかにみとめた。

(26) 「人間にとって、心臓のまわりの血は思惟である」(Porphyrius ap. Stob. *Anth.* I. 49. 53; D. K. 31 B105)

このように自然学的に考察されたプシューケーが、彼の宗教的な詩(『カタルモイ』)の中で説かれる輪廻転生の主体としてのプシューケーとどのように関係し、どのように統一的に把握されるべきか。これが実は、困難ではあるけれどもきわめて重要な問題なのであるが、ここでは論じる余裕がない。

周知のごとく、アナクサゴラスが世界の「動」と「知」の原理として立てたものはヌゥス(知性)であって(Fr. 12, 13)、プシューケーではない。だから、われわれのプシューケー論の見地から、このアナクサゴラスのヌゥスをどのように取りあつかったらよいかはひとつの問題であろう。アリストテレスもまたこれを、アナクサゴラスの体系においてヌゥスとプシューケーとはどのように関係するか、両者は同じものとみなされるべきか、別のものとみなされるべきかというかたちで、いろいろと論じている。

(27)「同様にしてアナクサゴラスもまた、プシューケーを、動かすはたらきをもつものであると言っていることになる。この点は、ヌゥスが万有に動をあたえたと言った者がほかにあれば、その誰についてもいえるところである」(Arist., *De Anima* A 2. 404a25～27)

しかしながら(とアリストテレスは語をついで)、ヌゥスとプシューケーとが同じであるかどうかは、アナクサゴラスの場合かならずしも明らかではない、なぜなら——

(28)「多くの箇所で彼は、ヌゥスはものごとの美しく正しい状態をつくり出すものであると言っているが、他の箇所では、プシューケーがそれであると言っている。というのは、彼によれば、ヌゥスは、大小貴賤を問わずあらゆる動物の中に無差別にある(したがってプシューケーと同じものとみなされうる)ものだからである。もっとも、知るはたらきについて言われるヌゥスにかぎれば、それは必ずしもすべての動物にあるとは思えないけれども」(Arist., *De Anima* A 2. 404b1～6)

(29)「アナクサゴラスはプシューケーとヌゥスを別のものとして語っているように思えるけれども、実は両者を同一の性質のものとしてあつかっているのである。ただし、万有の始原(アルケー)としては何よりもヌゥスをそれであると置く点は別であるけれども(すくなくとも彼は、事物のなかでただヌゥスのみが単一で、他と混じらず、純粋であると主張するのだから)。けれども、ヌゥスが万有に動をあたえたという彼の説は、彼が知るはたらきと動かすはたらきとの両方を、同一の原理に帰属させていることを意味する」(Arist., *De Anima* A 2. 405a13～19)

(28)によれば、アナクサゴラス自身がどこかで、ヌゥスとプシューケーの同一を思わせるようなことを言っていたのではないかと推測される。この点は、(29)に見られるように、アリストテレスにおいて、知の原理と動の原理を統一的に把握するという問題のかたちで意識されたのである。ただし、アナクサゴラス自身の断片の中では、「およそプシューケーをもつかぎりのものを……ヌゥスは支配した」(Fr. 12)と語られている。

もしかりにこのヌゥスという名前にこだわらないとすれば、アナクサゴラスが「動」と「知」の原理を宇宙的規模において考え、その宇宙の中にまた「自己のうちにヌゥスをもつ存在」(Fr. 11)をみとめつつ「ヌゥスは、大きいヌゥスも小さなヌゥスも同性質である」(Fr. 12)と述べて、ミクロコスモスとマクロコスモスとの対比と同族性をみとめる点は、まったく初期以来の自然哲学の伝統に沿っているといえよう。むろん、そのような万有の動と知の原理としてのヌゥスが、他の事物が「すべてのものはすべてのものに含まれる」(Fr. 11)という混在の状態にあるのに対して、「絶対無限独立の存在であって、いかなる事物にもまじらず、ただひとりそれ自体でそれ自体の上にとどまる」(Fr. 12)と考えられる点、この二元論は著しい特徴であって、アリストテレスもまた、水や空気をそのままプシューケーとみなす他の人々にくらべて、彼をやや例外的存在としてみとめなければならなかった。*

* Arist., *De Anima* A 2. 405b19～21.

ただ、このような特色にもかかわらず、アナクサゴラスの二元論が二元論としてどこまで徹底して考えられていたか、ヌゥスの純粋性の観念そのものがどこまで純化され、正確に把握されていたかという点になると、なお一抹の疑問が残らないでもない。彼のコスモゴニーにおいて、「ヌゥスが運動を起こしはじめたとき、ヌゥスは動かされるすべてのものから分離した」(ἐπεὶ ἤρξατο ὁ νοῦς κινεῖν, ἀπὸ τοῦ κινουμένου παντὸς ἀπεκρίνετο, Fr. 13)という言葉は、普通ἀπεκρίνετοという動詞を非人称に解し、「分離がはじまった」という意味にとる解釈が行なわれているが、*文章の読み方としても、ἀποκρίνεσθαιの用法からいっても、この動詞の主語をὁ νοῦςととって訳する方が自然で慣用に沿っているのではないかと思われる。もしそうとすれば、原初にあってはヌゥスもまた他の事物とともに混淆状態のなかにあり、廻転運動を起こしはじめたときにはじめて、他から分離して純粋の存在になったというふうに解する余地が出て

きて、ヌゥスの独立性・離在性はかなり制限されたものとみなされることになるであろう。また、

(30)　「(プシューケーは物体であるかどうか、プシューケーの本質はいかなるものかという点について)アナクシメネスやアナクサゴラスやアルケラオスやディオゲネスは、それが空気状のものであると考えた」(Aetius IV. 3. 2; D. K. 59 A93)

という伝承は、資料としてそれほど権威のあるものとは思えないが、アナクサゴラス自身の言葉の中でヌゥスの純粋性が、「ヌゥスはあらゆる事物のうちで最も微細で最も純粋である」(Fr. 12)というような言い方で表現されているのを見ると、アナクサゴラスのヌゥスやプシューケーの他の物質に対する区別が、なお何か程度の差のうえのものであって、はっきりと絶対的なものとして把握されるに至っていなかったのではないかという疑問の余地が、全くないとはいえないのである。

* Burnet, *Early Gr. Ph.*, p. 260; Freeman, *Ancilla to the Pre-Socratic Philosophers*, p. 85, n. 1; Kirk-Raven, *op. cit.*, p. 373. ——他方、Diels-Kranz は νοῦς を主語と解して訳している。

イオニアの自然哲学の伝統を一つの方向に完成させた原子論者デモクリトス(前四二〇年ころ)の面目は、そのプシューケー論にもよくあらわれている。彼に関する資料は多いが、アリストテレスの紹介でほぼその全容が伝えられるであろう。

(31)　「この考え(プシューケーが『動くもの』であるという考え)から、デモクリトスはプシューケーを、一種の火であり熱であると主張する。というのは、彼は、アトムのさまざまの形状が無限にある中で、球状のアトムが火であり、プシューケーであると言っているからである。それは、窓を通して入ってくる光線の中に見えるような、空気中に漂よう微塵といわれるものにたとえられる。彼は、そうした微粒子の集まりが全自然の構成要素である

と説明し（レウキッポスもまた同じ）、その中で球状のものがプシューケーであるとするのである。その理由は、そのような球形のものはとりわけ、どんなものの中にでも入って行って、自分も動きながら、他のものを動かすことができるということにある。これはつまり、プシューケーとは、もろもろの動物に動をあたえるものであると考えたからにほかならない。

このゆえにまた彼は、呼吸をもって生の本質的条件であるとする。すなわち、身体をとりかこむ外気が身体を圧迫して、生物体に動きをあたえるアトムを——このアトム自身がまた片ときも静止していないから——しぼり出すと、外から、他の同じようなアトムが息を吸いこむ際に入ってきて助けとなる。なぜなら、これらの補充されたアトムは、外気の圧迫と固化に対して力を合わせて抵抗することによって、それら自身と生物体の中にもとからあったアトムとが身体から外に出てしまうのを妨げるからである。そして動物は、以上の過程を行ないうるあいだだけ生きる*」(Arist., *De Anima* A 2. 403b31～404a16)

(32)　「デモクリトスは、プシューケーとヌゥスは同じものであって、第一次的で不可分割的な物体からなり、それが微細であることとその形状とのゆえに、ものを動かすはたらきをもつと言っている。そして、彼によれば、形状のなかでは球形がいちばんよく動きやすく、ヌゥスや火はこの形のものなのである」(Arist., *De Anima* A 2. 405a9～13)

(33)　「プシューケーは、それ自身が動くことによって、それが内在するところの身体を動かすと主張する人々がある。たとえばデモクリトスがそうであって、彼の説は喜劇作家ピリッポスの説くところと似ている。すなわちピリッポスによれば、ダイダロスは木製のアプロディテを動かすのに、水銀を注入したというのであるが、デモクリトスの説もまた同様であって、（プシューケーを構成する）不可分割のアトムの球は、けっして静止することのない自然の性質をもっているから、自分の運動に身体全体を引き入れて、これを動かすのだと主張している」(Arist., *De Anima* A 3. 406b15～22)

＊ Cf. Arist., *De Respiratione* 4. 471b30 sqq.; D. K. 68 A106.

これらのアリストテレスの説明に加えて、

(34)　「デモクリトスやエピクロスによれば、プシューケーには二つの部分があって、そのロゴス的な部分は胸部に座をもち、非ロゴス的な部分は全身に散在している」(Aetius IV. 4. 6; D. K. 68 A105)

という伝承を採用するとすれば、デモクリトスのプシューケー観の概要を描き出すことができるであろう。全自然の構成要素であるアトムのうち、最も微細な球形のアトムは、animaとして全身に散在し、生命と活動をあたえるとともに、胸部に純粋の状態で結集するときは、animusとして知るはたらきをいとなむ。＊ そしてこれらは、呼吸作用によって外の宇宙と直通する。

＊ 田中美知太郎「古代唯心論の理解のために」(『近代思想と古代哲学』一五二頁)参照。(33)の訳文も同書一四〇頁の引用によっている。

このほか、アリストテレスはやや特殊な見解として、

(35)　「反対的な諸性質を第一原理(アルケー)に入れて考える人々は、プシューケーもまた反対的諸性質から構成されているとみなす。また、そうした反対的性質の一方――『熱い』とか『冷たい』とか、その他これに類するもの――をアルケーとする人々は、プシューケーもまた同様にこれらの諸性質の一つであるとする」(Arist., *De Anima* A 2. 405b23～26)

と述べている。おそらく、プラトンの『パイドン』(八六B～C)において次に引用するようなかたちで展開され、アリ

ストテレスの『デ・アニマ』(A 4. 407b27 sqq.)の中でも、「世に行なわれているさまざまの説のどれにも劣らず、多くの人々の信用を得ている見解」として紹介批判されている、いわゆるプシューケー＝ハルモニアー説*は、この(35)の前半に言われている見解と同系統に属するものと思われる。

(36) 「われわれの身体においては、熱・冷、乾・湿その他これに類する反対的性質が、いわば琴の弦にあたる役割を果たしていて、身体はそれらの緊張関係のうちに統一を保たれているとみなし、われわれのプシューケーとは、身体を構成するまさにこれらの要素が、互いに適正な仕方で合わされるときに生み出される融合であり、楽音の諧調(ハルモニアー)にあたるものであると考えるわけです」(Platon, *Phaedo* 86 B〜C)

* このプシューケー＝ハルモニアー説をしばしば言われるように、無造作にピュタゴラス派の見解とみなすのは問題である。Cf. G. C. Field, *Plato and his Contemporaries*, pp. 179 sq.; R. Hackforth, *Plato's Phaedo*, pp. 101〜103. 事実アリストテレスも、この説に関してピュタゴラス派の名に全然言及していない。彼がピュタゴラス派の見解としてあげる(*De Anima* A 2. 404a17〜19)のは、(31)の前半と同じような、プシューケーを空気中の微塵、もしくはそれを動かすものとみなすという、およそハルモニアー説とは似ても似つかぬ説である。——なお、ピュタゴラス派のプシューケー観については、これらのハルモニアー説、空気中の微塵説もふくめ、さらに輪廻転生の主体としての別の宗教的側面も合わせ考えて、Kirk-Raven(*op. cit.*, pp. 261〜262)が——簡単にではあるが——統一的解釈を試みている。

5　初期自然哲学者たちのプシューケー観の概括とその特色

以上われわれは、タレスからはじめて、アナクシメネス(およびこれと関連してアポロニアのディオゲネス)、ヘラクレイトス、アルクマイオン、エンペドクレス、アナクサゴラス、デモクリトスなどのプシューケーに関する見解を一通り見てきた。むろんこれで完全であるとはいえないけれども、プラトンにいたるまでの自然哲学におけるプシューケー観の主要な性格は、ほぼこれだけの概観からも知ることができるであろう。いまその性格を分析するに先立って、資料の多くがアリストテレスの『デ・アニマ』に求められたことでもあるから、アリストテレス自身がこれら先人たちのプシューケー論をどのように概括しているかを、まず見ておくことにしよう（括弧による説明は筆者のもの）。

(37)　「かくてすべての人々は、プシューケーをだいたい三つの特性によって定義づけていることになる――すなわち、動と、知覚（知るはたらき）と、非物体的であるということ（微細な構造をもつということ）*によって。そして、これら各々の特性はいずれも、人々がアルケー（万有の根源、第一原理）となすところのものに還元されて、そこから説明される。だから、知るはたらきによってプシューケーを定義する人々は、プシューケーを、万有を構成する要素のひとつと同一視するか、あるいは、そういう要素の二つ以上からなると考えるのである。この場合、なぜそう考えるかということの説明は、一人の例外（アナクサゴラスであろう）をのぞけば、互いにほとんど同じであるといってよい、――いわく、『似たものは似たものによって知られる』と。つまり、プシューケーはあらゆるものを知るのだから、それはあらゆるアルケー（知られる対象を構成する原理、根源と同じもの）から構成されていなければならぬと、こう彼らは考えるわけである。かくして、万有を成り立たしめている根本原因とか要素とかいったものを何か一つのものであると説く人々は、プシューケーもまた、たとえば火とか水とかいったような、一つのものであるとみなすし、アルケーを複数で考える説をとる人々は、プシューケーもやはり、二つ以上のものからなるとみなすことになる」（A 2. 405b10～19）

* 「非物体的」（アソーマトン）ということは、ピロポノス（*De Anima* 83. 27）によって「本来的な意味で物体でないということではなく――これは彼らのうちの何びとも意味しないところである――、微細であることのゆえに諸々の物体の中にあって物体性が少ないという意味である」と説明されている。これはアリストテレス自身、他の箇所では同じ事柄を、「プシューケーを

何か微細な物体(σῶμά τι λεπτομερές)と考える人々」(A 5. 409a32)とか、「ある人々は(プシューケーを)他とくらべて最も微細な物体、もしくは最も非物体的なものである(σῶμα τὸ λεπτομερέστατον ἢ τὸ ἀσωματώτατον τῶν ἄλλων)という意見を表明した」(A 5. 409b20〜21)とか表現していることによってたしかめられる。本文中次にあげる(38)の最後の言い方も同様である。その他 cf. A 5. 409b27, 410a28.

万有のアルケーがそのままプシューケーとみなされる点について、ここでは主として、プシューケーの特性を知るはたらきに求める人々との関連で説明されているが、別の箇所ではまた次のように言われている。

(38)「彼らはプシューケーについても、こういったアルケーに関するいろいろの見解に準じて説明をあたえるのである。なぜかというと、彼らは、ものを動かす本性をもつものは第一次的なものに属すると考えたからであって、これはいわれのないことではない。ここからして、ある人々はプシューケーを火であると考える。なぜなら火は、もろもろの元素中最も微細で最も非物体的なものであり、さらに他の何よりも、自身が動くとともに他をも動かすものだから」(A 2. 405a3〜7)

つまり、アリストテレスによれば、

(一) 先人たちはプシューケーの特質を、a動かすはたらきと、b知るはたらきと、c非物体的であることとの、三つに求めた。このうち、非物体的ということは、物体の中で最も微細な構造をもつということにほかならず、実際には、自身が動いたり他を動かしたりすることの条件として考えられることが多いのであるから(12)(32)(38)、主要な観点はa「動」とb「知」の二つにあるといえよう。そして、

(二) プシューケーをaの見地からみる人々は、動をあたえるものは第一次的なものに属すると考えることによって、またプシューケーの特質をbに求める人々は、「似たものは似たものによって知られる」という原則にみちびかれて、

結局いずれの観点をとるにしても、各人が万有のアルケー（根源、万有を構成する第一原理的なもの）とみなすものを、そのままプシューケーと同一視することになるというのである。

タレスからデモクリトスに至るまでの自然哲学的プシューケー観をふりかえってみて、われわれはこのアリストテレスの概括を、大体において正しい把握としてみとめることができるであろう。いまその一つ一つの事柄を検討してみると、次のようなことが考えられる。

(一)a　まずプシューケーを「動」の原理と見ることについては、われわれが最初から期待していたところであって、別に問題はないであろう。bの知るはたらきも、一般にプシューケーが「こころ」の意味を含むとすれば、当然の観点と言わねばならぬ。ただ、プシューケーの特質を知の機能に見るということは、宇宙論や自然学の問題としては、(イ)認識の主体としての（人間の）プシューケーが、知られる対象としての自然の事物と同じ構造をもつということと、(ロ)万有のプシューケーが全体として知るはたらきをもつということとの、二つの主要な意味をとくに含む点に注意すべきであろう。(イ)は、先に見られた(12)(13)(24)(25)などにうかがわれる考え方であって、アリストテレスが説明しているように、「似たものは似たものによって知られる」という原則に従うもの。(ロ)は、(4)(6)(11)(28)(29)などから暗示されるところであって、アリストテレスがヌゥスとプシューケーとの異同というかたちで問題にした点——ただしここで言うのは、異同を問題にされるヌゥスもプシューケーも、はっきりと宇宙的規模で考えられている場合——である。一般に、プシューケーを万有の根源としての水や空気などのかたちで考え、同時にそれを神とみなす見解にあっては、(イ)と(ロ)の両方の意味が含まれているであろう。

(二)　プシューケーの特質を「動」に求める者も「知」に求める者も、結局は、万有のアルケーをそのままプシューケーとみなす見解に帰着するというのは、重要な指摘である。このことは、彼ら自然哲学者たちにとって何を意味するか。

アリストテレスは、(38)に見たごとく『デ・アニマ』においては、自然哲学者たちのプシューケー観がアルケーに関する見解に準ずるということを、「ものを動かす本性をもつものは第一次的なもの(τὰ πρῶτα)に属すると考えたから」というふうに、動力因ないし作用因的な観点から説明しているけれども、他方周知のように『形而上学』の第一巻においては、自分に先立つ哲学者たちの求めたアルケーないしアイティアー(原因)の性格を吟味しながら、タレス以下の自然哲学者たちの「水」や「空気」や「アトム」などを、質料(ὕλη, materia)的なアイティアーであり、あるいは物体(物質)的なアルケー(σωματικὴ ἀρχή)であると規定している。* 自然哲学者たちが、彼らのそういったアルケーを、アリストテレスの言う他の形相因や目的因などから意識的に区別して把握したかどうかは、アリストテレス自身もくり返し彼らの見解について、ἀμυδρῶς(「ぼんやりとした仕方で」)と注記しているように、** 否定的に答えられなければならないだろうが、しかしそれらが素材とか物質とかいった規定をうけ入れる面を多分にもつことは、みとめなければならないであろう。そして、そのような性格のアルケーが、右に見られたように、そのまま彼らにとってプシューケーを意味したのである。*** このことは、換言すれば、プシューケーとは「いのち」であり「こころ」であり「動」の原理である以上、物と心、物質と生命などの対立が彼らにとってはないということであり、自然学的には、「動」の原理とか作用因とかいったものを物質から分離することなく、「物質のもつ作用力」もしくは「物質としての活力」を根本に置いて、自然や宇宙のすべての生成変化運動を説明するということを意味する。アリストテレスは『形而上学』(A 3. 984b6〜7)の中では、作用因に関連して、こうした質料(物質)のもつ活力を考える立場をわずかに例外的なものとして語っているけれども、われわれとしては、先に見た彼の『デ・アニマ』における明確な記述と合わせ考えて、むしろこれを自然哲学者たちの全般にあてはまるものとみなすことができるであろう。

＊　A 3. 983b6 sqq. ——「物体(物質)的な原理」という言い方は A 5. 987a4, A 8. 988b23.
＊＊　A 4. 985a13, A 6. 986b5, A 7. 988a23, A 10. 993a13.
＊＊＊　この点を『デ・アニマ』のアリストテレスは、プシューケーの特質を「知」の機能に求める人々について、「あたかもプシューケーを事物(プラーグマタ)であると考えているかのように」(A 5. 409b27～28)とか、「物体(物質)的な要素によって各々のものを知るという説」(410a28)とか述べている。

われわれのしらべた資料のなかでは、こうした物心一元論をもって特色づけることに躊躇を感じさせるのは、アルクマイオンとアナクサゴラスであろう。ただしかし、アルクマイオンについては、あたえられた資料だけからは、右の特色を肯定することに躊躇しなければならないのと同時に、積極的にこれを否定する根拠もまたないと言わねばならぬ。またアナクサゴラスの場合には、一般にそのヌゥス(知性)の純粋独立存在の強調において、二元論的特色がみとめられなければならなかったけれども、ただその二元論が二元論としてどこまで正確に、徹底して把握されていたかという点になると、若干の疑問の余地が残されていたのである。

6　『法律』第一〇巻におけるプラトンの思想と自然主義的無神論との自然学としての特色、両者の対立の意味

さて、これだけのことをたしかめたうえで、ふたたび『法律』の第一〇巻にもどり、そこに見られた二つの相対する主張を吟味してみることにしよう。まず、プラトンのプシューケーに関する見解を、前節に示した㈠(a、b)と㈡の観点に沿ってしらべるとどうであろうか。

㈠a　プシューケーが「動」の原理であるということは、プラトンにとってプシューケーの定義そのものであり、またその「動」は明らかに宇宙全体の規模において考えられている。事実、そもそもわれわれが、彼にいたるまでの

自然哲学者たちのプシューケー観をふりかえってみたのも、この考え方の伝統に着目したからこそであった。

b の(イ)については、『法律』の第一〇巻から直接たしかめることはできないけれども、自然学そのものを主題としたやはり晩年の作品『ティマイオス』を見ると、明らかに「似たものは似たものによって知られる」という同じ原則にもとづきながら、万有の構造とわれわれ人間のプシューケーの動きとの緊密な連絡が表現されている。[*] そしてこの考えは、『法律』第一〇巻においても棄てさられることなく、背後に予想されているとみなして差支えないであろう。

* *Timaeus* 37 A~C, 41 D~42 B~44 D, 47 B~C; cf. Arist., *De Anima* A 2. 404b16~27, A 3. 406b25~407a2.

b (ロ) プラトンにおいて、万有のプシューケーは全体として知るはたらきをもつと考えられていたか。それはヌゥスと同じものとみなされてよいものか。この点については、『ティマイオス』と『法律』の第一〇巻とでは多少表現の変様がうかがわれる。一般にヌゥス(知性)はプシューケー(魂)のもつ機能の一つであり、「ヌゥスはプシューケーなしにはありえない」という関係で考えられるけれども、[*]『ティマイオス』においてはさらにそれ以上に、万有を成り立たしめている根本原因(アイティアー)としてのプシューケーは、やはり自己運動者として考えられながらも、そのまま ἡ ἔμφρων φύσις(知力あるもの)として扱われ、万有の「動」の原理と「知」の原理とが分ち難く結合している観がある。[**] これに対して『法律』においては、先に見られたように、プシューケーは明確に「自己自身を動かすことのできる動」という定義をあたえられつつ、どこまでも「動」の原理としてのみ考えられていて、そのような「動」が知性(ヌゥス)を用いて世界に秩序をつくり出すか、それとも無知(アノイア)と結びついて世界を無秩序にみちびくかということは、神学的なふくみをもった問題として別に取りあつかわれている。つまりヌゥスはプシューケーなしにありえないけれども、他方ヌゥスをもたずに無知と結びついたプシューケーというものも考えられるわけであり、またそのようなプシューケーが宇宙間の悪と無秩序の因として実際にあることがみとめられているのであって、[***] 万有の「動」

の原理と「知」(ひいては秩序性)の原理とは、ここでは原則としてはっきりと区別されているのである。

＊　*Sophista* 249 A; *Philebus* 30 C; *Timaeus* 30 B.
＊＊　46 D〜E, cf. 34 A1〜3. ――ただし『ティマイオス』においても、宇宙の創造主(デーミウルゴス)はヌゥスの神話的表象とみなされうるから、その点では、ヌゥスとプシューケー(創造主の手によって作られる世界霊魂)とははっきり区別されているといえる。
＊＊＊　897 B.

(二)　万有のアルケーがそのままプシューケーとみなされること、あるいは、プシューケーが万有のアルケーとしての位置を占めること、このこと自体はプラトンにおいても同様であって、本稿第2節で見られたように、強調的に表現されていた。ただしそのアルケーは、『法律』第一〇巻においては、一見して明らかなごとく、物質性を完全に排除した「動」そのものとしてとらえられている。すなわち、先にたしかめられたように、彼に至るまでの自然哲学者たちが、プシューケーを「非物体的」なものとして把握しようというモチーフを充分にもちながらも、それが実質的には、彼らのアルケーが materia の規定を受けいれる面を多分に持つという一般的制約によって、「最も微細である」という意味を出なかったのに対して、プラトンが万有のアルケーの位置に置いたプシューケーは、この不徹底性を完全に克服しているのである。この点がおそらく、プラトンのプシューケー論と、先行の自然哲学者たちのそれとの最も顕著な差異であるといえよう。この差異が自然学的にどのような意味をもち、どこから由来するかということは、プラトンが『法律』第一〇巻で批判した自然主義的思想の前提を吟味したのちに、より明らかになるであろう。

そこで次に、その自然主義的無神論であるが、『法律』第一〇巻に表明された主張のうち、前提となる自然学の肝心の部分(八八九B〜C、本稿一五六〜一五七ページに引用)だけをとり出して要約整理してみると、次のようになる。

(i)　万有の根源(「最初にあったもの」τὰ πρῶτα＝φύσις)は火・水・土・空気などである。

(ii) これらの要素的物質は、それぞれに固有の作用力(δύναμις)——熱・冷、乾・湿、硬・軟等の——をもち、この作用力によって運動せしめられる。ただし、その運動に規則性や秩序性はなく、まったく偶然的な条件による。

(iii) そしてその際、熱と冷、乾と湿、硬と軟というように、互いに反対の性質のものどうしが混合し結合することによって、次第に天地間の森羅万象が生成した。——「偶然にしたがって行なわれる反対の性質のものどうしの混合という仕方で、必然的に混合させられるようなすべてのもの」(八八九C1〜2)という表現はやや難解であるが、要するにその意味は、反対の性質どうしの結合ということそれ自体は必然であるけれども、実際に個々のどれがどれと結びつくかは偶然による、と解されてよいであろう。

(iv) こうした万有の生成のいちばん基礎にある火・水・土・空気などの要素的物質は、全然プシューケーをもたない。また、生成の過程そのものを支配するのも偶然的な条件であって、そこには知性の示す秩序正しさや技術的な企画性は全く関係しない。生命や精神はずっと後から発生した。

——すでに折にふれて見られてきたように、万有のアルケーとして火や水や土や空気を考えることも、現象を熱・冷、乾・湿などの反対的諸性質の結合によって説明することも、古代ギリシアの自然学において古い伝統をもつ考え方である。右の学説の特色は、同じこうした物質やその作用を万有生成の根源に置きながら、われわれが見たタレス以下の自然哲学者がこれらをそのままプシューケーであるとみなすのに対して、この学説はそれらのものが「全くプシューケーをもたない」(παντελῶς ὄντων ἀψύχων)と強調する点であろう。ところで、このプシューケーの観念の排除は正当であろうか。

そもそも、「プシューケーをもたない」ということはこの学説において、実際には何を意味しているのであろうか。

少し注意すればわかるように、それは主として、規則的でない、秩序がない、偶然的条件にしたがうという意味であって(だからこそテクネーに対立するテュケーがピュシスとならんで原理とされる)、他方、生成の基本的過程を「要素的物質の各々はそれぞれがもっている作用力の偶然的条件によって運動せしめられ云々」と説明することにおいて、物質の作用力による運動そのものは——あるいは、物質が動をひき起こす作用力をもつということは——疑いもなく前提されているのである。われわれはすでに、自然哲学古来の考え方において、プシューケーとは何よりもまず活動力としてとらえられていること、ことに右の学説にたいして提出された当のプラトンの反論にあっては、プシューケーはどこまでも動の原理として考えられ、知や思考、ひいては秩序性の原理としてのヌゥスとは、はっきり区別されていることをたしかめた。したがって——とくに、この『法律』第一〇巻(八九五E〜八九六A)で言われているように、自分を動かす動という定義の内容と、「プシューケー」という名前とを明確に区別して考えるべきであるとするならば——万有の生成の始源に火・水・土・空気の物体(物質)とその作用力による運動を前提する自然主義的無神論の主張は、ただプシューケーという名前を力を入れて排除しているというだけで、実質的・内容的には、万有の「知」の原理から区別された「動」の原理に関するかぎり、水や空気や反対的性質などをそのままプシューケーとみなしたタレス以下の主張と、何も違わないことになる。すなわち、どちらも物質のもつ活力や作用力を、万有の生成をひき起こす根源として考えているからであり、そしてそのような生成の最初の因となる活力や作用力こそ、本来的にプシューケーと名づけられていたものにほかならないからである。

　そして、このような自然主義的無神論の主張と、それに対してなされたプラトンの反論との間の真の対立は、結局宇宙の運動や万有の生成に、全般として秩序性をみとめるかみとめないかという点だけに帰着するであろう。自然主義的無神論が極力斥けている「プシューケー」という観念のほんとうの内容は、他方の主張で使われる言葉(八九七

B)で言えば、「ヌゥスを得たプシューケー」(ψυχὴ ἡ νοῦν προσλαβοῦσα)ということにほかならないし、一方が「偶然」(τύχη)と呼ぶものは他方では「無知と結びついたプシューケー」(ψυχὴ ἡ ἀνοίᾳ συγγενομένη)を意味する。後者がプシューケーと呼んでいる「動」の原理そのものについていえば、自然主義者たちが万有の始原に想定した熱・冷その他の物質の作用力は、それが万有の生成を最初にひき起こしたものと考えられる以上、彼らにとってはやはり一種の「自己自身を動かすことのできる動」にほかならず、したがってその限りにおいては、プシューケー(=「自己自身を動かすことのできる動」)が最初にあったと主張するプラトンの反論は、反論としての意味がきわめて稀薄であることになる。自己運動ということだけに観点を置くかぎり、相手が実質的には一種の自己運動を万有生成の始原に想定しているのに、それに対してもう一度、「自己運動がはじめにあった」と主張していることになるからである。

『法律』第一〇巻においてプラトンが自然主義者たちの自然学的前提に加えた反論のほんとうの意義は、だから、「自己自身を動かすことのできる動」を万有の始原に置いたということ――何びともこのこと自体に反対はしないだろう――ではなくて、そのような「動」をはっきりと物質性から区別し分離して、始原としてはこの「動」そのもののほかには、何も残さなかったことにある。これは先に、タレス以下の自然学者たちの見解と比較したときにも、着目されたところであった。そして、プラトンの考え方がもつこの特色は、(1)一方において、物質や単純物体を、(自己)運動力ないしは作用力の「主体」と考えないこと、あるいは、運動や作用力を物質や単純物体の「属性」と考えないこと、(2)他方において、その自己運動や作用力を、熱・冷、乾・湿等々の特定の性質としてあらわれるものとしてではなく、そうした一切の性質的限定を除き去った純粋の作用力、自己運動力そのものとしてとらえること、この二つの意味をもつ。プラトンの自然学は、(1)において、タレス以来の自然哲学を一つの方向に徹底せしめ完成させた原子論と対照をなし、(2)において、いわゆる「反対的諸性質」を万有のアルケーとなす人々と対照されるといえるであろう。

(1) アリストテレスがいろいろの哲学用語について、普通使われる語義を分類した一種の哲学辞典(『形而上学』Δ巻)の「実体」(οὐσία)の項(1017b10 sq.)を見ると、まず第一に土や火や水などの「単純物体(物質)」(τὰ ἁπλᾶ σώματα)と、これらから合成されてできる諸物体が「ウゥシアー」と呼ばれることが指摘され、その理由として、「すべてこれらの物体は、ある主語(基体)のもとに述語づけられることなく、かえって他のいろいろな事柄がこれらのもとに述語づけられる」ということが言われている。この考え方に従うと、「火」という物質(単純物体)と「熱い」という性質(作用力)とは、実体とその属性、主語と述語の関係に置かれ、性質や作用力としての「熱い」は実体としての「火」に依存していて、属性としての「熱い」という作用力は、「火」という実体をはなれて独立に存在することはできない。そして、現象の多様性の背後に、何らかのかたちでこのような実体を想定し、その根源的な基体的実体は変化することなく存続しつつ、ただその上に附加される属性や性質のみが変るとみなす(τῆς μὲν οὐσίας ὑπομενούσης τοῖς δὲ πάθεσι μεταβαλλούσης κτλ., *Metaph.* A 3. 983b9 sq.)のが、アリストテレスの見た自然哲学者たちの一つの有力な考え方であった。初期の自然哲学者たち自身には、このような「実体」(物体)と「属性」(性質)とを区別する思考法は明確にはなかったといわなければならないが、しかしアリストテレスによってこのように総括されることを許すひとつの傾向性はあったわけである。事実また、それ自身はいっさいの感覚的性質をもたず、大きさと形の差異だけをあたえられたアトムを窮極の実在と考え、その運動と組合せによって感覚的性質を説明する原子論は、この方向において構想可能な一つの極限を示す体系であるといえよう。

これに対して、プラトンの場合は、すでに『ソピステス』(二四七E)において、実在は物体ではなく作用力(デュナミス)とみなされるべきことの提案がなされ、『ティマイオス』(四九D)においては、火や水などのいわゆる単純物体とか

「要素」(ストイケイオン)とかは、「このもの」とはっきり名指すことのできる実体ではなく、「これこれ様の」という性質につけられた名前であるということが言われている。そして、物体よりも作用力を優先せしめるこの考え方はそのまま受けつがれて、われわれの『法律』第一〇巻において彼が積極的に万有の根源に置いたプシューケーも、火や水や空気やアトムといった何らかの実体が持っている作用力や自己運動力ではなく、あるいはさらに「動かすもの」でさえなく、単純に自己運動そのもの、作用力そのものなのである。普通の意味での「もの」の観念は、ここでは完全に排除されているとみなすべきであろう。プラトンがこの『法律』第一〇巻においては、プシューケーを「自己自身を動かすもの」(τὸ αὐτὸ ἑαυτὸ κινοῦν, *Phaedrus* 245 E; *Definitiones* 411 C)と言わずに、「自己自身を動かすことのできる動」(ἡ δυναμένη αὐτὴ αὑτὴν κινεῖν κίνησις, 896 A)と定義していることも、むろんギリシア語の表現自体としてはどちらもほぼ同じ意味を表わしうるけれども、それほど偶然ではないように思われる。

(2) しかしながら、もし実体の観念を取りのぞくことだけが問題だとしたら、プラトンのプシューケーの把握は、火・水・土・空気のかわりに熱・冷、乾・湿などの性質や作用力だけで万有生成の始原を考える論者たちと、本質的な違いはないということになるだろう。先に触れたように、これらの作用力もやはり、一種の自己自身を動かす動と考えられてはいけない理由はないからである。けれども、これらは所詮一種の作用力であり、自己運動であって、なお他の何かへ還元することができないとは断定できないであろう。プラトンにとっては、これをアルケーと置くのは、特定のものを一般化し、相対的なものを絶対化することを意味した。『ティマイオス』の中に、火・水・空気・土をアルケーと呼ぶ人々に対する批評として、次のようなことが言われている。

「今日まで何びともまだ、これら火・水・空気・土自体の生成を説明しなかった。われわれはあたかもひとが、これらの各々がそもそも何であるかを知悉しているかのごとく、それらを万有の要素(ストイケイオン=アルファベットの字母）とみなして、アルケーと呼んでいる。実際にはしかし、多少とも頭のはたらく者ならば、当然それらを字母どころか、シラブルにさえもたとえるべきではないのに」（四八Ｂ〜Ｃ）

問題は分析の徹底性と、より単純な原理への還元ということにある以上、この言葉は、火・水・空気・土をそれぞれ作用力ないしは作用力の集合に置きかえても、同じように妥当するであろう。プラトンが窮極のアルケーの位置に置く作用力は、そういうさまざまの性質的限定をもたない純粋の作用力そのものでなければならなかった。そして『法律』第一〇巻（八九七Ａ、本稿第2節一六一ページ）においては、これら熱・冷、乾・湿、硬・軟等は、第一次的な自己運動が生ぜしめる増大と減少、結合と分離などの後に、派生的な位置づけをあたえられている。

7　プラトンの自然学の概要——三つの原理について

かくして、いま見られた(1)と(2)を通じて、『法律』第一〇巻における自然主義的思想と、それに対する反論として表明された思想とは、自然万有の説明の仕方としては、本来、例えば唯物論と唯心論というような対立の関係にあるというよりは、両者の違いはむしろ、分析の程度の差にあるとみなされるべきであろう。火や水や空気や土などの物質、もしくはそれらの物質の有する作用力を万有の始原に置くことは、他方から見れば、いわば途中から出発することを意味する。そして疑いもなく、原理は可能なかぎり単純で普遍的である方が、広く現象を説明する力をもつであろう。

しかしながら、このような自己運動力だけに自然万有の説明原理を還元してしまうことは、実際に可能であろうか。物質から分離され、一切の性質的限定を排除し去った純粋の自己運動そのものだけが、万有生成の始原に残されるとき、そこからいかにして、いうところの増大と減少、結合と分離、さらに熱・冷、軽・重、硬・軟、黒・白などの物質の属性が生じうるのであろうか。始原としての自己運動はそもそも、いわば何を手がかりとし、何を足場にしてこの現象の多様性を生ぜしめたのであろうか。『法律』第一〇巻でプラトンは、自己運動としてのプシューケーがアルケーの位置に置かれるべきことを論証して行く途中、万物の生成はいかなる条件によって行なわれるかという一般的な問に言及して、次のように同じく一般的な答をあたえている。

「それは明らかに次のような場合である。すなわち、始原(アルケー)が増大を受けとったのち、第二次的な変化の段階にいたり、そしてそこから次の変化の段階にいたるというようにして、三つまでの変化の段階を経ることによって、人々に感覚されるようになるときである」(八九四A)

これは一般にみとめられているように幾何学的な表現であるが、同時にここで「始原」と語られているものは、後で明らかにされる自己運動としてのプシューケーと重ならなければならない。右の言葉は、その自己運動が、点から線へ、線から平面へと生長して行って、三次元の立体にまでなったときに感覚の対象となることを述べたものであろうが、これだけではあまりに抽象的一般的にすぎて、われわれの疑問は充たされないといわなければならない。ここにはすでに空間が前提されていると見なければならないが、自然を充分に説明するためにはどうしても、右の一般的な生成の原則を補うべきそうした他の原理が、『法律』第一〇巻では背後に予想されていると考えなければならないだろう。それは何と何であるか。これを知るためには、この「原理」とか「原因」とかいったものがプラトンにおいて、どのように考えられてきたかということを中心としながら、感覚の世界に関するプラトンの見解と思想の全般を、たとえ概括的にでも描き出してみなければならない。

そもそも、ソクラテスから承けつがれた人間の行動や生き方の問題を主要な探求のテーマにしてきたプラトンが、はじめて世界解釈の問題——感覚され生成変化する自然の事物の原因(アイティアー)を問うこと——をまともに意識したのは、『パイドン』においてであったといえる。周知のように、そこで与えられた解答は単純にして明快なものであって、例えば、あるものが美しくなるのは「美そのもの」にあずかるからであり、熱くなるのは「熱そのもの」にあずかるからだというふうに、感覚的世界における何かあるものの生成の原因は、そのもののイデアにあずかることであるという、「最も安全な」答に固執することであった。* そしてこのような、流転する自然の事物のかなたに不変の真実在を対置するイデア論的思想が、自然の総体的説明を主題とする『ティマイオス』(二七D～二九C、五一B～Eその他)に依然明確に前提され、最後期の作品『法律』の最後のページ(一二巻・九六五B～九六六B)や『第七書簡』(三四二A～三四三D)に言及され、さらにアリストテレスによっても、かなり変様したかたちにおいてではあるが、とにかくプラトンの思想として報告されたり批判されたりしている以上、右のような『パイドン』のいわゆるイデア原因説もまた、基本的には、最後までプラトンの考えのうちに残されていたとみなさないわけには行かないであろう。この世の事物の「原因」であり説明原理であることは、いうまでもなく、イデアの存在理由そのものなのであるから。

* *Phaedo* 100 B～E.

ただしかし、『パイドロス』において先に触れたように、「動の始原」としてのプシューケーの不死が論証され、『ソピステス』(二四八E～二四九B)ではいわゆるイデア論者たち(οἱ εἰδῶν φίλοι)の主張に対して、「動」もまた真実在の中に数え入れられるべきことが提示されて以来、これらに呼応するかのごとく、後期の著作の中では、イデア論そのものは——したがって当然イデアを原因とする考え方も——右のように存続しながらも、この「原因」(アイティアー)という言葉が別にまた、違った関連と意味のもとに使われるようになるのをわれわれは見出すのである。この新たな系列における「原因」という言葉の最初の明確な使用例は『ピレボス』におけるそれであって、そこではさらにこの語と関連して、自然存在分析の新しいシェマが立てられている。

『ピレボス』は、人間を幸福にするものは快楽か知性かという問題をテーマにした対話篇であるが、その途中（二三C以下）で、問題を考察する手がかりを得るために、「万有の中に今あるすべてのもの」の分析が行なわれ、万物は「限」(τὸ πέρας)と「無限」(τὸ ἄπειρον)、両者の混合によって生じるもの(τὸ μεικτόν)、およびこの混合の「原因」(αἰτία)の四つの種類に分けられる。それぞれの資格を吟味してみると、「混合されたもの」とは、一定の気候とか健康とかいった、現実に見出されるものごとの状態のことであるから、そのような現実的状態をつくり出す「混合の原因」は、一般に生成の世界をつくり出す原因とみなされるであろう。* そして、「混合」(現実の状態)は「限」と「無限」との混合なのであるから、この「限」と「無限」とは、右の意味での「原因」が原因としてはたらくためにどうしても前提されなければならないものとして、後者とならんで、万有を構成する他に還元できない三つの原理をなすと考えられる。

* 「原因」は二七Aにおいて「つくるもの」(τὸ ποιοῦν, τὸ δημιουργοῦν)と呼ばれ、生成の世界(τὸ γιγνόμενον)は「つくられたもの」(τὸ ποιούμενον)と語られている。なお、このような「原因」の観念は、『ソピステス』二六五Cのそれを承けつぐものである。

この『ピレボス』における存在分析を、イデア論との関連でプラトンの体系中にいかに位置づけるべきかはさまざまに論議されている。しかしいずれにしても、われわれとしては、『ティマイオス』(三〇A、五〇A〜五三B)の中で万有の生成がやはり同じように、無限定無秩序な状態に限定と秩序が与えられるというかたちで語られるのを見るとき、さらにアリストテレスがプラトンの考えとして伝えるいわゆるイデア数論の体系と重ね合わせて考えるとき、右の分析が全く『ピレボス』のテーマのわく内だけにとどまるとは考えられないのであって、いま見られた万有を構成する三つの原理は、基本的な考え方としては、その後もそのまま最後まで保たれたのではないかと思われる。細かい点を論じる余裕はいまないが、その大体の筋道だけをたどってみると次のようになるであろう。

(A)　『ピレボス』の「無限」（たえず「より大、より小」という変動状態にあるものと定義される）に対応するものは、『ティマイオス』（四八E～五一C）において、場または空間（χώρα）と、その中における事物の無限定無秩序な状態として語られていると解しうる。後者は一種のプロレプシスによって、*限定を受けた後の状態について言われる言葉によって表現され、またそれらの「容れもの」としての前者（空間）と区別されて語られているが、もしこの両者を限定の可能性として統一的にとらえるとすれば、そこに、アリストテレスの伝えるイデア数論における感覚物構成の質料的原理、「大小」（「無限定の二」「無限」などとも呼ばれる）との連絡を求めることができるであろう。すなわち、イデア数論の基本的なシェマは、「形相としての『一』と質料としての『大小』からイデア（＝数）がなり、イデア（＝数）と『大小』から感覚的事物が構成される」（*Metaphysica* A 6. 988a9～14）というのであるが、ここで二回使われている「大小」の原理の内容は同じではなく、前者がイデア数形成において質料的原理となる無限定的な量または多数性（indefinite plurality）を意味するのに対して、感覚的事物構成において質料の役割を果たす後の方の「大小」は、無限定的な空間的延長性（indefinite extension）であると解釈されるのである。**

*　Cf. R. Hackforth, *Plato's Examination of Pleasure*, p. 40, n. 1.

**　Cf. Ross, *Plato's Theory of Ideas*, pp. 221～223. ——なお、われわれは先に、プラトンが万有の根源に普通の意味での「実体」や「もの」の観念を残さなかったことを述べたが、同じことはここでもいえる。つまり、プラトンにおけるこのような質料的原理は、アリストテレス的意味における「質料」の概念をはずれるものであって、この点、プラトンの「大小」を依然自分の意味での「質料」あるいは「ヒュポケイメネー・ウゥシアー」としてとらえるアリストテレスにとっては、例えば『形而上学』（A 9. 992b1 sq.）に見られるような困難が生じる。Cf. *Physica* Δ 2. 209b11～16, 33～210a2.

(B)　『ピレボス』における「限」（「より大、より小」という変動をやめさせ、数の導入によって無限定の量を共通の尺度ではかられるようにするもの、と定義される）は、『ティマイオス』において「かたちと数」（εἴδη καὶ ἀριθμοί, 53 B）と呼ばれているものにつながる。これは、世界の創造者が原初的な無秩序状態から、コスモス(秩序をもった宇宙)としての現にある状態をつくり出すにあたって用いる限定の原理である。プラトンが以前から考えて来たようなイデアは、『ピレボス』で挙げられる「四つの種族」のどれとも直接同一視することはできないが、ちょうど『ティマイオス』において、創造者は右のようなかたちで行なわれる世界形成にあたって、イデアをモデル(パラデイグマ)として使うのと同じように、『ピレボス』においても、「限」と「無限」との混合による現実の世界の生成がひとつの創造であるとすれば、*イデアはやはりその創造におけるモデルの役割を果たすものとして背後に予想されていると考えられる。** そしてこのように、『ピレボス』や『ティマイオス』では二つに分かれているイデア(パラデイグマ)と「かたちと数」(限定するもの)とは、アリストテレスの伝える「イデア=数論」においては、統一的に把握される方向に向かったと解されよう。けだしもともと、イデアとはロゴスによって把握表現されるべきもの、そしてロゴスの正確さは数的表現のうちに求められるとすれば、右の両者が、数的に表現される限定のためのパターンとして、一つに考えられる必然性は理解できるからである。

* 前記一九六ページの注参照。

** Cf. Hackforth, *Plato's Examination of Pleasure*, p. 41; Ross, *Plato's Theory of Ideas*, p. 158.

(C) 『ソピステス』(二六五C)を承けついで『ピレボス』(二六E~二七B、三〇D~E)において混合の「原因」(「アイティアー」)=「つくるもの」=「ヌゥス」)と言われているものは、『ティマイオス』では、一方において創造者(「アイティオン」「神」「つくる者」「デーミウルゴス」などと呼ばれる)となり、*他方において、先に触れたごとき性格の自己運動的原因プシューケー(四六D)となって現われる。そして『法律』第一〇巻において、「知」の原理(ヌゥス)と「動」の原理(プシューケー)とが区別され、後者が「アイティアー」とか「アルケー」とか呼ばれながら、そのうちでヌゥスをもったプシューケーが神々と名づけられていることは、われわれの確かめたとおりである。アリストテレスが、プラトンには「作用(運動)因」(ἀρχὴ κινήσεως)の考えがないといって非難しているのは、** 一般にみとめられているように、不可解な無視というべきであろう。

＊　さらに四七E〜四八Aによれば、この「デーミウルゴス」は『ピレボス』(三〇D〜E)におけるのと同じように、宇宙のヌゥスであると解釈することも可能である。『ティマイオス』の同じこの箇所においてこれに対立する原因として、「アナンケー」(必然)とか「さまよえる原因」とか呼ばれているものは、『法律』第一〇巻(八九七A)における「第二次的な動」としての物体(物質)の動に対応するであろうか。

＊＊　*Metaphysica* A 9. 992a25〜26, A 6. 988a9〜10(cf. Ross, ad loc.), A 9. 991b5, 992b8. ——ただし別の箇所(1071b33〜1072a4)から知られるように、アリストテレスは、プラトンの自己運動者としてのプシューケーを無視しているわけではなく、それがアルケーとしての資格をもつことを否定しているのであろう。

以上を整理して表示すると、次ページの表のようになる。

こうして、プラトンの自然学に最小限必要な原理は、(A)範型としてのイデアがそこへうつし出されるための、あるいは、限定を受け入れる可能性そのものとしての、場または空間、(B)範型としてのイデア、またそれを記述する、限定のための数学的パターン、(C)生成の原因としての自己運動(=プシューケー)とヌゥス、の三つになるであろう。われわれが見てきた『法律』第一〇巻の自然学的思想の記述においては、この表で空欄になっている(A)と(B)の原理が前提として予想されていると解さなければならない。

いまたとえば、『ティマイオス』で語られるところを手がかりにして、一般に四元素といわれていた火・水・空気・土の生成をこれらの原理で考えてみると、まず火・水・空気・土のイデアがあり、これは数式や幾何学的図形によって記述されうる(『ティマイオス』のミュートスでは、「まだ充分な分析とはいえない」という保留つきで、四元素は

	ピレボス	ティマイオス	法律 X	イデア数論
(A)	無限	a) 空間 b) 事物の渾沌状態		感覚物構成の質料的原理としての「大小」(「無限」)
(B)	限 (＝数，数的関係)	a) イデア(パラデイグマ) b) 形と数		イデア＝数
(C)	原因 (＝ヌゥス，ソピアー)	a) デーミウルゴス b) プシューケー	プシューケー (＋「ヌゥス」＝神)	

それぞれ要素的三角形の組合せで考えられる)*。このパターンによって(A)の場または空間が限定されて、あるいは、範型としてのイデアが場＝空間にうつし出されて、現実の火・水・空気・土(模像ないしはコピー)が生成するのであるが、その際(C)がいわば作用因としてはたらく。コピーはむろん範型そのものにくらべて不完全であり、またつねに「動」と変化の過程にある。四元素の性質的な差異は、パターンにおける要素的(e.g.)三角形の組合せ方に依存しているわけであるから、相互に転換し合うことが可能である。** われわれは、感覚にあらわれる火なら火という現象がいかなるパターンからなるか——すなわち、どのようなイデア＝パラデイグマの似像であるか——を知ることによって、一応その現象に「説明をあたえる」ことができるが、しかし現象それ自体は不断の変動のうちにあるから、これを正確に残らず置換しうるような言葉は、本質上ありえない。すなわち、感覚的事物についてのロゴスは厳密には真理(アレーテイア)たりえず、エイコースの域にとどまる。*** ……

* 53 C sqq.

** Cf. *Timaeus* 56 C～57 C.

*** *Timaeus* 29 B～D. ——拙稿「エイコース・ロゴス——プラトンにおける自然学のあり方について」(『西洋古典学研究』第二号)参照。

これが紀元前四世紀、デモクリトスらの原子論に対して別に形成されていたプラトンの自然学の概要である。むろん、くりかえし言うように、以上は大体のシェマだけをのべたものであり、ひとつひとつの問題については、なお精密な文献学的ならびに哲学的な考察によって裏づけられなければならない。げんに、自然が右のように「動」によって性格づけられるとすれば、『ティマイオス』(三七C～三八E)において「天体の秩序をつくると同時に、一にとどまる永遠に対して、数的に移行するその模像もつくった」という言葉によって導入されている「時間」は、忘れてならないファクターであるし、またわれわれが『法律』の中に見たように、宇宙を全般に支配しているのはヌゥスをもつプシューケーだとすれば、それと関連して、自然の目的性の問題が考えられなければならないであろう。ただ、プラトンの自然学を全面的に論究することは今のわれわれの仕事ではなく、以上の概括によって次のことを確かめることができれば、当面の目的は達せられたわけである。――すなわち、『法律』第一〇巻でプシューケーが、万有の生成をひきおこす原因(アイティアー)であるといわれるとき、* この「原因」の観念は、『ソピステス』(二六五C)や『ピレボス』(二六E)や『ティマイオス』(二八A、四六Dなど)で使われた「原因」の意味を継承するものであり、何がほんとうに「ピュシス」(=「最初のもの」=「アルケー」)であるかという問は、神々の存在の証明という全体の主題との関連によって、右に見たⒸの系列について答えられていること。** したがって、生成全般を体系的に考えるためには、ほかにⒶとⒷの系列が補われなければならず、これらは『法律』第一〇巻ではそれとして言及されていないけれども、『ピレボス』や『ティマイオス』で提示された論点を承けて背後に予想されているとみなされるべきこと。

＊　896 B1, D8.

＊＊　ψυχή=τὶ πρῶτον μεταβάλλον=ἀρχὴ κινήσεως (894 E～895 B).

プラトンの自然観にあっては、ある意味でそれまでの自然哲学におけると同様、自然と精神、「もの」と「こころ」とは、調和的な関係にあるように見えるであろう。いわゆる「物質」は、その生成の原理としてプシューケーをもち、プシューケーは「物質」に活動をあたえつつ、自然は生けるものと考えられているからである。けれども、同じように生ける自然の像を考えながらも、それを支えるプラトンの自然学と古来の自然学との基礎的な考え方の間には、かなりの違いが見られた。その違いは、大局的にいえば、初期の自然観においてはプシューケーの観念と物質(物体)の観念とがなお未分化のまま統一的にとらえられていたのに対して、プラトンの自然観は、物質(物体)の観念が一度原子論において確立された後を承けて、これをふたたび「動きつつある生成の過程」(『ソピステス』二四六C)へと解消し還元し尽くしたところに成立している、ということである。

このような徹底性は、プラトンの場合、先に引いた『ティマイオス』の中の、火や水や空気や土を口にするならまずそれ自体の「何であるか」を知らねばならぬという言葉からうかがわれるように、ソクラテスから承けつがれた「何であるか」の問の執拗な追求が、その当のソクラテスが不信の眼を向けて放棄した「自然の探求」へとふたたび向けられたときの、当然の帰結であったともいえる。われわれの当面の問題であったプシューケー論についていえば、プラトンの宇宙論的なプシューケーの考えは、一度人間ひとりひとりのプシューケーのあり方について想いをひそめた後のそれであり、プシューケーというものを同じく自然万有の活動力としてとらえるタレス以来の伝統に従いながらも、この伝統的な考え方を受け入れるまでに、かの『パイドン』に見られるような、心身のきびしい対立と、それによる個人の魂の純粋性と不死の問題への考察をくぐりぬけて来ているのである。* それは宇宙論的なプシューケーの概念において、われわれの見たような純化をもたらしたといえるのであるが、しかし他方、宇宙の「動」の中に人間の魂のはたらきをそのまま持ちこんで、意欲、関心、判断から快苦愛憎のたぐいまでをも、万有のプシューケーの「動」のうちに数え、これらを長さ、幅、深さ、強さなどの物体の属性よりも「先にあった」と主張していること** は、われわれを当惑させるであろう。

*　こうした点について、拙著『プラトン著作集・パイドロス』(田中美知太郎共著)序説八〜一〇章を参照していただければ幸いである。

**　*Leges* 896 C〜897 A.

ただ、哲学的には、このことはふたたびわれわれを窮極の問題へさそいこむ。「宇宙の魂」の中で、人間ひとりひとりの魂は、どのような意味をもつか。肉体と結びついた人間の魂の、純粋性をめざしての知的努力は、万有のプシューケーに対してどのようにつながるか。個人の魂は、肉体の死とともにどこへ行くのか。『パイドン』の問題は、こうした自然学と宇宙論全体の中でも問われつづけなければならないのである。

第六章　観ること（テオーリアー）と為すこと（プラークシス）

——イソクラテス、プラトン、そしてアリストテレスの初期と後期[1]——

1

前六世紀以来形成されてきた〈哲学〉の内実が、プラトンの直後、アリストテレスという強力な媒体を通過するにあたって、そこに何が起こったか。——このことをもう一度われわれ自身の眼によってできるだけ正確に見きわめるという課題のために、アリストテレスの『プロトレプティコス』(哲学のすすめ)はきわめて重要な意義をもつであろう。なぜなら、まずこの著作は、『エウデモス』や『哲学について』などと共にアリストテレスの最も初期の執筆になり、しかも前一世紀の「アリストテレス著作集」(Corpus Aristotelicum)の編纂よりこのかた、いわゆる〃体系的解釈〃の注意の外に置かれてきた著作である。だから、もしわれわれが、すでにアリストテレス独自の立場が形成され終えて固定した後でなく、その形成途上のあり方を知ろうと望むのであるならば——すなわち、上で言われた〃何が起こったか〃ということを、できるだけその生起の現場において取り押えることを望むのであるならば——、それは当然、「著作集」(Corpus)のなかの講義用諸論稿においてよりは、その中に入らないこうした著作においてこそ求めうると期待されてよいであろう。

のみならず、とくに『プロトレプティコス』は、イェーガー[2]がはじめて上述のような意義を強調しながら、この著作の残された諸断片のうちに鮮明なプラトン的思想――イデア論――を読み取って以来、その当否をめぐる活潑な論議の対象となっている。すなわち、イェーガーのこのような解釈と主張はウィルパート、(3)フェスティジエル、(4)あるいは(一九五八年までの)ゴーチエ(5)などを動かして、解釈と研究の路線をしばらくは支配したように見えたが、しかし他方、こうした「プラトン的」解釈に対する疑義もまた、フランク(6)やフォン・フリッツとカップ(7)などによって発言され、とくにデューリング(8)は、〝『プロトレプティコス』の思想は、イデア論への反対の立場が表明されている「著作集」のそれと全く同一の、純粋にアリストテレス的な性格のものである〟というテーゼを提出して、イェーガーに真向から対立している。(9)

それほど多量でもない『プロトレプティコス』の諸断片について、その示す思想がプラトン的であるかどうか、「著作集」のそれと同じ立場の思想であるかどうかをめぐって、このように基本的見解が分かれるということは、いったい何を意味するであろうか。それは何よりもまず、何がプラトン的思想であり、何がアリストテレス的思想であるかというこの肝心のことが、専門研究者の間で正確に確定されていないことを意味するであろう。これは哲学そのものにとっても、由々しきことではあるまいか。

いずれにせよ、『プロトレプティコス』はまさにこのような事情を背後にもつがゆえに、いま言った何がプラトン的であり、何がアリストテレス的であるかということの基本を自分で確かめるためのよき手がかり、あるいは試金石となるであろう。

以上のような事柄を問題として念頭に置きながら、私はこの論文において、『プロトレプティコス』に看取される思想がいかなる性格のものであるかを測定するために、『プロトレプティコス』におけるアリストテレスの当面の論敵であるイソクラテス、そしてプラトン、および後期のアリストテレス自身を、いわば観測定点として取り、そこから得られる私なりのできるだけ正確な測定値を提出することを課題としたい。

2

『プロトレプティコス』がどのような状況のなかで、どのような意図のもとに書かれたかを省みることは、とりもなおさず、〈哲学〉が当初どのような具体的な論争の場を通じて、社会的な位置づけをもったひとつの営みとして、確立されて行ったかを省みることでもある。

すなわち、何が正しく有効な教育(パイデイアー)であるかということは、もとよりすでに前五世紀後半のアテナイにおいて、ソフィストたちやソクラテスや一般の人士たちの間で切実な問題となっていたのであるが、しかし四世紀に入って、いまやイソクラテスとプラトンとがそれまでになかった公共的性格の学校を設立し、それぞれ〝ピロソピアー〟の名のもとに組織的な教育活動を行なうようになるに及んで、それは、〝哲学とは何か〟についての基本的かつ普遍的な問題点をめぐる、両者の間の活溌な論争となって展開されることになった。そして若きアリストテレスもまた『プロトレプティコス』を書くことによって、事実上この論争に参加したのである。

この論争におけるイソクラテス側の主張は、現存する彼の公の発言の記録のなかでもとりわけ、『アンティドシス』において最も鮮明にあらわれていて、そのためにこの文書は、プラトンのアカデメイアに対する事実上の公開挑戦状とも呼ばれている。いま、この文書のなかでイソクラテスが〝哲学とは何か〟について——老齢[10]にもかかわらず驚くべき執念と筆力をもって——主張している事柄を、三つの論点にしぼってまとめてみると、次のようになる。

(1) まず基本的態度として、哲学というものは何はともあれ、公私における実際の行動、実際の生活に対して直接的な関連性と有効性をもつもの (χρήσιμον πρὸς τὰς πράξεις, 263; πρὸς τὸν βίον φέρειν, 269, etc.) でなければならぬ、という一般的な要請がある。「現実の場において言論に対しても行動に対しても何ひとつ有益でないようなものを、〈哲学〉と呼ぶべきではないと私は考える」(266)とも言われる。

そしてこの基準に照して、幾何学、天文学、問答法などの細かい厳密な議論(ἡ περιττολογία καὶ ἡ ἀκρίβεια)は、思考の訓練としての効果はある程度まで認められるけれども、しかし正式には——エンペドクレスやパルメニデスなどの「古いソフィストたち」が論じたような存在論議と共に——斥けられる。[11] なぜなら、「いやしくも何か役に立つことをしようと望む者ならば、空虚な議論や実生活に無関係な行為を、いっさいの勉学から排除しなければならない」(269)からである。——いうまでもなく、イソクラテスの教育は弁論術中心であった。

(2)　つぎにしかし、そのような実際生活における言論と行動の指針となるべき価値の規範を——哲学はそれにこそ関わらなければならぬのであるが——厳密な知識(エピステーメー)として把握することは、人間の本性にとっては不可能である、[12] という見解がある。同じ考え方の傾向は、つぎの言葉にも示されている。

「知るということによって(τῷ εἰδέναι)それ(好機)を把握することは不可能である。それはすべての場合に知識(ἐπιστήμη)を逃れるからである。最もよく注意をはらって、多くの場合に起こること(τὸ συμβαίνον ὡς ἐπὶ τὸ πολύ)を観てとる能力のある人々こそが、最もしばしばそれに行き当るのである」(184)

この見解は、道徳的・実践的な価値が学問的知識の対象とならない(non-cognitive)ことを主張し、倫理上・実践上の問題を厳密な知識(例えば数学)と同列に考えること(ethico-cognitive parallelism)を否定するという、精粗さまざまのかたちで今日までの哲学の歴史に登場してきた立場と同じものである。

(3)　以上のような要請(1)と見解(2)を合わせて知者(ソポス)・哲学者(愛知者)(ピロソポス)を定義するとき、次のような言葉となる。

「〃知者〃として私が考えるのは、思わくによって(ταῖς δόξαις)多くの場合に(ὡς ἐπὶ τὸ πολύ)最善のものに行き当ることのできる人々のことである。また〃哲学者〃とは、そのような実践的な知恵を最もすみやかに獲得することに役立つ事柄のなかで勉学の時を過す人々のことである」(271)

「多くの場合」や「思わく」(ドクサ)の強調は、プラトンを意識してのことと予想されてよい。「知識」—「思わく」を用いた所信表明としては、すでに『ヘレネ』(5)において、「役に立たぬ事柄について厳密に知識すること(περὶ τῶν ἀχρήστων ἀκριβῶς ἐπίστασθαι)よりは、役に立つ事柄について適切に思わくすること(περὶ τῶν χρησίμων ἐπιεικῶς δοξάζειν)のほうが、はるかにましである」と強い口調で言われていた。

3

さて、これに対してプラトンは、彼がアカデメイアを創設しまた中期諸対話篇を執筆するころまでに、イデア論的形而上学を形成し、これによって「哲学」の概念に内実を与えて、みずからの教育(パイデイアー)理念の中核たらしめていた。教育理念をめぐるこうした哲学的思想全体の manifesto が、とくに『国家』篇の第五巻から第七巻にかけて行なわれていることは、周知のとおりである(そしてここで表明された思想の根本は、後期においても一貫して保持されていると見る)。いま考察の手続きとして、イソクラテスについて上に見られた三つの論点と対応させるかたちで、『国家』篇のこの箇所に見られるプラトンの考えを確かめておくことにしよう。このたびは叙述の便宜上、(3)—(2)—(1)の順序をとる。

(3′)　〃哲学者〃の定義としては、「哲学者とは、つねに恒常不変のあり方を保つものに触れることのできる人々である」(VI. 484 B)という規定や、「最も真実なものへと目を向けてつねにそれと関連させ、できるだけ厳密にそれを観ながら、そのような仕方で〈美〉〈正〉〈善〉についてのこの世の法も制定し、あるいは現存の法を守護し保全する」(484 C〜D)といった言葉において、すでにイソクラテス(3)との対比はきわめて鮮明である。イソクラテスの「多くの場合にそうなるもの」(τὸ συμβαῖνον ὡς ἐπὶ τὸ πολύ)は、プラトンの「つねに恒常不変のあり方を保つもの」(τὸ ἀεὶ κατὰ ταὐτὰ ὡσαύτως ἔχον)と対立し、イソクラテスの言う「厳密な知識ではなく、思わく(δόξαι)によって」ということは、プラトンの「最も真実なものをできるだけ厳密に(ὡς οἷόν τε ἀκριβέστατα)観る」ということと対立するからである。

プラトンによれば、「知識を欠いた思わく」(αἱ ἄνευ ἐπιστήμης δόξαι)によって何らかの真実に行き当るような人々——これがイソクラテスによる〝知者〟の規定内容にほかならなかった——は、「盲人とすこしも異ならない」(VI. 506 C, al.)のである。

(2′) 実践上の価値の規範を「知識」のかたちで把握することは不可能、というのがイソクラテスの見解(2)であった。これに対するプラトンの立場は、すでに上記(3′)から明らかであろう。すなわち、(3′)のように規定される哲学者こそが、〈美〉〈正〉〈善〉についてのこの世の法を制定し守護するのであり、そしてそのやり方は、「最も真実なものをできるだけ厳密に観る」ということなのである。現実世界の法の制定や運用に必要な実践上の価値の規範についての知見は、したがってむろん、ドクサから厳格に区別されつつ、まさに知識(エピステーメー)として成立するのでなければならない。

そしてそのような価値の規範についての知識は、「学ぶべき最大のもの」としての〈善〉のイデアの知に窮極する。

(1′) かくてまた、イソクラテス(1)が固執してやまぬ実際生活にとっての有用性・有益性についても、答はおのずから明らかである。プラトンにとっても、哲学が右のような意味で有用であり有益であらねばならぬこと自体は、本来むしろ自明すぎるほど自明なことである。だからこそ、哲学の窮極の知の対象である〈善〉のイデアが初めて語られるときの言葉も、「この〈善〉のイデアがつけ加えられてこそはじめて、〈正しいこと〉でもその他のことでも、有用(χρήσιμα)かつ有益(ὠφέλιμα)なものとなる」(VI. 505 A)ということであった。ただしかし、何がほんとうに有用・有益なことか、また、ほんとうの有用性・有益性はいかにして達成されるかという点についての解釈が、イソクラテスと違うのである。

どのように解釈が違うかを知るには、例えば船乗りの比喩(VI. 487 E〜489 C)に托された内容を思い起こせばよいであろう。いずれにせよプラトンは、人々から〝無駄なおしゃべり〟[13]と呼ばれ、イソクラテスも無益として斥けた種類の学問——算数・幾何学・天文学・音楽理論など——に真の有用性・有益性を認めて、[14]哲人政治家育成の教育のためにこれらを積極的に採用したのである。プラトンのアカデメイアはその一面において、前四世紀における数学・天文学研究の一大センターであった。

4

さて以上、論述の便宜上、イソクラテス『アンティドシス』の論点を先に出して、プラトン『国家』の見解をそれに照合させるという手順を踏んだけれども、実際の歴史的年代はむろん『アンティドシス』のほうが後である。そしてアカデメイアの一員であったアリストテレスが『プロトレプティコス』を執筆したのは、その『アンティドシス』の公表後まもなく、これに対するアカデメイア側からの答という意味をこめてであったと推定されている。[15]とすれば、若きアリストテレス(三十二〜三歳)は当然、この論争に参加するにあたって、上に見られた相対立する二つの立場のうち、プラトンのほうの立場に自分を置いたということが予想されよう。

ただしそれは、どこまでのことを意味するか。〝プラトンの立場〟とはこの場合、イデア論という明確な思想の上に成立している立場なのであって、数学や天文学などについてのイソクラテスと相反する評価にしても、このイデア論の裏づけがあってこそ、はじめてはっきりとした意味をもちうるのである。若きアリストテレスは――イェーガーの言うように――まさにそのようなものとしてのプラトンの立場に自分を置いたのであろうか。それとも――デューリングの言うように――この時期の彼の思想はすでに、イデア論を批判し攻撃した後年のそれと同じものであろうか。

いずれにせよ、われわれは早速、『プロトレプティコス』の諸断片におけるアリストテレスの発言が、これまで見てきた〝哲学〟に関する三つの論点のそれぞれに対して、どのような反応を示すかをしらべてみよう[16]。

(1″)　哲学は実生活に有用・有益でなければならぬ、というイソクラテスの要請に対しては、アリストテレスの答は二段構えになっている。

(i)　まず、あらゆる知識に対して何が何でも実益性を求めるというのは、「善きもの」(τὰ ἀγαθά=それ自体のゆえに愛されるもの)と「必要やむをえないもの」(τὰ ἀναγκαῖα=他のもののゆえに愛されるもの)との根本的な違いを心得ぬ者のすることだという、痛烈な反論がなされる(Fr. 12, B 42)。

「哲学の知識が有用であることも有益であることも明らかでないとしても、何も困ったことはない。なぜなら、われわれはその知識を有益なもの(ὠφέλιμος)ではなく善きもの(ἀγαθή)であると主張するのであるし、またそれを他のもののゆえにではなく、それ自体のゆえに選びとるべきであるのだから」(*ibid.*, B 44)

それはちょうど、他に何の利益がなくとも、ただ観ること自体のためにオリュンピアへ行ったり、ディオニュシア祭を見物したりするのと同様である、と言われる。

(ii)　次にしかし、自分が説きすすめる哲学的知識は、実際には「人間的生との関連においてわれわれに最大の有益性をもまた提供する」(καὶ ὠφελίας τὰς μεγίστας ἡμῖν πρὸς τὸν ἀνθρώπινον βίον παρέχεται, Fr. 13, B 46)という主張がなされる。

この主張を別の言葉で説明すると、「この知識はたしかに観ることを職能とするもの(θεωρητική)ではあるが、しかし他方では、それに準拠してあらゆるものを作り出すこと(τὸ δημιουργεῖν)をわれわれに提供する」(*ibid.*, B 51)ということになる。すなわち、ちょうど視覚(ὄψις)が本来は製作や創造を職能としないけれども、しかし「それのおかげで何かを為すこと」を提供して実践上の助けとなるのと同じように、この知識もまた「観ることを職能とするもの(θεωρητική)でありながら、しかしわれわれはこの知識に準拠して無数のことを為す(πράττομεν)」のである(*ibid.*)。

(2″) 実践的価値の規範を知識として把握することが可能であるかという点(イソクラテスの(2))については、

「正しい事柄や利益になる事柄についての知識、さらにまた自然およびその他の真理についての知識、これらの知識をわれわれは把握することができる(δυνατοὶ λαβεῖν ἐσμεν)」(Fr. 5, B 32, cf. B 37)

「魂および魂のもろもろの徳性についても何らかの配慮と技術が存在すること、そしてわれわれはそれを把握することができる(δυνατοὶ λαβεῖν αὐτήν ἐσμεν)ことは明らかである」(*ibid.*, B 34)

と言明されて、イソクラテスの否定的な見解との相違が明確にされている。

(3″) 〃哲学(者)〃の定義として注目をひくのは、Fr. 13(B 48)における次のような規定である。

「他の諸技術においては、人々はその道具や最も正確な推論・計算などを、第一次的なものそれ自体から(ἀπ' αὐτῶν τῶν πρώτων)直接得るのではなく、第二次的、第三次的、さらには数段階はなれたものから得て大体のところを知る。……これに対して、ただ哲学者だけが、直接正確なものそれ自体から(ἀπ' αὐτῶν τῶν ἀκριβῶν)の写しを行なう。なぜなら彼は、もとのもの自体を観る人であって、似像を観る人ではないからである(αὐτῶν γάρ ἐστι θεατής, ἀλλ' οὐ μιμημάτων)」

『プロトレプティコス』においては、「プロネーシス」(φρόνησις)という語が「エピステーメー」(ἐπιστήμη)または「ソピアー」(σοφία)と全く同じ意味をもち、両者は到るところで互いに置き換えられている。「プロネーシス」は「われわれの内なる最も本来的な部分のもつ能力」(Fr. 6, B 67)と呼ばれ、それのさらに最も本来的な働き・目的は「観ること」であると言われている。〝哲学者〟をこうした基本的な用語を使って規定すれば、「最も厳密な知識に従って知を働かせ、観る人」(ὁ φρονῶν καὶ θεωρῶν κατὰ τὴν ἀκριβεστάτην ἐπιστήμην, Fr. 14, B 85)がそれであるということになる。これは、反イソクラテス的表現のひとつの完成であるともいえるであろう。

5

以上『プロトレプティコス』におけるアリストテレスが、〝哲学〟について、イソクラテスに反対しプラトンの側に立った見解を表明していることは明らかである。しかしそれはどこまでのことを意味するか、というわれわれの問に対して、イェーガーが先述のようにきわめて積極的な答を提出した根拠は、ひとつはいま触れたような、この文書における「プロネーシス」という語の使われ方にあり、またとくに、Fr. 13 における〝哲学者〟の規定(3″)がいま見たように、つよくイデア論を想わせる表現(αὐτὰ τὰ πρῶτα, αὐτῶν θεατής, etc.)によってなされていることにある。

「プロネーシス」が「エピステーメー」と同義語として、認識的・学問的な知識と、実践的・道徳的な知恵との両方を共に含めた意味に使われていることがプラトンの語法と一致すること、そしてそれは後の『ニコマコス倫理学』(Z巻その他)における「プロネーシス」＝実践的知恵、「エピステーメー」＝学問的知識という厳格な使い分けと明白に異なること――こうした語法に関する事実それ自体は、その後提出された諸反論にもかかわらず、あくまで動かないと私は思う。

他方しかし、(3″)に見られた〝哲学者〟の規定が、その表現においてプラトンのイデア論を想わせるものがあることは事実としても、果たしてそれを裏づけている思想内容の全体においてもプラトン的(イデア論的)であるかどうかは、そう簡単には言えないであろう。そして、すでにこれまで(1″)〜(3″)でプラトンの側に立った発言として見てきたアリストテレスの言葉も、注意ぶかく検討するならば、まさにその点についてのつよい疑いを促す微妙な、しかしかなり重大な事柄が伏在しているように思える。

すなわち、先の(1″)(2″)におけるアリストテレスの論述をもういちどたどってみると、われわれは次のことに気がつく。

(a) アリストテレスは実益性への性急な要求を反論するにあたって、「善きもの」(τὰ ἀγαθά)と「必要やむをえないもの」(τὰ ἀναγκαῖα)をきびしく区別した〔上述(1″)の(i)=Fr. 12, B 42〕。

(b) この区別は、少し先へ行くと、「善き(知識)」(ἀγαθή)と「有益な(知識)」(ὠφέλιμος, χρησίμη)との区別によって——つまり善と必要の区別が善と有益との区別によって——置きかえられている〔*ibid.*, B 44〕。

(c) つぎに、哲学は「観る」ことを職能とする知識でありながら「最大の有益性をもまた提供する」という議論において、まさにこの善と有益との区別に対応しつつ、「観ること」(θεωρεῖν)と、「為すこと」(πράττειν)または「作り出すこと」(δημιουργεῖν)との区別が語られている〔上述(1″)の(ii)=Fr. 13, B 51〕。

これら(a)(b)(c)に見られる区別または対立のうち、(a)における善と必要との区別・対立は、それ自体として完全にプラトン的である[17]。

では(b)はどうか。先にプラトンについて見られた(1′)をふり返ってみるならば——とくに『国家』において〈善〉のイデアが最初に語られる箇所の言葉を見よ——善(ἀγαθόν)と有益・有用(ὠφέλιμον, χρήσιμον)とのこのような概念的峻別と対立は、プラトンには全くないと言わなければならないであろう。ソクラテスのモチーフを承けついだプラトンの思想の根本のところでは、「善」と「有益」とはつねに一体的であって、両者を引き離して対立させることは不可能である[18]。これに対してアリストテレスの場合は、『プロトレプティコス』に見られるこの両概念の対立は、「著作集」においても一貫して保持されている[19]。

　そして(c)で見たように、『プロトレプティコス』における「観る」という機能と「為す」(そして「作り出す」)という機能との間の区別は、ちょうどこの「善」と「有益・有用」との間の、プラトンには全く見られない概念的峻別と対立につながり、それと対応するものであることに、いまは注目しておきたい。ただ『プロトレプティコス』においては、哲学の知識は「本来は〝有益な〟知識でなく、〝善き〟知識なのであるが、しかし最大の有益性をもまた提供する」とか、「観想的(θεωρητική)ではあるが行為(πράττειν)をもまた最もよく助ける」とかいったかたちで——すなわち、いちど分けておいてしかる後、哲学的知識は両者を合わせもつというかたちで——(b)と(c)で区別された両者をなお一種統一的に把握しているといえるのが特色である。

6

　そこで、善を本来的な属性とする「観る」という機能と、有益性を本来的な属性とする「為す」(そして「作る」)という機能とが、それぞれさらに具体的にはどのような事柄につながるものであるか、そして「……もまた提供する」というかたちで両者が一応統一的に把握されているというとき、その〝統一〟の根拠はさらに詳細にいって何にあるかということを、『プロトレプティコス』の諸断片のなかにもう少し追求してみよう。

　先に4節の(2″)において見たアリストテレスの言葉(Fr. 5=B 32, B 37)をふり返ってみると、そこに二種類の知識が区別されて語られていることが注意を引く。

〔I〕

　「自然およびその他の真理についての知識」(αἱ περὶ φύσεώς τε καὶ τῆς ἄλλης ἀληθείας ἐπιστῆμαι, B 32)または「真理

の知識」(τῆς ἀληθείας ἐπιστήμη, B 37)

〔II〕　「正しい事柄や利益になる事柄についての知識」(αἱ περὶ τῶν δικαίων καὶ τῶν συμφερόντων ἐπιστῆμαι, B 32)または「魂の徳の知識」(τῆς περὶ ψυχὴν ἀρετῆς ἐπιστήμη, B 37, cf. B 34)

そして、そもそも「善」と「有益・有用」とが区別されたその箇所(Fr. 12, B 44)において、その区別にもとづいて帰結せしめられた結論は、「有用と思われている一切をさしおいて、万有の観想(ἡ θεωρία τοῦ παντός)を尊重しなければならぬ」ということであり、「存在するものの自然および真理を観ること」(τὴν τῶν ὄντων φύσιν καὶ τὴν ἀλήθειαν θεωρεῖν)[20]につとめよ、ということであった。この結論の言葉、とくに後者のほうの表現を見ると、上に区別された〔I〕の知識の規定内容とほぼ完全に一致している。この事実は、Fr. 5(B 32, B 37)では〔I〕と〔II〕は同じく知識の両分野として同等に扱われているけれども、アリストテレスが『プロトレプティコス』において哲学を観想的知(θεωρητικὴ φρόνησις)と規定するにあたって、その本質的・第一次的なあり方として念頭に置いていたのは、広義の実践知からは本来区別されるべき〔I〕の知識ではないか、という予想をわれわれに促す。

この予想は、先にイデア論的な表現によって〝哲学者〟が規定されているのを見た、ほかならぬそのFr. 13において、さらに裏づけを与えられるように思われる。というのは、(3″)においてすでに引用したその〝哲学者〟の規定と同じ内容のことはまた、ただ哲学者だけが「自然と神的なものに目を向けつつ生きる」(πρὸς τὴν φύσιν βλέπων ζῇ καὶ πρὸς τὸ θεῖον, B 50)と言いかえられていて、この表現はまたしても、上の〔I〕の知識を規定する言葉を指し示すからである。

同時にまた、このFr. 13では「立法家」(νομοθέτης)や「政治家」(πολιτικός)の仕事が引合いに出されている。立法家は「魂の徳性にかかわり(περὶ τὰς τῆς ψυχῆς ἀρετὰς ὄντες)、国の幸・不幸を教えることを約束する」(B 46)と言われ、政治家は「何が正しく何が美しく何が利益になるかをそれに照らして判定するための規範(τινὲς ὅροι……, πρὸς οὓς κρινεῖ τί δίκαιον καὶ τί καλὸν καὶ τί συμφέρον)を、自然そのものと真理から得てもっていなければならない」(B 47)と言われる。これらの表現を見れば、ここで語られている「立法家」や「政治家」の直接の仕事が、先の〔II〕と同じものであることは明らかであろう。

では哲学者の仕事(=〔I〕)とこれら立法家・政治家の仕事(=〔II〕)とは、互いにどのような関係にあるのであろうか。すぐれた立法家は「自然について経験をつんでいなければならない」と言われ、このこと(ἐμπείρους εἶναι δεῖ τῆς φύσεως)は「哲学を必要とする」(προσδέονται φιλοσοφίας, Fr. 13, B 46)という言葉で説明的に置きかえられている。同様にまた、いま右に見られたように、政治家は自分の仕事である価値判断のための規範を、「自然そのものと真理から」(ἀπὸ τῆς φύσεως αὐτῆς καὶ τῆς ἀληθείας)得てもっていなければならないし、また最もすぐれた法とは「最も自然に準拠して制定された法」(ὁ μάλιστα κατὰ φύσιν κείμενος)にほかならないのであるが、すべてこうしたことが可能となる必須の前提条件は、「哲学を修め真理を知る」ということである(*ibid.*, B 47～B 48)[21]。これらはいずれも要するに、立法家・政治家は自分の任務(=〔II〕)の然るべき遂行のためには、「自然」(φύσις)(および「真理」)への認識と洞察(=〔I〕)を仕事とする哲学の上に基づかなければならないことの表明にほかならない。

そして、このFr. 13が全体として言おうとする結論(B 51)は、先の(1″)の(ii)において見たように、哲学的知識は「観る」ことを本来の職能としながら、しかし「それに準拠して」(κατ' αὐτήν)作ったり為したりすることをわれわれに可能にする、ということである。それは、視覚が「それのおかげで(δι' αὐτήν)」何かを為すことを可能にする、という事実にたとえられていた。逆に言えば、広義の実践知は観想知としての哲学的知に基づいて(κατά, διά)こそはじめて成立する、ということになるであろう。

以上のすべてを綜合し整理してみると、『プロトレプティコス』における思想の基本的構造とアリストテレスの真意が、次のようなものであることはほぼ確実である。

知識(ἐπιστήμη=φρόνησις)として認められるものに次の二系列があること。

〔I〕「〈自然〉〈真理〉についての知識」＝哲学＝観想知＝〃善き〃知識

〔II〕「〈正〉〈利〉または〈徳〉についての知識」＝立法・政治＝実践知＝(人間の生との関連における)〃有益な〃知識

この二系列のうち、〔I〕が人間の目指すべき本来の知識であり、哲学本来のあり方であって、〔II〕は〔I〕のいわば副次的な機能であること。〔II〕がそもそも「知識」であり「有益」でありうるのは、それが〔I〕に依存・準拠(κατά, διά, ἀπό, προσδεῖσθαι, etc.)するかぎりにおいてであること。

『プロトレプティコス』のなかで「プロネーシス」という言葉が、〔I〕と〔II〕の両方にわたって使用されることができたのも、このような「基づいて」「準拠して」(κατά, διά, ἀπό, etc.)というかたちによる両者の間の連繋が保証されているかぎりにおいてである、ということができるであろう。

7

この連繋は、本質的・永遠的なものでありうるか。連繋があるかぎり、「観る知」と「為す知」の間の〃統一〃が語られ、かくてこの立場は〃プラトン的〃と言われうる余地を、たしかに与えてはいる。しかしわれわれはすでに、知識のこの二系列が、プラトンには全くないような概念的峻別と対立を内包しつつ成立しているのを見た。してみれば、両者間のいうところの連繋ないし統一も、後から合成されたそれであって、いつかは必ず分離せざるをえない契機を内にもっているのではないか、と疑われるであろう。

このことを最もよく示すのは、アリストテレス自身が行なっているひとつの思考実験、「幸福者の離れ島」という状況設定であろう。すなわち、かりにわれわれが「幸福者の離れ島」のようなところへ移住したとして考えてみると、

「そこでは、必要なものも利益となるものも何ひとつとしてないであろう。残るのはただ、思惟することと観ること(τὸ διανοεῖσθαι καὶ θεωρεῖν)だけである」(Fr. 12, B 43)

とアリストテレスは言う。

同じことは、もうひとつのキケロの伝承[22]では、やや詳しく次のように語られている。——「幸福者の離れ島」での至福の生活にあっては、裁判沙汰などはないから「雄弁」は不要、一切の危険は存在しないから「勇気」も不要、狙うべき他人の財産というものもないから「正義」も不要、欲望なるものがそもそも存在しないから「節制」も不要、そして善・悪の選択の問題もないから「思慮」(prudentia)も不要である。かくてそのような生においてわれわれが幸福であるのは、ただひとつ、「自然の認識と知識」(cognitio naturae et scientia)によってなのである、と。

これは、神々には正しい行為、勇気ある行為、自由な行為、節制ある行為、といったものは無縁であり、ただ観ることだけが残ることを論じた『ニコマコス倫理学』(K 8. 1178b7～20)[23]と全く同一の思想の表明である。このキケロの伝承を従来のように、そのまま『プロトレプティコス』の〝断片〟として取り扱うことには重大な疑問があるけれども[24]、にもかかわらず、先のFr. 12(B 43)の簡単な言葉で言われている思想を拡大明確化すれば、これとほぼ同じところに帰着することは否定できないであろう。すでに見られた事柄に即して言うならば、この思考実験の示すところは、先の二種類の知識のうちの

〔II〕「〈正〉〈利〉または〈徳〉についての知識」＝立法・政治＝実践知＝(人間的生との関連における)〝有益な〟知識

という系列において、最後の「人間的生との関連における」(πρὸς τὸν ἀνθρώπινον βίον, Fr. 13, B 46)という条件を、「幸福者の離れ島」というひとつの純粋理想状況の設定によって除去してみるならば、系列〔II〕の全体もまたそれと共に消滅する、[25]ということであり、その場合でもなお残る〔I〕こそが知識の本来的・本質的なあり方である、ということである。

さて、すべてこのような「知」のとらえ方は、はたしてプラトン的であるか。この点の最後的な見きわめのためには、アリストテレスが「幸福者の離れ島」とか「神々の生」とかいったかたちで行なった純粋条件の設定に対応するものを、プラトンの著作のなかに求めてみることが役立つであろう。『パイドロス』のミュートスのなかで語られている、「天のかなたの領域」(ὁ ὑπερουράνιος τόπος)における神々の聖餐の情景が、ちょうどそれにあたるといえる。

「神の精神は……いま久方ぶりに真実在を目にして歓びに満ち、天球の運動がひとまわりして、もとのところまで運ばれるその間、もろもろの真なるものを観て(θεωροῦσα)、それによってはぐくまれ、幸福を感じる。ひとめぐりする道すがら魂が観得するものは、〈正義〉そのものであり、〈節制〉であり、〈知識〉である」(247 D)

すなわち、ここでもやはり「観ること」(テオーリアー)が語られているといえる。しかしその場合、神々の魂によって観られる対象として何よりも先に挙げられるのは、〈正義〉であり〈節制〉である。これらはまさに、アリストテレスの設定した純粋条件のもとでは消滅すると言われていた、その当のものにほかならない。しかるにプラトンにおいては、こうした〈正義〉〈節制〉その他のイデアは、神々の魂とその翼がそれによってはぐくまれるところのものであり、あるいは、「神がそこに身を置くことによって神としての性格をもちうるところのもの」(249 C)なのである。

8

われわれは、純粋条件のもとでは蔽うべくもなくあらわになるこのような両者の思想の相違と対比が、基本的にどこから由来しているかをふり返ってみることができる。

そもそもプラトンのイデア論と呼ばれる思想の、最も基本的な動因は何であったか。それは何よりもまずソクラテスの生き方死に方そのものなのであって、イデア論が、ソクラテスの〝いかに生き行為すべきか〟という εὖ πράττειν (善く為すこと＝幸福)への問、魂の徳こそがその場合すべてを決定するという洞察、そしてそれに伴う〝〈正義〉とは、〈節制〉とは、何であるか〟といった倫理的価値の本質への問いかけの中に根をもつことを、われわれは疑うことができないであろう。このようなソクラテス的モチーフが基盤になければ、イデア論は成立しえないのである。とすれば、先のようなイデア界のミュートス的描写において、〈正義〉〈節制〉といった倫理的価値のイデアがまず挙げられることも、けだし当然すぎるほど当然であろう。

これに対して、アリストテレスの『プロトレプティコス』においては、ここにイデア論の明白な表明を見ようとしたイェーガーその人が指摘するように、[26]支配的に働いている理想像は、もはやソクラテスのそれではなく、ピュタゴラスやアナクサゴラスのそれである。『プロトレプティコス』のなかにソクラテスの名は一度も出て来ず、代りに、「天空と天体を観ること」を人生の目的として自分を「自然を観る者」(θεωρὸς τῆς φύσεως)と呼んだと伝えられる、ピュタゴラスとアナクサゴラスの生き方が、熱烈な口調で語られている。[27]三六七年に十七歳でアカデメイアに入り、青年時代の最初から学園内部での純研究生活をはじめたアリストテレス(そして彼と同世代のメンバー)にとって、プラトンの中に生きつづけていたソクラテスの人間像は、年代的にも経験とのつながりの上でも、もはや遠い存在となっていた。「帰納法的議論と普遍の定義」という二つのことだけがソクラテスの哲学的業績として語られるようになるのも、[28]けっして不思議ではないといわなければならぬ。

このような思想的事情をそれぞれの背景にもちながら、一方のプラトンのイデア論においては、「観ること」は「為すること」と真正に一体的であり、「為すこと」にかかわる諸価値はイデア的真実在へ高められ、そのまま「観ること」の対象として、どのような純粋条件のもとでも恒常不変に存在しつづける。これに対して、アリストテレスの『プロトレプティコス』においては、「観ること」はそれ自体としては「為すこと」から切りはなされた「観ること」であらざるをえず、そして「為すこと」にかかわる諸価値がそれとして成立するのは、ただ人間的生においてのみであって、この条件をはずして想定される神的な至福の生においては、「為すこと」(そして「作ること」)自体が消滅する以上、それにかかわる諸価値(正義・節制その他)もまた当然、何の意味ももつことができずに消滅せざるをえない。「残るのは思惟することと観ることだけ」なのである。

イェーガーによって提起され強調的に肯定されて、その後の論議の対象となった〝『プロトレプティコス』にイデア論があるか〟というかたちの問に関していえば、われわれはただ、〝このような思想の局面、すなわち、ソクラテス的モチーフが生きて働いていないような状況において、イデア論は成立するか〟と問い直しさえすればよいであろう。答はむろん、否である。(29)

9

以上の考察はしかし、『プロトレプティコス』において「観ること」の対象として語られている全篇の中心概念「ピュシス」(φύσις)とは一体何か、という問へと、あらためてまたわれわれを直面させることになるであろう。この語はしばしば「天空」や「天体」、あるいは「万有」という言葉によって置きかえられている以上、(30)一応は「自然」という訳語によって自然に訳されるような「ピュシス」であるといえる。しかし他方ではまた、これまで見てきたように、この語はしばしば「真理」(ἀλήθεια)という言葉と(おそらく同格的に)並べて使われてもいるのである。

いずれにせよ、アリストテレスにとってこの「ピュシス」(自然・本性)は窮極的な価値(ἀγαθόν)の源泉を意味するのであるが、上述のように彼は、そのような価値の源泉を、「有益性」が語られる場面としての人間的生の領域とは切り離された、全く別のところに求めなければならなかった。とすれば、この「ピュシス」(自然・本性)の与える価値の内容——すなわち、それ自体としては有益(ὠφέλιμον)という性格をもたないような善(ἀγαθόν)——はどのような性格のものであるか、ということが問題となり、そして「著作集」(Corpus)においてもアリストテレス哲学全般にとっての問題でありつづけるであろう。

「ピュシス」(自然・本性)を一方において「偶然」(τύχη)と、他方において「技術」(τέχνη)と対立させることは、アリストテレスにおいてつねに「ピュシス」(自然・本性)観念の発想の基盤にあるように思われる。(31) これをプラトンとの比較において見るならば、「偶然」との対比(秩序性の有無の観点からの)はプラトンと共通であるといえるけれども、「ピュシス」(自然・本性)と「技術」との対立はプラトンにはない。プラトンにとっては、「技術」はそれ自身がピュシス的な存在だからである。(32)

したがって、プラトンとアリストテレスのそれぞれにおける「技術」(τέχνη)の把え方を追求することが、上来の問題と関連しながら、アリストテレスの「ピュシス」概念に別の角度から照明を当てることになるであろう。先のような純粋条件を考えてみると、「作ること」に本質的に関わるところの「技術」は、アリストテレスの場合は(「為すこと」に関わる実践知と共に)消滅するが、プラトンではそうでないはずである。アリストテレスの神はものを作らないが、プラトンの神は本来的に創造者(δημιουργός)であり製作者(ποιητής)であるともいえる。このことは、プラトンにおけるいわゆる「人工物のイデア」の問題とも関係してくる。(33)

いずれにせよ、こうした諸問題の本格的な追求を今後の課題として望見しつつ、この論文の最初に約束されていた、イソクラテス、プラトン、および後の「著作集」におけるアリストテレス自身、という三つの観測定点から得られた『プロトレプティコス』の測定値を、結論として要約的に提出するならば、次の(A)(B)(C)のようになる。測定のための物差しとして、上述した〔I〕(「∧自然∨∧真理∨についての知識」etc.)と〔II〕(「∧正∨∧利∨または∧徳∨についての知識」etc.)という、人間の「知」について語りうる二つの系列を使う。

(A)〔イソクラテスとの関係において〕——哲学の機能を〔II〕のみに限定し、しかもそれを厳密な「知識」としては成立しえない思わく《ドクサ》的知恵(「多くの場合」への推量)とみなすイソクラテスの立場に対して、『プロトレプティコス』におけるアリストテレスは、哲学本来の機能を〔I〕のほうに置き、しかも、〔II〕もまた(κατά, διά, ἀπό, etc. による)〔I〕との連繋のゆえに、〔I〕と同様に「知識」として成立すると主張しているかぎりにおいて、相違し対立する。

(B)〔後のアリストテレス自身との関係において〕——『ニコマコス倫理学』Z巻やK巻(七～八章)に代表される思想においては、上記の「(〔I〕に)基づいて、準拠して」(κατά, διά, ἀπό, etc.)という仕方による〔I〕と〔II〕の間の連繋は切断されて、〔I〕は「他の仕方ではありえない」必然的な事柄を認識する学問知として「エピステーメー」(知識)——また「ソピアー」(知)——と呼ばれ、〔II〕は「他の仕方でもありうる」という性格の倫理的・実践的な事柄に関わる知恵として「プロネーシス」(思慮)と呼ばれながら、両者は互いに「類(γένος)において異なる」といわれるような、全く独立別箇の世界をなしている。『プロトレプティコス』における知識(エピステーメー＝プロネーシス)のとらえ方——(A)のごとき——は、こうした点において明確な相違を示している。(34)

(C)〔プラトンとの関係において〕——『プロトレプティコス』の思想はしかし、κατά, διά, ἀπό, etc. によって〔I〕につながるところの〔II〕が、純粋条件のもとでは意味を失って消滅するという点において、のみならず、その場合消滅せずに残る第一義的な「知」の本質的性格それ自体において、プラトンの思想(イデア論)と根本的に異なっている。(35)

――私見によれば、この(A)(B)(C)にわたる〝測定値〟をできるだけ正確に取り押えることが、上に望見されたような課題を追求するためにも不可欠の前提条件であり、そしてこのような、現代においても哲学のあり方や倫理学の本性についてなされる論争点の最も基本的・原型的な場面においては、研究者の発言にはかなり重大な責任が伴うことを自覚すべきであろう。本論文の成果もまたもとより限られたものであるけれども、しかしいま言ったような意味において、(B)と(C)の点について注(34)(35)に引用したデューリング、ド・ストライカー、モナン、マンシオンなどの諸家の見解と発言は、そのような重要な諸問題――これを『プロトレプティコス』との関連で明るみに出したのはあくまでイェーガーの功績である――をかえって再び蔽いかくし、あるいはわれわれをしてその上をうわすべりさせる結果になるのではないか、という危惧をいだかざるをえないのである。

(1) この論文は、一九七〇年の日本西洋古典学会(一〇月一一日、関西大学)において発表された原稿にもとづくものである。
(2) W. Jaeger, *Aristoteles, Grundlegung einer Geschichte seiner Entwicklung*, Berlin, 1923(English tr. by R. Robinson: *Aristotle, Fundamentals of the History of his Development*, Oxford, 1934), Teil I, Kap. 4.
(3) P. Wilpert, *Zwei aristotelische Frühschriften über die Ideenlehre*, Regensburg, 1949, pp. 64〜5.
(4) A. Festugière, *La Révélation d'Hermès Trismégiste*, ii, Paris, 1949.
(5) R. Gauthier, *La Morale d'Aristote*, Paris, 1958, pp. 6〜7.
(6) E. Frank, "The fundamental opposition of Plato and Aristotle", *American Journal of Philology*, 61(1940), pp. 34〜53, 166〜185.
(7) K. von Fritz and E. Kapp, *Aristotle's Constitution of Athens and Related Texts*, New York, 1950, p. 34.
(8) I. Düring, "Aristotle and the theory of Ideas", *Eranos* 37(1938), pp. 120〜145; "Problem in Aristotle's *Protrepticus*", *Eranos* 52(1954), pp. 139〜171; "Aristotle in the *Protrepticus*", *Autour d'Aristote*, Louvain, 1955, pp. 81〜97; "Aristotle on ultimate principles from 'nature and reality' ", *Aristotle and Plato in the Mid-Fourth Century*(ed. I. Düring and G. E. L. Owen), Göteborg, 1960, pp. 35〜55; *Aristotle's Protrepticus*, Göteborg, 1961.

（9） Cf. further the papers by S. Mansion, E. de Strycker, C. J. de Vogel, etc. in (above-cited) *Aristotle and Plato in the Mid-Fourth Century*, and J. Donald Monan, *Moral Knowledge and its Methodology in Aristotle*, Oxford, 1968.

（10） イソクラテス自身が言っているように(*Antid*. 9)、この文章は彼が八十二歳のとき書かれた。

（11） *Antid*. 261～269.

（12） οὐκ ἔνεστιν ἐν τῇ φύσει τῇ τῶν ἀνθρώπων ἐπιστήμην λαβεῖν ἣν ἔχοντες ἂν εἰδεῖμεν ὅ τι πρακτέον ἢ λεκτέον ἐστίν κτλ. (271).

（13） ἀδολέσχης (*Rp*. 489 A1)—ἀδολεσχία (*Antid*. 262). Cf. *Cratyl*. 401 B, *Phaedo* 70 C, *Phaedrus* 270 A, *Parmenides* 135 D, *Politicus* 299 B.

（14） Cf. *Rp*. VII. 530 B～C. ……εἰ μέλλομεν ὄντως ἀστρονομίας μεταλαμβάνοντες *χρήσιμον* τὸ φύσει φρόνιμον ἐν τῇ ψυχῇ ἐξ *ἀχρήστου* ποιήσειν.

（15） Cf. B. Einarson, "Aristotle's *Protrepticus* and the structure of the *Epinomis*", *TAPhA*, 1936, pp. 261～285. 逆に『アンティドシス』が『プロトレプティコス』に答えるかたちで書かれたという推定(P. von der Mühll, "Isocrates und der Protreptikos des Aristoteles", *Philologus* 94 (1939–1940), pp. 259～265)も成立しうるが、デューリング(*Aristotle's Protrepticus*, 1961, pp. 33～35)と共に前者の推定を採る(デューリングは一九五四、一九五五年——上掲注(8)参照——の頃と見解を変えた)。ただし、『アンティドシス』との前後関係をどちらにとっても、『プロトレプティコス』の思想に関するこの私の論文の論旨そのものにはひびかない。

いずれにしても、『アンティドシス』の年代三五三年前後のころには、プラトン(七十四歳前後)は『ソピステス』『ポリティコス』『ピレボス』といった後期著作を執筆していたころに当る。しかし『国家』に見られた〝哲学〟や〝教育〟に関する根本の思想は、一貫して維持されている。『プロトレプティコス』とプラトンとの関係をしらべる場合にも、しばしば行なわれるように、ただ上記のような後期対話篇の表面にだけ視野を限定すべきではない。

（16） 『プロトレプティコス』断片の番号とテクストは、最も普及している Walzer (1934) と Ross (OCT, 1955, 実質的に Walzer と同じ)に一応従うが、その後ラビノヴィツ(W. Rabinowitz, *Aristotle's Protrepticus and the Sources of its Reconstruction*, Berkeley, 1957, vol. 1)によって、『プロトレプティコス』のすべての「断片」の信憑性について徹底的な懐疑論が提出された。デューリング(*Aristotle's Protrepticus*, 1961)は、このラビノヴィツの議論をまともに受けとめながら全「断片」を再検討し、疑わしいものは正式の「断片」(Bの記号をつける)から外して参考資料(Cの記号)へまわす処置をとったものである(これによって、例えば、ヴァルツァーとロスが Fr. 5 に入れている Iambl. *Comm. Math*. 26 や、Fr. 8 の全部、また Fr. 12 に入れている August. *De Trin.* 14. 9. 12 その他すべてのラテン語の資料は、「参考資料」Cへとまわされた)。

議論の土台が堅固であるためには、この慎重論を承けつぐのが賢明であるから、われわれも『プロトレプティコス』の思想の証拠として引くアリストテレスの言葉を、ヴァルツァーとロスのテクストのうちで、デューリングにより改めて断片(B)として採択されたものの範囲にとどめる。そして、デューリングのBの番号(これはより細かい箇所指定のためにもなる)をヴァルツァーとロスの断片番号の後に並記することにする。

(17) *Rp.* VI. 493 C: τὴν δὲ τοῦ ἀναγκαίου καὶ ἀγαθοῦ φύσιν, ὅσον διαφέρει τῷ ὄντι, μήτε ἑωρακὼς εἴη κτλ. ――〃善〃と〃必然〃との間の、ὅσον の句を使ったこの区別の強調は、アリストテレスのそれ(ὅσον διέστηκεν ἐξ ἀρχῆς τὰ ἀγαθὰ καὶ τὰ ἀναγκαῖα)と全く同じ口調といえる。

(18) ＜善＞のイデア初出の箇所(*Rp.* VI. 505 A)や注(14)で引用された箇所(*Rp.* VII. 530 B～C)などのほか、これを準備する前期著作のうち、『ソクラテスの弁明』25 C～E;『カルミデス』169 B;『リュシス』217 B;『エウテュデモス』280 B, 288 E;『ヒッピアス(大)』296 D～E;『メノン』87 E, 98 E;『ゴルギアス』475 A, 477 A, 478 B～C などを見よ。また、『国家』以後では、『テアイテトス』167 C, 177 D;『法律』X. 904 B などを参照。

(19) Cf. (e.g.) *Pol.* Θ 3. 1338a30～32: ὅτι μὲν τοίνυν ἔστι παιδεία τις ἣν οὐχ ὡς *χρησίμην* παιδευτέον τοὺς υἱεῖς οὐδ' ὡς ἀναγκαίαν ἀλλ' ὡς ἐλευθέριον καὶ *καλήν*, φανερόν ἐστιν. ――これに対して、プラトンでは、"χρήσιμον" ということは、"καλόν" の規定のひとつとしてさえ提案されている(*Hipp. Mai.* 295 C)。

(20) Cf. *Phys.* A 8. 191a25: ζητοῦντες γὰρ οἱ κατὰ φιλοσοφίαν πρῶτοι *τὴν ἀλήθειαν καὶ τὴν φύσιν τῶν ὄντων* κτλ.

(21) B 48: τοῦτο δ' οὐχ οἷόν τε *μὴ φιλοσοφήσαντα* δύνασθαι ποιεῖν *μηδὲ γνωρίσαντα* τὴν ἀλήθειαν(*aorist* part. に注意)。

(22) Cicero, *Hortensius* ap. Augustinus, *De Trinitate* 14. 9. 12(treated as Fr. 12 by Walzer and Ross but as 'related text' by Düring).

(23) Cf. esp. 1178b20: τῷ δὴ ζῶντι *τοῦ πράττειν* ἀφαιρουμένου, ἔτι δὲ μᾶλλον *τοῦ ποιεῖν*, τί λείπεται πλὴν *θεωρία*; ὥστε ἡ τοῦ θεοῦ ἐνέργεια, μακαριότητι διαφέρουσα, *θεωρητικὴ* ἂν εἴη. ――他方「プロネーシス」は、『ニコマコス倫理学』ではZ巻でもK巻でも「実践的な持前」(ἕξις *πρακτική*)として扱われている。

(24) とくに「思慮」(prudentia＝φρόνησις)と「認識と知識」(cognitio et scientia＝ἐπιστήμη)とが(『ニコマコス倫理学』におけると同様)はっきりと区別され対立せしめられている点は『プロトレプティコス』的でない。『プロトレプティコス』の思想は、たしかにそこまで至る可能性を契機として内包しながらも、それがなおしかし完全に潜在的にとどまっている状態を示している。prudentia 的な知をも、cognitio naturae et scientia 的な知をも、『プロトレプティコス』全篇を通じ一貫して共に「プロネーシス」と呼ぶことを全くためらっていない。——イェーガー(*op. cit.*, pp. 82〜86)がまさにこの点において『プロトレプティコス』と『ニコマコス倫理学』との根本的相違を正しく洞察しながら、他方において(*op. cit.*, pp. 71〜75)、このキケロの伝承をもって、それが『ニコマコス倫理学』の思想につながるが故に、『プロトレプティコス』の思想をより正しくより完全に伝えるものである(これに対してイアンブリコスの伝承〔=Fr. 12, B 43〕は原型を損い不完全である)と主張しているのは、不可解である。

(25) Cf. in hac tantum vita, quam videmus aerumnis et erroribus plenam, omnes quattuor necessarias…esse virtutes (Cicero, *Hortensius* ap. August. *De Trin.* 14. 9. 12).

(26) *op. cit.* p. 99 ("das neue Pythagorasideal").

(27) Fr. 11, B18. ——なお、Iambl. *Comm. Math.* 26 (Fr. 5, Walzer, Ross)には、τὴν περὶ φύσεώς τε καὶ τῆς τοιαύτης ἀληθείας φρόνησιν οἵαν οἵ τε περὶ Ἀναξαγόραν καὶ *Παρμενίδην* εἰσηγήσαντο という句が見られる(ただし前掲注(16)を見よ)。

(28) *Metaph.* M 4. 1078b27.

(29) そしてこれは、しばしば論じられるように、〝超越的イデア〟か〝内在的形相〟か、ということが直接に主要な問題となるような意味においてではなく、以上われわれが確かめたように、人間的な価値とのつながりの問題、すなわち、まさに善(ἀγαθόν)と有益(ὠφέλιμον)との関係の問題にかかわるような意味においてである。

(30) Fr. 11, B 18: τὸ θεάσασθαι τὸν οὐρανόν→θεωρὸς τῆς φύσεως. ——*Ibid.*, B 19: θεάσασθαι τὸν οὐρανὸν καὶ τὰ περὶ αὐτὸν ἄστρα τε καὶ σελήνην καὶ ἥλιον. ——Fr. 12, B 44: ἡ θεωρία τοῦ παντὸς→τὴν τῶν ὄντων φύσιν καὶ τὴν ἀλήθειαν…θεωρεῖν.

(31) Fr. 11, B 11〜B 14. Cf. *Metaph.* Z 7. init., Λ 3. 1070a6; *Phys.* B 1, B 4, etc.

(32) *Leges* X. 890 D: νόμῳ αὐτῷ βοηθῆσαι (sc. δεῖ) καὶ τέχνῃ, ὡς *ἐστὸν φύσει* ἢ φύσεως οὐχ ἧττον, εἴπερ νοῦ γέ ἐστιν γεννήματα κατὰ λόγον ὀρθόν. ——プラトンは『法律』篇のこの箇所で、人々が使う「ピュシス」という語の意味そのものをまず取り押え(φύσιν βούλονται λέγειν γένεσιν τὴν περὶ τὰ πρῶτα, 892 C)、それにもとづいて、最もピュシス的な存在と言われるべきは火・水 etc. の物体でなく、プシューケー(魂、生命)こそがそれであると論じる。そして技術はプシューケーの(そして知性 νοῦς の)活動であるがゆえに、同じくピュシス的存在といわねばならぬ。しばしば通俗的に、プラトンは「技術」を重視し、「ピュシス」(の観念そのもの)を軽視・否定した(他方アリストテレスはピュシス尊重)と論じられる(デューリングの次のような見解もそのひとつの例)のは、根本的な誤解である——"Plato *repudiates* the pre-Socratic notion: φύσιν βούλονται λέγειν γένεσιν

τὴν περὶ τὰ πρῶτα." "It was Plato who *reduced* the role of nature." etc. ("Aristotle on Ultimate Principle from 'Nature and Reality'", p. 52; see n. (8) above; italics mine).

(33)　プラトン自身の著作の中では明確に技術作品のイデア(「織機」、「寝椅子」、「卓」etc.)が語られ、またプラトンの哲学思想もそれを必然的に要請するにもかかわらず、アリストテレス以後〝プラトンは技術作品のイデアを認めなかった〟という伝承が生まれ流布されたのは、これも、プラトン哲学をアリストテレスを通して見る習慣の産物ではないかと強く疑われる。――なお、アリストテレスにおける技術作品のイデアの取扱い(cf. esp. *Metaph.* Λ3. 1070a18〜19)については、H. Cherniss, *Aristotle's Criticism of Plato and the Academy* I, Baltimore, 1944, pp. 240 sqq. が最も詳しく安定した情報を与える(cf. W. D. Ross, *Plato's Theory of Ideas*, Oxford, 1951, pp. 171〜175).

(34)　したがって、『プロトレプティコス』の倫理学説と treatises のそれとの同一性を主張するデューリングの見解(e.g. "There is no substantial difference of method or in the general theory of morals between the *Protrepticus* and the three ethical treatises", *Aristotle's Prtr.*, p. 278)は到底受け入れがたい。〔Ⅰ〕と〔Ⅱ〕が連繋されているか切断されているかは、やはり(イェーガーが正しく説いたように)根本的な相違である。同じ理由により、『ニコマコス倫理学』K巻の思想を『プロトレプティコス』と同時期のものと見るモナン(*op. cit.* in n. (9) *supra*, (e.g.) pp. 150〜151)の見解に対しても反対である。

(35)　この点においてイェーガーの主張は受け入れがたい。――なお、これまでのわれわれの考察の一点一点と照らし合わせて、ド・ストライカー(彼はわれわれと同じく、Fr. 5, B 32, B 37 における 'physics'＝〔Ⅰ〕と 'ethics'＝〔Ⅱ〕という知識の二領域の区別から出発する)の次のような見解ほど承認しがたいものはない: "The agreement between the *Prtr.* and Plato's teaching was not confined to technical details, but concerned also *the fundamental conception of philosophy*, according to which……nature and soul cannot be studied separately, and *there can be no 'physics' that is not at the same time 'ethics', nor 'ethics' that is not 'physics'.*" (E. de Strycker, "On the first section of Fragment 5a of the *Prtr.*", *Arist. and Plato in the Mid-Fourth Century*, ed. I. Düring and G. E. L. Owen, Göteborg, 1960, p. 104, italics mine). そして、思想的に *Prtr.*＝treatises を主張してイェーガーの〝プラトン的解釈〟に反対するデューリングが、他方においてなぜこのド・ストライカーの見解に全面的に大賛成できるのか(*Aristotle's Prtr.*, pp. 198〜199)、私には理解できない。

モナン(Monan, *op. cit.*, pp. 21〜4, 29 n. 1)はプラトンの後期著作『ポリティコス』の若干の箇所(294 A〜B, 300 C〜E)を検討し、それに基いて『プロトレプティコス』との思想的親近性を主張しているが、そのプラトン解釈は、ウィルパート(Wilpert, *op. cit.* in n. 3 *supra*, p. 61)のそれと同様、皮相的であると言わざるをえない。彼らは『ポリティコス』285 D〜286

Aにおいてパラデイグマとしてのイデアが明確に、厳然と、語られていて、この著作の他の箇所における議論も(中期著作におけるのと同様)根本的にはそのイデア論に支えられて成立していることを見のがしている。上掲、注(15)参照。また、文字で書かれた法律を模像(μιμήματα)と呼ぶプラトンの思想(『パイドロス』276A を承けるもの)も、モナンによって誤まり解されている。

他方、プラトンとアリストテレスの思想の相違を説くS・マンシオンが、その相違・対立点を次のように述べるとき、これまた私には全く賛同しがたい：“While Plato asserts that the specific task of the soul, or more precisely, of its rational part, is to *rule*, and while he draws from that the conclusion that its particular virtue is *justice*, Arist. (in *Prtr.*) states that reason has as its function to *know the truth* and that its proper excellence is therefore *contemplative knowledge*.” (S. Mansion, “Contemplation and action in Aristotle's *Prtr.*”, *Arist. and Pl. in the Mid-Fourth Cent.*, p. 70, her italics). むろんプラトンにおいても、魂の知的部分の機能が〝真理を知る〟ことにあるという点自体はいささかも異ならない。ただその〝真理〟の内実が(これまで見たような意味で)アリストテレスと異なっているのである。

第七章　現実活動態

——アリストテレスにおける〈活動〉の論理と〈運動〉の論理——

1　はじめに

現実性、現実態、顕在、顕勢態、現勢態。——並べられる漢字は難解そうに見えても、われわれはこれらの語の意味するところを、可能性(可能態、潜在、潜勢態)との対比において、さして苦もなく了解するであろう。いま絢爛と咲き匂う花は、かつて種子の中に秘められていた可能性の現実化した姿である。少年の未来がはらんでいる豊かな可能性のうち、その或るものは現実となり、或るものは現実化しないままに終る。物質に潜在する強大なエネルギーは、核分裂によって顕在化する。あるいは、この勝利の女神(ニーケー)の大理石像は、素材としての石塊が受け容れることができた無限の可能な形態のなかの、一つの類い稀な形が現実態へともたらされたものとみなすことができる。そして、その制作にいそしむ彫刻家は、彼が眠っているときにも潜在的に(可能態において)保持しているはずの彫刻家としての能力を、現実に行使しているのだと語られる。

可能性と現実性の対概念は、こうしてさまざまの局面において用いられつつ、もはや哲学上の特別な概念であるというよりは、われわれの日常的思考においてさえ、欠くことのできないものとなっているといえるであろう。けれども、このようにごく自然な発想とも思えるこの対概念は、人間の思考の歴史のうちに、太古のはじめから明確なかたちで自然に存在していたわけではない。それは歴史の或る時から、いわば人為的に導入されて、その有効性が認められるようになった概念である。この対概念もしくは対立語を、それとして初めて導入したのはアリストテレスであり、そして周知のように、彼が可能性と現実性との概念を表現するのに用いた言葉はそれぞれ、「デュナミス」(δύναμις)と、「エネルゲイア」(ἐνέργεια)または「エンテレケイア」(ἐντελέχεια)とであった。

周知のようにと言ったが、実はしかし、少なくとも〈現実性〉のほうに対応するこの「エネルゲイア」と「エンテレケイア」というギリシア語は、きわめて特異な言葉であるといわなければならない。アリストテレス自身は、この語の由来について、「エネルゲイアという語はエルゴン(仕事、働き、活動またはその成果・作品)との関係において語られる〔エルゴンという語から派生している〕のであり、そしてエンテレケイアへと向かうものである」(『形而上学』Θ巻八章1050a22〜23)と言っている。しかし、「エネルゲイア」という語も「エンテレケイア」という語も——そしてこれらの同族語(ἐνεργεῖν, ἐνεργητικός, ἐντελεχής, etc.)さえも——、彼に先立つプラトンの著作のなかに一度も用いられていないだけでなく、一般にアリストテレス以前の時代に属するいかなる現存文献のなかにも、その使用例を見出すことはできないのである。* このことは、私の知るかぎり通常はあまり特記されることがないけれども、しかしかなり強調されてしかるべき事実であると思われる。

* ただし、プラトン『法律』第一〇巻905Eに(写本では)ἐντελεχῶς という副詞形が一度だけ用いられているが、これにも異なったテクストの読み方(ἐνδελεχῶς, Stobaios)がある。ἐντελέχεια という語がアリストテレス以後多用されたことを考えれば、読み間違い(書き間違い)の可能性は、ストバイオスよりも写本のほうが大きいのではないかと思われる。ストバイオスの伝える ἐνδελεχῶς(絶え間なく、持続的に)という語のほうは、プラトンによって他に三回ほど用いられている(『国家』第七巻539D,『ティマイオス』43 C, 58 C)。

この事実から推察すれば、おそらくこの「エネルゲイア」と「エンテレケイア」という言葉は、語そのものがよし全くの新造語であるとはいえないにしても、少なくともアリストテレスが、みずからの着想した新たな観点と新たな思想を表現するために、或る決意のもとに新しく用いはじめた言葉であるといえるであろう。同様の事情は、「普遍」(καθόλου)、「質料」(ὕλη)、「カテゴリー」(κατηγορία)等々の、アリストテレスの他の術語についても多かれ少なかれ見られるところであるが、「エネルゲイア」と「エンテレケイア」の場合は、語そのものが同族語をふくめて彼以前に用例を確かめえないという点で、とくに顕著に目につくのである。

これに対して「デュナミス」のほうは、プラトンに至るまで古くから——ホメロス以来——用いられてきた由緒ある言葉であるが、それは〈力〉〈能力〉〈機能〉といった一般的な意味を表わす語であった。これがアリストテレスに至って、「エネルゲイア」「エンテレケイア」というこの全く新しい用語と組み合わされることによって、(現実性に対する)〈可能性〉の意味を表わすようになり、ここに初めて、可能性(可能態)と現実性(現実態)という対概念が明確なかたちで成立したということができる。*

* アリストテレスも『形而上学』Θ巻において、まず〈力〉〈能力〉という意味での、「最も本来的な意味において語られるデュナミス」(1045b35～36)の考察から出発し、ついで「エネルゲイア」「エンテレケイア」と対になる〈可能性〉の意味での「デュナミス」の考察へと進む、という手順を踏んでいる。なお、後者の意味での「デュナミス」は、δυνάμει という与格形、κατὰ δύναμιν という副詞句、δυνατόν という形容詞形で用いられることが多いのは、周知のとおりである。

アリストテレスの哲学において、この対概念が、質料と形相というもう一つの対概念と結びつきながら、きわめて大きな役割を果たしている事情の全般については、ここであらためて詳しく述べるまでもないであろう。そのなかにあって、とくに「エネルゲイア」「エンテレケイア」という新用語は、〈動〉(運動)(キーネーシス)や〈魂〉(プシューケー)などの重要概念を定義する言葉として用いられつつ、* さらにアリストテレスの形而上学の最上層部に滲透して、かの不動の第一動者としての神のあり方を記述する言葉として現われるとともに、** そのことはまた人間の生き方に関する思想の中に投影されて、倫理学における最高目標としての〈完全な幸福〉が「エネルゲイア」として語られている。***

* 〈動〉(運動)の定義——「可能態においてあるものの、その当の可能態としての資格におけるエンテレケイアが〈動〉(運動)である」(『自然学』Γ巻一章 201a10～11)。この〈動〉の定義に関連して、同じ『自然学』Γ巻一～三章(201b9～10, 31, 34～35, 202a1～2, 15, 17～18, al.)や、『形而上学』Θ巻三章(1047a30, 32)などでは「エネルゲイア」が用いられている。なお、この〈動〉の定義の意味については、本稿第2節参照。

〈魂〉の定義——「〈魂〉とは、可能的に生命を有する自然的物体(身体)の第一のエンテレケイアにほかならない」(『魂論』B巻一章 412a27～28, cf. 412b5～6)。『形而上学』H巻三章(1043a35)では「エネルゲイア」が用いられている。

** *Metaph.* Λ6. 1071b19～22, Λ7. 1072a25, Λ8. 1074a36. ——前二箇所は「エネルゲイア」、最後の箇所が「エンテレケイア」。

*** *Ethica Nic.* K6. 1176b1(cf. A7. 1098a6), K7. 1177a12, 16～18, al. ——いずれも「エネルゲイア」。『ニコマコス倫理学』全体を通じて「エンテレケイア」は用いられていない。

では、アリストテレスがこの「エネルゲイア」「エンテレケイア」という新しい用語によって表現しようとした独自の観念・思想とは、どのようなものであったろうか。一口に可能性に対する現実性といい現実態といっても、その内実は必ずしも充分に明らかではない。アリストテレスが右に見られたように、彼の哲学の重要な場面における重要な役割をこれらの語に担わしめたのは、たんに現実性・現実態と言うだけでは汲み尽くせないような、もっとはるかに豊かで重いモチーフをこれらの語に託しているからだと考えられる。そのモチーフとは、どのようなものであったか。

この論文はこうした点を、とくに〈動〉(運動)——キーネーシス——の概念*との関係に着目することによって、できるだけ正確に見とどけようと意図するものである。「エネルゲイア」や「エンテレケイア」はアリストテレスによって「デュナミス」と対比させられるとともに、「キーネーシス」とも対比させられている。このうち、「デュナミス」との対比については、それだけでは、可能―現実の対概念がわれわれにとってあまりにもなじみ深いものであるため、今も言ったように、エネルゲイアの思想が内包する真のモチーフが、とかくこの対概念の表面的な自明性によって蔽いかくされてしまいがちである。** これに対して、「キーネーシス」との対比のほうは微妙であり、けっして簡単容易な了解をゆるすものではない。それだけに、「エネルゲイア」や「エンテレケイア」という語に託された思想の奥行きは、この「キーネーシス」との対比の意味を見きわめる努力を通じて、かえって効果的に明るみに出されることが期待されるであろう。

* キーネーシス(κίνησις)は場所の移動(運動)とともに、性質的変化や増大・減少などをも包含する概念であるから、「運動」という訳語は本来は適切ではない。筆者は、「動き」または「動」の一字を訳語に当てることが多いが、「運動」という語が用いられる場合も、このことを念頭に置いていただきたい。以下本稿においては主として、「キーネーシス」という原語のカナ書きをそのまま用いることにする。

** アリストテレス自身も、『形而上学』Θ巻のこの対概念の枠内での論述においては、〈現実態〉のことを、(簡略化して言えば)可能態でないあり方と規定し(1048a30〜32)、他方〈可能態〉のことを、(簡略化して言えば)現実態となることが不可能ではないものと規定する(1047a24〜26)よりほかはなかった。

これまでわれわれは、「エネルゲイア」と「エンテレケイア」という二つの語を断わりなしに並べて用いてきた。この二つの語は、両者が別々の言葉である以上当然のことながら、語としてのニュアンスにおいて、あるいはそれぞれの語によって喚起される観念の拡がりにおいて、或る差異があることはたしかである。* しかし、言葉の実際の使用の場面における両語の意味と機能を明確に区別することは、まったく不可能といってよい。アリストテレスは、先述のように〈魂〉を論じ〈動〉を論じるにあたっても、全体としては「エネルゲイア」と「エンテレケイア」を併用している。そしてしばしば限られた同一文脈のなかでさえ、一方の語から他方の語へと自由に無差別に移行する。** テクストにおけるこうした実際の使用の場面を見るかぎり、この両語は、ほとんど完全に同義語であるとさえいえる。

＊　先に引用した「エルゴンとしてのエネルゲイアがエンテレケイアへと向かう」という意味の言葉(*Metaph.* Θ8. 1050a23)は、一般には、この二つの語の意味の差異が示されている箇所として引かれている。すなわち、「エネルゲイア」が活動としてのひとつの動きであるのに対して、「エンテレケイア」はその活動が向かう、あるいはその活動の結果として達成される、完全性——テロス(目的、終局)の内にある状態(ἐν τέλει ἔχειν)——を意味するということである。ただし、「エンテレケイアへと向かう」とかりに訳した元のギリシア語(συντείνει πρὸς τὴν ἐντελέχειαν)が、そのような解釈を支持するかどうかは、必ずしも明白ではない。

＊＊　そのような典型的な箇所としては、例えば、*Phys.* Γ3. 202a14〜18, *De Anima* Γ7. 431a1〜7を見よ。また〈動〉と〈魂〉の定義に関する先の二三四ページの註(＊)を参照。一般に「エネルゲイア」と「エンテレケイア」とが同義語とみなされうる事情と、そのことを示す諸箇所は、ボーニッツの索引の「エンテレケイア」の項(*Index Aristotelicus*, 253b46〜254a11)に記されている。ただし、「エネルゲイア」は初期の『プロトレプティコス』(Fr. 14)以来の用語であり、「エンテレケイア」のほうは後から用いられるようになった語であると推定することもできる。

ただし、われわれが取り上げようとする「キーネーシス」との区別・対立を論じた主要テクスト(『形而上学』Θ巻六章と『ニコマコス倫理学』K巻三〜四章)においては、もっぱら「エネルゲイア」が用いられているし、とくに『ニコマコス倫理学』では、全篇を通じて「エンテレケイア」のほうは全く影をひそめている。これはおそらく、「エネルゲイア」という語のほうは、〈現実態〉という意味とともに、倫理学・行為論において必要な〈活動〉の概念をも自然に意味しうるのに対して、「エンテレケイア」(完全現実態＝ἐν τέλει ἔχειν)という語をこの両義にまたがって使用することには、やや無理が感じられるからであろう。

右のような事情によって、以下本稿においては、「エネルゲイア」をもって現実態を表わす語を代表せしめることにする。倫理学や行為論の文脈で表面に出る〈活動〉の意味をも合わせて訳語に表現するとすれば、この論文の表題として掲げた「現実活動態」ということになるであろう。

2 エネルゲイアとキーネーシスとの関係についての予備的考察

まず、エネルゲイアとキーネーシスとの関係について全般的に言える事柄を、あらかじめ見ておくことにしよう。

一般にエネルゲイアとキーネーシスとは、概念として互いに区別しがたいほどに、緊密な関係にあるといえる。「エネルゲイア――これはエンテレケイアと結びつけられるのだが――という語は、何よりも、さまざまの動き(キーネーシス)ということから由来しているのであって、それが他の事柄にも適用されることになったのである。というのは、エネルゲイアとは何よりも、動き(キーネーシス)のことであると思われているからである」(『形而上学』Θ巻三章 1047a30～32)とアリストテレスは言っている。だから、質料に対する形相や本質を指す場合をこれと合わせ考えれば、「エネルゲイア」という語の使われ方は、さしあたって、(i)「可能性と対置される動き」(ὡς κίνησις πρὸς δύναμιν)という意味と、(ii)「質料と対置される本質」(ὡς οὐσία πρός τινα ὕλην)という意味とに大別されることになる(『形而上学』Θ巻六章 1048b8～9)。

事実、エネルゲイアとキーネーシスとのこのような密接な関係は、先に見られたようにキーネーシスの概念そのものが、ほかならぬエネルゲイアやエンテレケイアの概念を用いて定義されていること自体のうちに、すでに示されているといえるであろう。「可能態においてあるものの、その当の可能態としての資格における現実態(エンテレケイア、エネルゲイア)が、動(キーネーシス)である」というのが、その定義であった(第1節二三四ページ注(*)参照)。

この定義は、その難解さとともにあまねく知られていて、デカルト(『精神指導の規則』XII)やロック(『人間悟性論』III, iv, 8)によって、ほとんど愚弄の対象とさえされている。しかし「難解である」(χαλεπὸν λαβεῖν, χαλεπὴ ἰδεῖν)ことは、デカルトやロックの批評をまつまでもなく、アリストテレス自身が断わっているところであり(『自然学』Γ巻二章

202a2, cf. 201b33)、それを充分承知の上で、あえてこのような言葉で〈動〉を定義したことの内に、彼の大切なモチーフがこめられているように思われる。いずれにせよ、この定義の意味するところは、アリストテレスが『自然学』Γ巻において説明しているように、次のようなことである。

――キーネーシスの例として、建築作業を考えてみる。石や煉瓦や木材などの建築材料は、「家となりうる」という可能性をもっているけれども、大工が手を着ける以前の状態のままでは、その当の可能性は眠ったままで、まだ現実化されていない。しかし、いったん建築作業がはじまると、まさにその「家となりうる」という可能性自体が現実化されている状態(現実態)にあることになる。そしてこのような、可能性自体の現実態というあり方は、家が完成したときに終る。家が完成したときにあるのは、「家」の現実態であって、「家となりうる」という可能性そのものの現実態ではないからである。こうして、建築活動という〈動〉(キーネーシス)は、作業の開始から家の完成の間にのみ存在するこの事態に即して、「家に建てられうるものの、家に建てられうるものとしての現実態」(ἡ τοῦ οἰκοδομητοῦ ἐνέργεια, ᾗ οἰκοδομητόν, 201b9)と定義されなければならない。これを一般化して言えば、「可能態にあるものの、可能態にあるものとしての現実態」がキーネーシスにほかならないことになる。*

* このように、キーネーシスの定義における「エンテレケイア」や「エネルゲイア」は、あくまで「現実化されている状態」「現実態」の意味であり、けっしてこの場合だけ例外的に「現実化」とか、まして「現実化されて行く過程」とか訳されては(ロスその他)ならない。語そのものが(とくにエンテレケイアの場合)そのような意味(actuality と区別された actualization という意味)をもちえないばかりでない。もし〈動き〉の概念が〈過程〉や〈移行〉の概念によって定義されているとしたら、この定義は同語反覆に近く、わかりやすい代りに甚だしく内容空虚な定義であることになり、なぜアリストテレスが「わかりにくい」と断わりながら苦心して説明しているかが不可解となろう。とくに、この定義における「可能態であるかぎりの」「可能態としての資格における」(ᾗ δυνατόν)という重要な限定句がつけられていることの意味が、まったくなくなってしまう。動きがはじめから「過程」や「移行」であると言われているのならば、このような限定句は何も必要でないし、不可解でさえある。

それがまさに「現実態」であればこそ、この限定句があってはじめて、この定義は〈動き〉の定義として生きてくるのである。ロス(*Aristotle's Physics*, pp. 536〜537)の解釈と説明は、全面的に斥けられなければならないであろう。こうした点に関するすぐれた論述は、L. A. Kosman, "Aristotle's Definition of Motion," *Phronesis* vol. xiv (1969), pp. 40〜62 のうちに見られる。

さて、このようにキーネーシスがエネルゲイアの概念にもとづいて定義されていることは、先述のように、両概念の密接な関係を示しているけれども、しかしいま見られたこの定義そのものの内容は、同時にまた、キーネーシスとエネルゲイアとの間に、見のがすことのできない或る差異があることを確実に告げている。なぜなら、この定義によれば、キーネーシスは端的にエネルゲイアそのものではなく、或る仕方での、或る条件つきのエネルゲイアであると規定されているからである。

まさにこのことを、アリストテレスは、「キーネーシスは一種のエネルゲイアではあるが、しかし不完全なもの(ἀτελής)である」という言い方によって、再三にわたって強調的に語っている。[*] 先に見られた、「エネルゲイアとは何よりもキーネーシスであると思われている」という彼の言葉はあくまで、普通一般にはそう思われているという意味であって、厳密に言えば、キーネーシスはエネルゲイアと全面的に同じではなく、或る不完全なエネルゲイアなのである。[**]

＊　*Phys.* Γ2. 201b31〜32, *Metaph.* K9. 1066a20〜21, *De Anima* B5. 417a16, Γ7. 431a6〜7.

＊＊　ロス(*Aristotle's Metaphysics*, vol. II, p. 251)は、「アリストテレスは、或るときにはキーネーシスの内にエネルゲイアを含ましめ、或るときにはその逆を行ない、或るときは両者を互いに exclusive なものとして語っているが、実際にはキーネーシスとエネルゲイアとは彼にとって、より広い或るものの種をなすものであって、名前のないこの或るものを彼は、そのときどきによって、どちらかの種の名前で呼んでいるのである」という趣旨のことを述べている。しかし彼が挙げるテクストの諸

箇所はこの主張を支持するものとは思えないし、また事柄自体としてもそのようなことは全然ないと思う。「キーネーシスは一種のエネルゲイアであるが、しかし不完全なエネルゲイアである」というのが、基本的なかたちでは、両者の関係についてのアリストテレスの最終的な把握である。

そして、キーネーシスがこのように不完全なものであることの理由はさらに、「可能的なものは——それの現実態が〈動〉にほかならないのであるが、その可能的なもの自体が——不完全なものであるから」(『自然学』Γ巻二章 201b32〜33)と説明されている。すなわち、キーネーシスは基本的にエネルゲイアとして規定されるけれども、その場合のエネルゲイアとは、先の定義で述べられていたように、あくまでも「可能態にあるものの、可能態としての資格における現実態」なのであって、それはそれ自身のあり方の内に、もともと不完全(未完成)であるほかはない可能態というあり方を、いわばつねに引きずってもっているのである。アリストテレスが「理解するのに困難ではあるが」と断わりながら、しかし「不可能なあり方ではない」と認定したのは、「不完全なエネルゲイア」としての〈動〉の、このようなあり方についてであった。*

* *Phys.* Γ 2. 201b23〜202a3.

さて以上のような、キーネーシスの定義そのものが告げているエネルゲイアとの微妙な——しかし重要な——差異を、アリストテレスは『形而上学』Θ巻六章や『ニコマコス倫理学』K巻三・四章において、人間の行為のあり方に関連しつつ、さらに拡大して提示し、「キーネーシスとは不完全なエネルゲイアである」という仕方で把握される基本的な事態の内に内包される事柄を、全面的に取り出して詳しく語っている。

私が本稿において着目し、追求しようと試みるのは、エネルゲイアとキーネーシスとの区別についてアリストテレスがこれらの箇所で表明している思想の哲学的意義である。アリストテレスはそこで明らかに、人間の行為・行動のあり方をエネルゲイア型のそれとキーネーシス型のそれとに区別し、両者のもつそれぞれ対照的な特質を挙げている。ということはつまり、これまで見てきたようにキーネーシスが不完全なエネルゲイアであるとすれば、完全なエネルゲイアとはどのようなものであるかを、積極的に表明しているということである。可能態(デュナミス)との対比だけでは必ずしも充分に明らかではないエネルゲイア概念の内実が、キーネーシスとの対比によって、より効果的に明るみに出されることが期待されると先に述べたのは、かくて、このような事情によるものであった。

そのようにして積極的に表明されたエネルゲイアの思想のもつ意義については、上記諸箇所におけるアリストテレスの実際の発言を見た後に詳しく論じなければならないが、それは一口に言って、「運動の論理」に対する「活動(現実活動態)の論理」の提示ということである。

「運動の論理」とここで私が呼ぶものは、ごく簡略化していえば、「物があって、その物が、時間・空間の中で、動く」というふうに定式化されるような世界の見方のことである。これはまず、われわれの日常的思考と常識が行なう事態把握の方式であるが、大がかりに組織化され精密化された形では、近代科学の基底にあってこれを支える世界の見方であるといってよい。すなわち、世界の基本的なあり方は、「物」とその構成要素(後者もまた「物」である)の時空内の運動を記述することによって、そのすべてが尽くされるという建前が、それである。

アリストテレスの哲学の基本的な道具立て――とくに「主語・述語＝実体(基体)・属性(種類的・性質的・分量的・関係的諸限定)」の把握方式――が、このような「運動の論理」の確立に寄与する結果となったことについては、この「運動の論理」的な世界観がひき起こすいくつかの重大な問題点のことと共に、私は別の機会に何度か論じた。* そしてまた、近代科学におけるそれとはたしかに異なったあり方と様相のもとにおいてではあるが、しかしこの「運動の論理」そのものがアリストテレス哲学の全体にわたって、広くがっしりと根を張っていることは疑えない事実である。

やがて本稿においても、重要な場面であらためてその再確認を迫られることになるであろう。

＊ 「言葉」(本書第一章)、「形而上学の存在理由」(本書第二章)、『ギリシア哲学と現代――世界観のありかた』(岩波新書、一九八〇年)など。

けれども、そのアリストテレス自身が表明したエネルゲイアの思想――「活動(現実活動態)の論理」と私が呼んだもの――は、このような「運動の論理」に対して、まったく異質の観点を提供するように思われる。そしてそれは、直接的には行為論の枠内で語られているけれども、しかしちょうどプラトンのイデアが人間の生き方と世界のあり方とを統一的に把握する原理であったのと同じように、アリストテレスのエネルゲイア概念も、先に見られたように(本稿第1節)、彼の形而上学と倫理学との最上層部分に当る論述(『形而上学』Λ巻六~八章、『ニコマコス倫理学』K巻六~八章)を支える指導理念であるだけに、事は当然、世界解釈の全体に波及するはずである。事実また、「運動の論理」に対するこの「活動(現実活動態)の論理」が提示されるのは、それぞれそのような最上層部分が現われる同一の著作の、それに先行する位置にある箇所(それぞれΘ巻六章とK巻三~四章)においてであった。

しかしながら、これらの箇所におけるアリストテレスの発言を的確に理解するのは、実は、なかなか容易なことではない。すでにライル、アクリル、ペナーなどがこの問題を論じたが、*後で取り上げる彼らの論述からも知られるように、はなはだしく異なった解釈が可能であり、アリストテレスの主張そのものが果たして成立しうるかどうかさえも、必ずしも定かではないのである。いずれにせよ、エネルゲイアの思想の哲学的意義を追求しようとするわれわれの試みは、幾多の困難に逢着することを覚悟しなければならないであろう。

まずはしかし、アリストテレスの言葉そのものを見ることにしよう。

＊ G. Ryle, *Dilemmas*, 1954, p. 102; "Proofs in Philosophy," *Revue Internationale de Philosophie* vol. viii (1954), p. 155.

J. L. Ackrill, "Aristotle's Distinction between Energeia and Kinesis," *New Essays on Plato and Aristotle* (ed. R. Bambrough), 1965, pp. 121 sqq.

T. Penner, "Verbs and the Identity of Actions—a Philosophical Exercise on the Interpretation of Aristotle," *Ryle* (ed. O. P. Wood & G. Pitcher), 1970, pp. 393 sqq.

3 主要テクスト

問題の箇所におけるアリストテレスの言葉は、以下のとおりである。

『形而上学』Θ巻六章 1048b18～35

限りを有するような諸行為のうちのいかなるものも、〔それ自身が〕目的ではなく、目的と相関的であるような
b20 事柄に属するのであるから(――例えば、贅肉を取って身体を瘦せさせることがそうであり、身体はその過程において、その動きがそれのためにあるところの目的がまだ得られていない状態で、動きの中にあるのだから*――)、こういったものは行為とはいえない、あるいは少なくとも、完全な(τελεία)行為ではない(なぜなら、目的(τέλος)ではないのだから)。目的がその内に内在しているようなものこそが、行為なのである。

例えば、ひとは、見ていると同時に見てしまっているし、思慮しつつあると同時に思慮してしまっているし、思惟しつつあると同時に思惟してしまっているのである。しかし、学びつつあるとともに学んでしまっている、
25 とはいえないし、健康になりつつあるとともに健康になってしまっている、ともいえない。

ひとは、善く生きつつあると同時に善く生きてしまっているのであるし、また、幸福であると同時に幸福にな

ってしまっているのである。もしそうでないとしたら、ちょうど身体を瘠せさせる場合と同じように、いつかは終止しなければならないであろう。しかし実際にはそうでなく、ひとは生きているとともに、生きてしまっているのである。

かくて、以上の諸例のうち、一方のものはキーネーシス（動）と、他方のものはエネルゲイア（現実活動態）と呼ばれなければならない。なぜなら、キーネーシスはすべて不完全なものであるから。すなわち、身体を瘠せさせること、学ぶこと、歩くこと、建築すること、など。これらはキーネーシスであり、不完全なものである。というのは、歩きつつあると同時に歩いてしまったとはいえないし、家を建てつつあると同時に建ててしまったともいえないし、生じつつあると同時に生じてしまったともいえないし、動きつつあると同時に動いてしまったともいえないからである〔……（略）〕。

けれども、ひとは同じものを**見てしまっていると同時に、見つつあるのだし、また思惟しつつあると同時に、思惟してしまっているのである。こうして、このような性格のものを私はエネルゲイアと言うのであり、他方、先のようなものをキーネーシスと言うのである。

* この部分のテクスト（b19〜21）は損われていて、納得できる修正案も提出されていない。αὐτό, αὐτά および ὑπάρχοντα の格を無視し、意味だけを汲んで訳す。

** ここの原文の τὸ αὐτό は、*Soph. El.* 178a9 sq. におけるパラレルな文章から見て、また意味の上からも、主語（ロスその他）ではなく、目的語であることは疑えない。訳を省略した直前の文章における ἕτερον も、おそらく同様であろう（ただし後者の場合、目的語の意味は、動きあるいは動かす距離の意味になるだろう。ペナー *op. cit.*, pp. 455〜456, n. 7 を参照）。

この箇所においてアリストテレスは、人間のさまざまの行為・行動を、（i）「見る」「思惟する」「（善く）生きる」などの、「エネルゲイア」と呼ばれるグループと、（ii）「学ぶ」「歩く」「建築する」などの、「キーネーシス」と呼ばれるグループとに二分して、前者のみが人間の真の行為(プラークシス)の名に値するものであることを述べている。(i)と(ii)のそれぞれの特質として言及されている諸点は、次に見る『ニコマコス倫理学』K巻において語られている諸点と合わせて、後にまとめて表示するつもりであるが、右の箇所で最も大きく取り上げられているのは、見られるように、エネルゲイア型のグループ(i)の場合は現在進行(「……している」「……しつつある」)がそのまま同時に現在完了(「……してしまっている」「……してしまった」)でもあるのに対して、キーネーシス型のグループ(ii)の場合はそうではない、という点である(ὁρᾷ ἅμα καὶ ἑώρακε ……, ἀλλ᾽ οὐ μανθάνει καὶ μεμάθηκεν κτλ.)。

この点は、エネルゲイアとキーネーシスとを区別する標識とみなされるとき、「テンス・テスト」(tense-test)と呼ばれる。この「テンス・テスト」についてのアリストテレスの言葉をどのような意味にとるかということが、すでに解釈の分かれるところであるが、*さしあたりおおよその理解のための目安として、ペナーの式述文を挙げておく。——X-ing is an *energeia* just in case "I am X-ing" entails "I have X-ed", and X-ing is a *kinesis* just in case "I am X-ing" entails "I have *not* X-ed" (*op. cit.*, p. 393).

* 例えば、ライルの解釈では、われわれのように現在進行形(「……しつつある」)を用いることは許されなくなるであろう。本稿第6節参照。

『ニコマコス倫理学』K巻三章 1173a31〜b4

a31 ……快楽はキーネーシスではないように思われる。なぜなら、すべてのキーネーシスには、固有のこととして速さと遅さとがあると考えられているが(「……(略)」)、快楽には速さも遅さもないからである。

というのは、たしかに、例えば速く怒りを発するというのと同じように、速く快楽に至るということはありう

b るけれども、しかし速く楽しみつつあるということは、ありえないからである〔……〕。これに対して、歩くとか、大きくなるとか、すべてそのような類《たぐ》いのものについては、「速く」ということがいえる。

　こうして、快楽への移行には「速く」とか「遅く」とかいうことがありうるけれども、しかし快楽の現実活動（エネルゲイン）――すなわち、楽しんでいること――には、「速く」や「遅く」はないのである。

『ニコマコス倫理学』K巻四章 1174a14～b14

a14 見る、ということは、そのいかなる時点においても完全であると考えられる。なぜなら、後に生じてきてそれの形相を完成させるような何ものをも、欠いていないからである。快楽もまた、そのような性格のものと思える。なぜなら、それはひとつの全体であり、快楽をいかなる時点において取ってみても、それが長びけばその形相が完成されることになる、というようなことはありえないからである。

　まさにそれゆえに、快楽はキーネーシスでもない。なぜなら、キーネーシスはすべて時間の内にあり、また或るひとつの目的をめざすものだからである（例えば建築がそうである）。そしてそれは、めざす目的を達成したときに、完全なものとなる。だから、それが完全であるのは、要する時間の全体においてであるか、あるいは、その完成時においてであるかである。

　けれども、その部分部分においては、また要する時間の途上においては、すべてのキーネーシスは不完全であり、そして動全体とも相互の間でも、種類（形相）において異なるのである。例えば、石を積み重ねることは、柱に竪溝を彫ることと異なっているし、さらにこの両者は、神殿の建造全体と異なる。そして、神殿の建造は完全であるが（なぜなら、設定された目的に対して欠けるところがないから）、礎石を置くことやトリグリフの製作は不完全である。なぜならどちらも、部分の製作なのであるから。

こうして、これらは互いに種類(形相)において異なるものであり、また、いかなる時点においても形相として完全なキーネーシスを見出すことができない。できるとすれば、要する時間の全体のうちにおいてである。歩くことその他についても同様である。というのは、運動(移動)とは〈どこからどこへ〉の動であるとすれば、これにもまた種類(形相)の差異があるからである――すなわち、飛ぶこと、歩くこと、跳ぶこと、およびこれに類するもの。ただこのような意味においてだけでなく、歩くこと自体のうちにも種類(形相)の差異がある。というのは、〈どこからどこへ〉ということは、競走路全体におけるのと、その部分におけるのとでは、同じではないからである〔……(略)〕。

b2 キーネーシスについて、詳しくは他の機会に論じられたが、さしあたって言えると思われることは、キーネーシスとはどの時間においてもつねに完全であるというわけではない、ということである。いや、多くのキーネーシスは不完全であり、種類(形相)において異なっているのである――いやしくも、〈どこからどこへ〉ということがその形相を規定するものである以上は。

他方しかし、快楽の場合は、いかなる時間においてもその形相は完全である。だから明らかに、キーネーシスと快楽とは互いに異なるものであり、快楽のほうは、全体的で完全なもののうちの一つであることになろう。このことはまた、動くということは時間の内においてでなければありえないのに対して、楽しむことの場合にはそれが可能である〔時間の内においてでなく起こりうる〕という事実からも、考えられるところであろう。というのは、〔快楽の場合〕〈今〉において起こることがひとつの全体なのであるから。

以上の事柄から見て、快楽についてその動や生成の過程がある*という説の誤まりもまた、明白である。なぜなら、キーネーシスや生成はあらゆるものについて言われるのではなく、部分へと分けられうるもの、全体的でないものについてのみ言われる事柄だからである。例えば、「見ること」にも生成の過程はないし、また点にも「一」にも、その生成の過程はない。さらにまたこれらのどれも、キーネーシスでもなければ生成でもない。かくて快楽にもまた、そのキーネーシスや生成の過程はないのである。それはひとつの全体なのであるから。

＊ バーネットその他とともに、b10 において属格の τῆς ἡδονῆς(Ramsauer)を読む。

『ニコマコス倫理学』のこれらの箇所では、快楽(楽しむ)の——そしてこれと同類とされる「見る」ことの——特質が、建築や歩行などのキーネーシスの場合との対比において論じられている。前者がはっきりと「エネルゲイア」という語で呼ばれているわけではないが、先の『形而上学』の箇所で語られていたのと同じ区別が意図されていることは明らかであろう。K巻三章のほうで指摘されている「速さ」と「遅さ」に関する点は、「遅速テスト」(quickly-slowly test)と呼ばれる。

以上、エネルゲイアとキーネーシスとの区別に関する主要テクストにおいて提示されている諸論点をまとめて示すと、次のようになる(次表のなかで、〔 〕は、テクストにおいて直接言葉で表わされていないけれども、対比によって含意されていると思われるものを示す)。

	キーネーシス	エネルゲイア
例	身体を瘠せさせる。学ぶ。健康になる。歩く。建築する。	見る。思慮する。思惟する。生きる。善く生きる。幸福である。

特質	
(1) それ自身が目的ではない〔目的外在〕。	(1) それ自身が目的である、目的がその内に内在する。
(2) 限りを有し、或る時に終止する。	(2) 〔限りを有せず〕或る時に終止するということがない。
(3) 真の行為ではない。少なくとも完全な行為ではない。	(3) 真の行為である。
(4) 現在が同時に完了ではない。	(4) 現在が同時に完了でもある。

（以上『形而上学』Θ巻）

例	
歩く。大きくなる。建築する。飛ぶ。跳ぶ。移動する。	楽しむ(快楽)。見る。
特質	
(1) 速さと遅さがある。	(1) 速さと遅さがない。
(2) 目的に到達するまでつねに不完全、その形相が未完成。	(2) いかなる時点においても完全、つねにその形相が完成。
(3) 時間の内にあり、或る目的をめざす。「時間の内」が必須条件。	(3) 〔時間の内にない。〕時間の内においてでなくありうる。
(4) ＜どこからどこへ＞がその形相を規定する。	(4) 〔＜どこからどこへ＞によって形相を規定され

（5）動や生成は、部分へと分けられるもの、全体的でないものにのみ属する。	ない。」 （5）それには動や生成の過程がない。〈今〉においてひとつの全体である〔部分へと分けられうるものではない〕。

（以上『ニコマコス倫理学』K巻）

4　エネルゲイアとキーネーシスとの対比が示唆するもの（1）

前節末にまとめて示した対照表は、何を物語っているであろうか。しばらくは個々の論点の解釈に批判的に立ち入ることなく、アリストテレスがキーネーシスとの対比のもとにエネルゲイアについて語っている事柄が、哲学の内にどのような局面を切り開こうとしていると考えられるかを、大局的に展望してみることにしよう。

先述のように、常識と科学の基底にある世界解釈の方式をかりに「運動の論理」と呼び、簡略化したかたちでこれを、

「物があって、その物が、時間・空間の中で、動く」

と表現してみる。これが世界の基本的なあり方であるとすれば、世界の一部としての人間の行動は、この「運動の論理」に準じて、

「人間がいて、その人間が、時間・空間の中で、行動する——或る目的に向かって」

という仕方でとらえられることになるであろう。人間の行動の場合には表面化されざるをえない「或る目的に向かって」という条件が加わるほかは、「物」が「人間」へと単純に置換されただけである。

先の対照表においてキーネーシスの側に挙げられている特質を総覧してみると、「運動の論理」をそのまま引きうつした、この「人間がいて、その人間が、時間・空間の中で、行動する――或る目的に向かって」というあり方が、アリストテレスが「キーネーシス」と呼んだ行動の型にほかならないといえるであろう。そして事実またこれが、われわれの常識を支配している行動観ではあるまいか。

　われわれは大なり小なり何らかの目的に向かって行動する。目的は行動の行き着く先に定められてあり、その意味で行動そのものの外にある。そうした行動は、それが行動としてあるかぎり――つまり、既定の目的に到達するまでは――つねに未完了で不完全であり、そして目的への到達とともに、その行動は消滅する。既定されていた目的への到達が、ただちに行動そのものを抹消し、それまでの行動のあり方や様相がどのようなものであったとしても、残るのはその結果だけである。重要なのは、意味をもつのは、「為しつつある」こと自体ではなく、何を、どれだけのことを「為してしまった」か、ということである。何かの学習、或る目的地までの歩行、或る建造物の建築、等々。

　これらの行動は時間によって――すなわち、時計の時間によって――測られる。「速く」「遅く」が問われうる。このことは、いま言われた結果の重視ということと相まって、必然的に「能率」「効率」の観念を生み出すであろう。或る目的を達成する――為してしまう――のにどれだけの時間を要したか、あるいは要するかということが、行動そのものにおけるわれわれの意識を規制することになる。日常の些細な行動から、「何カ年計画」によって計られる大事業にいたるまで、われわれの生は、このような「効率」の観念の支配下にある多くの部分目的への奉仕からなっているように見える。われわれは、できるだけ短時間で目的地・終着地へ到着すべく走行する列車や飛行機と同じ仕方で、何ものかに追い立てられるように、大小さまざまの〈どこからどこへ〉によって規制されながら行動し、生きて行く。

　もともとしかし、もし人間の行動や生が一律に、「物があって、その物が、時間・空間の中で、動く」という世界のあり方の一形態・一変形にすぎないのであれば、われわれが目ざすそうした大小さまざまの「目的」は、世界そのものの無目的性の中に呑みこまれて、無に帰してしまうほかはないであろう。人間がどのような目的を達成し、価値を実現したとしても、それは人間にとってのことだけであって、世界そのもののこの非情なあり方の中では、〃過ぎ去ったこと〃は〃何もなかったこと〃と同じとなる。少なくともその意味は、相対化されざるをえないであろう。

この帰結をのがれるためにしばしばとられた方策は、「運動の論理」的にとらえられた「物があって……動く」という世界のあり方のほうにも、「或る目的に向かって」という条件をつけ加えること、すなわち、世界をこのような仕方で〃目的論〃的にとらえることであった。しかしこれは所詮、悪あがきにすぎまい。「物があって……動く」という「運動の論理」的なあり方がそのままであるかぎり、新たに付加されたこの条件は、文字どおり〃取ってつけた〃条件でしかなく、人間にのみ見られる事柄を物とその運動の世界に押しつけて、世界を〃擬人的〃に解釈しただけのことになるからである。「運動の論理」そのものを有効に精密に展開した近代科学が、このような目的論的な世界解釈を否定せざるをえなかったのは、けだし当然の成り行きであろう。

さてしかし、すべてこのような、

「人間がいて、その人間が、時間・空間の中で、行動する――或る目的に向かって」

という定式に集約されるような行動のあり方、「運動の論理」をそのまま引きうつした行動のとらえ方に対して、アリストテレスは次のように言うのである。――たしかに、そのような型の行動もある。しかしそれは、文字どおり(行)動(キーネーシス)であって、人間の本来的な意味での行為でもなければ、活動でもない。本来的な意味での行為としてのエネルゲイア(現実活動態)のあり方は、これと根本的に異質のものであり、「運動の論理」をそのまま引きうつした先のような定式は、まったくあてはまらない。

すなわち、先の定式に即して言えば、それはまず、「或る目的に向かって」為されるのではなく、つまり、目的が行動の外にあるのではなく、目的ははじめからその行為自身の内に内在し、あるいは、その行為自身がそのまま端的に目的にほかならない。また、「時間・空間の中で動く」という条件も適合しない。それはそもそも「動き」ではないのだし、「時間の内」にあるともいえないからである。少なくとも、時計の時間――つまり、空間的に表象された時間――によって測られることを拒否するであろう（「時間とは、より先とより後の区別にもとづく運動の数である」というアリストテレスによる〈時間〉の定義（『自然学』Δ巻一一章 219b2）は、数字盤の上を針が動く時計を連想させる）。

このようにして、キーネーシス型の行動と違って、エネルゲイアとしての真の行為は、いわゆる時間の進行とは無関係に、それがあるときにはつねに完全であり、つねにそれ自身の形相を完全に実現している。その目的、その窮極、その形相の完結性を、それ自身の内に有しているからである。「見る」という形相、「思惟する」ということ自体の形相は、〈どこからどこへ〉によって規定されず、「見る」「思惟する」の発動とともに完全に実現している。だからまた、「見つつある」ことは同時に「見てしまった」ことであり、「思惟しつつある」ことは同時に「思惟してしまった」ことでもある、といえる。

時間の内になく、〈どこからどこへ〉によって規定されないとすれば、当然「速く」「遅く」をそれについて言うのは無意味であり、したがってまた、「能率」や「効率」とも無縁であろう。そもそもここには、「能率」や「効率」の観念に内包される努力目標・到達目標としての「結果」や「所産」というものが、存在しないのである。そういう外在目的によって限定されないというのが、エネルゲイアをキーネーシスから区別する根本的特質であった。

われわれは内に省みて、たしかにこのような特質によって定義されるほかはないような行為・経験が存在することを、確言することができるであろう。手近なところでは、例えば、詩と散文の区別と類比的に、舞踊が歩行と対照されて、「舞踊はたしかにひとつの行為体系には違いないが、しかし(歩行と違って)それらの行為自体のうちにそれ自身の窮極を有するものである。舞踊はどこへも行きはしない」と語られるとき、[*] それはアリストテレスがエネルゲイアの特質として指摘するところと、不思議によく符合している。

＊ P. Valéry, "Poésie et Pensée Abstraite," *Variété* V, p. 146. ――他に「詩話」や「舞踊について」(『ドガ・ダンス・デッサン』)などに同じ論点が繰り返し現われる。

しかし、アリストテレスが一歩進めて、「生きること」それ自体をそのようなエネルゲイアの例として語っていることは、われわれに衝撃をすら与えるであろう。

「運動の論理」によって意識を規制されているわれわれは、通常、自分自身の生をもまた、ひとつのキーネーシスとして思い浮べることが多い。すなわち、「物があって、その物が或る地点からある地点まで、或る時間のあいだ動く」のと同じように、われわれの生についてもまた、いわば運動体としての人間が、時間の内において――線分として空間的に表象された時間の内において――誕生の時点から死の時点まで動き、そして死とともに、運動体としての人間(自分自身)は消滅する、と考える。

みずからの生がこのような仕方で表象されるならば、そこから帰結するのは、永続性への希求の――自分の存在がいつまでも続くことへの希求の――たえざる挫折感でしかないであろう。死の恐怖も不可避となる。アリストテレスが人間の生そのものをキーネーシスならぬエネルゲイアとしてとらえるとき、彼は、このような仕方で生を表象することを拒否しなければならないことを――少なくとも正当に拒否してしかるべき観点がありうることを――われわれに告げているように思われる。

5　エネルゲイアとキーネーシスとの対比が示唆するもの（2）

人間の生を、一運動体の有限時間内における動き（キーネーシス）として表象することを拒否してしかるべき観点とは、どのような観点であろうか。

この問は、プラトンが『饗宴』のなかで巫女ディオティマに語らせていたことを想起させる。その恋（エロース）の説話は、次のような趣旨のものであった。

――「死すべきもの」としての人間には、自分の存在がいつまでも続くというかたちでの永続性・不死性は許されない。「死すべきもの」にとって、そのような永続性への希求はただ、個体としては滅びながらも、自分に代るものを後に残すという仕方でしか、かなえられないのである。エロースとは、まさにそのことのために、肉体的な形態においてにせよ、精神的な形態においてにせよ、ひたすらに「美しいものの中に子供を産む」(206 B)ことへと向かう欲求にほかならなかった。

しかしながら、この欲求に促されてさまざまの美を遍歴しつつ、長い道程を正しく導かれてエロースの道の窮極に至る者には、これとまったく違った仕方で、いわば一気に不死性に参与する途が開かれる。〈美〉のイデアの観得がそれである。忽然として(ἐξαίφνης)観得される〈美〉のイデアは、この世の生成・消滅を超えて永遠に恒常不変であり、それを観得する者は、「いやしくも人間の身で不死となることのできる者がいるとすれば、その人こそは不死の者となる」(212 A)のである。「人間にとって人生が生きるに値するものとなるのはまさにこのとき――〈美〉そのものを観得するこのときです」(211 D)とも言われている。――

自分に代るものを後に残すことによって目ざされるのが、時間の内における永続性であるとすれば、イデアの観得によって与えることのできる不死性は、時間を超えた永遠性であるといえるであろう。時間的な永続性と超時間的な永遠性とのこの区別は、『ティマイオス』(38 C)において、この宇宙が「全時間にわたって(τὸν ἅπαντα χρόνον)終始あったもの、あるもの、あるだろうもの」と言われ、他方、その原範型としてのイデアは「全永遠において(πάντα αἰῶνα)あるもの」と言われているのと、ちょうど同じ区別である。プラトンにおいては、〈時間〉そのものが〈永遠〉の似像にほかならなかった。

さて、アリストテレスにおいても、「つねにあるものは、つねにあるものとしての資格においては、時間の内にない。それは時間によって包含されていないし、またその〈ある〉は、時間によって測られるものではないからである」* という視点が存在する。そして時間の内にないこと、時間によって測られえないことは、エネルゲイアの特質として語られたところでもあった。先述のようにアリストテレスが、人間の生そのものを、時間の内にあるキーネーシスとしてではなく、時間の内にないことを特質とするエネルゲイアとしてとらえるとき、そこに指向されているのは、プラトンに見られたのと同じく、時間的な永続性と区別される超時間的な永遠性であるといえないであろうか。

* *Phys.* Δ 12. 221b3〜5.

この点に関するアリストテレスの思想の大筋を、彼の著作の中にたどってみよう。

自分に似た新しいものを後に残すという、「死すべきもの」が不死性に与るための原初的な方途としてプラトンが語ったのと同じことを、アリストテレスも、あらゆる生物に共通するプシューケー(生命、魂)の最も基本的な働きとして語っている。すなわち、いかなる生物も同一の個体としての存続・連続という仕方では、永遠性と神性(不死性)に与ることができないがゆえに、自分に似た別のものをつくることによって、許された限界内での永遠性と神性(不死性)に与ろうとつとめる。これが、プシューケー(生命、魂)の最も基本的で自然的な機能としての生殖能力にほかならない。*

＊ *De Anima* B 4. 415a23〜b7. ――プラトンの『饗宴』207 D〜208 B と、用語、表現まで酷似している。

アリストテレスは、このように生殖によって種としての存続――これは、時間の内における永続にほかならない――を確保しようとする働きをプシューケーの原初的な機能として第一に挙げながら、他方しかし、そのプシューケーが有する他の諸機能のうちで知性(ヌゥス、思惟能力)だけはこれをまったく別格に扱い、すでにそれ自体として永遠であり不死であるかのように語っている。* 一般にプシューケーは、その定義――「可能的に生命を有する自然的物体(身体)の現実態」――が示すように、身体から切り離され独立であることはできないにもかかわらず、知性(ヌゥス)についてだけは身体からの独立性が示唆されるのである。このような見方が最も顕著に現われるのは、いわゆる「能動的知性」(ヌゥス・ポイエーティコス)についての記述であろう。** この意味での知性は、「その本質においてエネルゲイアであり、「ただこれだけは不死にして永遠」であると語られている。***

＊ e.g. *De Anima* A 4. 408b18〜30, B 2. 413b24〜27, cf. B 1. 413a6〜7.

＊＊ *De Anima* Γ 5. 430a10〜25.(ただし νοῦς ποιητικός という表現そのものはテクストにはない。)

＊＊＊ *Ibid.* a18, 23. ――一般にしかし、アリストテレスのプシューケー論におけるヌゥスの問題、とくにこの「能動的知性」の問題は難問である。

そして、われわれがアリストテレス倫理学の最上層部と言った『ニコマコス倫理学』K巻六〜八章において、人間の生き方における「完全な幸福」がエネルゲイアという言葉によって記述されるのは、ほかならぬこの知性(ヌゥス)のエネルゲイアとしてであった。* ヌゥスが神的なものであるならば、ヌゥスに即した生そのものも神的な生であることになる。「ひとは許されるかぎりにおいて、不死を行じ(ἀθανατίζειν)、自己の内にある最高のものに即して生きることに向かって、あらゆる努力をしなければならない」とアリストテレスは言う。** 「ヌゥスに即して活動する人」(ὁ κατὰ νοῦν ἐνεργῶν)は「最も神に愛される人」(θεοφιλέστατος)であるとも語られている。***

* esp. K 7. 1177a13～17.
** K 7. 1177b30～34.
*** K 8. 1179a22～24. ――Cf. Platon, *Symp.* 212 A: θεοφιλεῖ γενέσθαι.

このようにして、アリストテレスが知性(ヌゥス)のエネルゲイアとしての生き方について語っている不死性のあり方――「不死を行ずる」(アータナティゼイン)ということ――は、先に見られた種の存続という仕方での不死性への参与とは明らかに異なっていて、ヌゥスそれ自体が神的なものであるがゆえに、いわば一気に不死性へと直結しうるものとして考えられている。生殖と思惟という、プシューケー(生命、魂)が有する二つの別箇の機能に関連して語られたこの差異と区別は、ちょうどプラトンが恋(エロース)の働きにおける二つのレベルの飛躍的な差異として語った事柄と、正確に対応しているように見える。* そしてプラトンが語ったその差異と区別は、時間の内における永続性と、時間を超えた永遠性との差異・区別を指し示すものであった。とすれば当然、アリストテレスにおいて指向されているのも、同じその差異・区別であると期待してよいであろう。

* もちろんプラトンにおいても、永遠不滅のイデアを観得するのはヌゥスによってである。岩波版『プラトン全集』の「総索引」(別巻)における「知性」の項(p. 334)を参照。

プラトンにおいては、エロースの道の窮極においてイデアの観得とともに開示される超時間的永遠性は、観得されるイデアそのものの性格にもとづくものであった。これと対応する意味で、アリストテレスにおいてヌゥスに即した生が直結するはずの超時間的永遠性が何にもとづくものであるかは、まだ明らかではない(アリストテレスの哲学のなかには、むろん、イデアは存在しない)。しかし、エネルゲイアがキーネーシスと対比されて時間の内にないとされるとき、そして「思惟すること」(νοεῖν＝ヌゥスの働き)や「生きること」がまさにそのようなエネルゲイアとしてとらえられるとき、少なくともそこに意図されているのが何であるか、その方向性だけは、いまや明らかであろう。すなわちそれは、時間の内なる永続性とも異質的で方向を異にする、超時間的な永遠性への指向である。神的であるべき知性(ヌゥス)の現実活動態という生き方によって、そのような超時間的永遠性を今この現在の生において刻々に積極的に指向しうることへの着目、これが、人間の生を一定時間内における一運動体の動き(キーネーシス)としてしか思い浮かべないような怠惰な表象を、きびしく否定するのである。

すでに述べたように、エネルゲイアの概念はアリストテレスの哲学において、このような人間の生き方にかかわる場面だけでなく、自然とメタ自然(形而上学)に関する思考をも貫いている指導理念であった。このことは、アリストテレスの世界解釈全般について、われわれにどのようなことを予想させるであろうか。

先に(本稿第4節)、「物があって、その物が、時間・空間の中で、動く——或る目的に向かって」という世界解釈のパターンとその不充分性について触れた。アリストテレスの世界解釈も、一見、このようなかたちの目的論をとっているように見える。しかし、エネルゲイアの概念に託されたモチーフがこれまで見られたようなものであるならば、そしてそのモチーフが、同じエネルゲイア概念を指導理念とする彼の世界解釈に滲透しているとするならば、アリストテレスの目的論的世界解釈の内実そのものは、けっしてこのような、単純に「運動の論理」プラス「(外在的)目的」というかたちではありえないはずである。エネルゲイア・モチーフは、「運動の論理」を徹底的に否定し尽くすものだったからである。

このことは、先に人間の生き方に関するアリストテレスの思想のうちにはからずも見られた、プラトンの思想との親近性もしくは対応性を、ふたたびわれわれに期待させることになる。なぜなら、プラトンのイデア論的世界解釈は、まぎれもなくこの「運動の論理」の否定——物とその運動というあり方が世界の窮極的なあり方ではないことの認定——の上に立っているからである。アリストテレスは、事あるごとにイデア論の世界解釈に反対し、またたしかにプラトンが行なわなかったような仕方で、「運動の論理」をそれ自体として同定し確立することに寄与しさえしているけれども、しかし他方、その「運動の論理」を否定し尽くすようなエネルゲイアの論理をこれと鋭く対置することによって、プラトンが指向したのと同じ地平を、彼独自の仕方で切り開こうとしているように見える。もしそうとすれば、両者の世界解釈における思考は、この点に関するかぎり相補的な関係にあることになり、両者相まって、われわれの哲学的思惟の向かうべき或る重要な方向性を示唆するのではないかと、期待されるであろう。

6 疑問

さて、以上のような期待は、はたしてほんとうに満たされるであろうか。

これまでのところわれわれは、アリストテレスがエネルゲイアとキーネーシスとの区別について語るところをそのまま素直に受けとって、そこに示唆される哲学的意義を、つとめて積極的に取り出してきた。しかし、ひとたびいわば冷やかな目で彼の言っていることを吟味する気になれば、いろいろと素朴な疑問が起こるかもしれない。われわれはすでに、関連する主要テクストの解釈上の困難を予告しておいた(本稿第2節末)。

まず、エネルゲイアがキーネーシスと違って「時間の内にない」ということの意義を、われわれはとくに強調してきた。しかし、「見る」「思惟する」「生きる」といった行為がエネルゲイアと呼ばれて、「歩く」「建築する」「学ぶ」等(キーネーシス)からきっぱりと区別され、前者だけが時間の内になく、時間によって測ることができないと言われても、〝健全な〟常識は容易に納得しないであろう。見る当人、思惟する当人、生きる当人にとってはともかく、少なくとも他人から見れば、その人が何分間見ていたか、何時間思惟したか、何年間生きたかということが——何時間歩いたか、建築に何日間を要したか、何年かかって学んだかというのと同じように——たしかに言えるはずである。とすれば、エネルゲイアの特質とされる非時間性あるいは超時間性とは、たんに〝主観的〟なことにすぎず、〝客観的〟には言えないことなのではないか。

アリストテレスの言葉に示唆される哲学的意義は、このような常識的な疑問を超えたところに成立するものであるとしても、しかし〝超える〟ためには、これに答えなければならないだろう。(もっとも、この〝常識的〟な疑問の意味するところは、見かけほど単純ではない。それは、時間とはそもそも何かという問題につながり、そして後に確認されるようにエネルゲイアの主体がプシューケーであるとすれば、物理的世界におけるエントロピー増大と関わるいわゆる時間の流れと、生命や意識との関係という問題につながって行くはずだからである。)

エネルゲイアとして部類分けされる「見る」その他も〝客観的〟に見れば時間の内にあり、時間によって測られうるのではないか、ということの疑問に対するひとつの答え方は、ライルのように解釈することであろう。ライルは、「見ると同時に見てしまう」(『形而上学』Θ巻六章)というアリストテレスの言葉に関連して、次のように論じる。

——アリストテレスの指摘(私が'I see it'と言うことができるのと同時に'I have seen it'と言うことができる、ということ)はまったく正しいのであって、その意味は、見ることや聞くことはプロセスではないということである。アリストテレスの論点を一般化して言えば、この種の動詞の機能は terminus(始点や終点の「点」にあたるもの)を告げることにある、ということである。いわば「正午」という時刻そのものが、始まり進行し終るというプロセスをとることがないのと同じように、この種の動詞によって表示される行為は、或る時間のあいだ——それがいかに短かくとも——進行するということがない。いかなる瞬間においても、私はまだそれを見ていない(I have not yet seen it)か、もう見てしまっている(I have now seen it)かのどちらかであって、「見る」という動詞は、私のライフストーリイの中の或る時間的長さをもった一部分(a sub-stretch of my life-story)を表示するものではない(他の例としては、to find something, to win a race, to launch a boat, to found a college など)*。

* G. Ryle, *Dilemmas*, p. 102. ――なお、この意味において、ライルによれば、terminus を告げるこの種の動詞は現在進行形や過去進行形で用いられえないし、また実際に用いられてもいないということであるから、アリストテレスの言葉(ὁρᾷ ἅμα καὶ ἑώρακε)を、われわれのように「見つつあると同時に……」と訳すのは不適切であることになる。ただし、この点についてライルが 'I can be looking for or looking at something, but I cannot be seeing it' と言っているところを見ると、これは多分に英語だけの特殊事情であるようにも思われる。ὁρᾶν は 'to see' とも 'to look at' とも訳すことができるからである。

ライルのこのような解釈に従うならば、エネルゲイア型の例として挙げられた「見る」という行為が「時間の内にない」ということ、時計の時間によって測られえないということ(ライルの別の箇所での用語を借りると、'clockable' でないこと)の意味は、たしかに或る仕方で救われることになろう。この解釈は、「見る」という動詞の機能を「terminus を告げる」ものと解することによって、その非時間性を――「正午」(という時刻)とのアナロジーが示すように――いわば無時間的瞬間性の意味に解するのである。それは、アリストテレスの言う〈今〉(τὸ νῦν)に対応する。〈今〉は時間の区分点ではあるが、それ自身時間の部分ではなく、〈今〉においては動(キーネーシス)はありえないとされるから、キーネーシスとの区別はこの解釈によって確保されているといえる。

しかしながら、一般にエネルゲイアの非時間性ということがこのような意味であるとすれば、それは先に見られたような、超時間的永遠性といった意味からは程遠いことになる。これと無時間的瞬間性とは、やはり厳格に区別されなければならない(「永遠の今」というようなことを簡単に言うべきではない)。〈今〉(瞬間)はそれ自身が時間ではないけれども、時間の内にあること(ἐν χρόνῳ ἐνυπάρχειν, *Phys.* Z 3. 233b34～35)に変りはなく、他方、∧つねにあるもの∨は時間によって包含されていない(οὐ περιέχεται ὑπὸ χρόνου, *Phys.* Δ 12. 221b4～5)のである。そして少なくとも先に見られたような、アリストテレスが知性(ヌゥス)のエネルゲイアについて語っている不死性や神性が指し示すのは、疑いもなく、時間を超えた永遠性であって、時間の内なる無時間的瞬間性ではないであろう。*

* プラトンの場合、このような時間の内なる無時間的瞬間性と対応する意味をもっているのは、『パルメニデス』(156 D)において「変化はいつ起こるか」を同定しようとする試みの末に現われた∧忽然∨∧たちまち∨(τὸ ἐξαίφνης)という概念であろう。この∧忽然∨は、「時間の内にない」と言われているけれども、しかし時間の外に超えてあるわけではなく、時間と変化そのものの中における無時間的なものであり、議論全体は「一者」(τὸ ἕν)が「時間を分けもつ」(μετέχον χρόνου, 155 E)という前提の下にある。

他方、先にわれわれは、エロースの道の窮極に至る者が忽然として永遠不滅のイデアを観得することにより不死性に与るということが、『饗宴』において語られているのを見た(本稿第5節)。この「忽然」(ἐξαίφνης)という語によって、われわれがそこで述べたような時間性との断絶(超時間性)が象徴的に示されていると解するならば、プラトンにおいて「時間の内にない」(非時間性)ということの二つの意味――超時間的永遠性と無時間的瞬間性――は、それぞれこの『饗宴』(210 E)と『パルメニデス』(156 D)における二つの∧忽然∨(エクサイプネース)によって担われているといえるであろう。(ただし、後者の『パルメニデス』の∧忽然∨は、アリストテレスの∧今∨と対応するものではあるが、まったく同一内容のものとは速断できない。)

以上は、ライルの解釈についてのわれわれの立場からの論評である。もともとしかし、アリストテレスにおけるエネルゲイアとキーネーシスとの区別が、ライルの挙げる「発見する」「勝つ」「進水させる」等々の、プロセスや進行を表示しない動詞(いわゆる'got-it verb')と、プロセスや進行を表示する動詞との区別ということに帰着するかどうかは、きわめて疑わしいといわなければならない。この点については、われわれとはまったく違った立場からではあるが、次節に見られるようなアクリルの批判があるし、またそのアクリルをさらに批判したペナーも、この点だけはアクリルに賛同している。いずれにせよ、ライルの提出した論点はそれ自体としては充分意味をもっているけれども、アリストテレス解釈としては、これを斥けなければならないであろう。

つぎに、エネルゲイアと呼ばれる行為のグループ——「見る」「思惟する」「生きる」「善く生きる」「楽しむ」等——についてアリストテレスが挙げるもう一つの大きな特質は、それらの行為の目的が行為自体の内に内在していること、あるいは、それらの行為自身がそのまま端的に目的にほかならないということであった。

この点について生じるかもしれないやはり素朴な疑問は、そうした(内的な)「目的」の質ともいうべきもの、あるいは、それらの行為(=目的)の内実そのものは、不問にされたままでよいのか、ということであろう。つまり、何を見、何を思惟し、いかに生きるのであっても、あるいは、楽しみの中身がどのような快楽であっても、これらはただ「見る」「思惟する」「生きる」「楽しむ」というそのことだけで、はじめから一律にエネルゲイアとして部類分けされて、アリストテレスが意図するような重要な意味を担いうるのであろうか、ということである。げんにソクラテスにとっては、ただ生きることと、善く生きることとの間には、天地の差があった。それが、アリストテレスのリストに見られたように、共にエネルゲイアの同等の例であるかのごとく、かくも無造作に並べられてよいのであろうか。「目的」と言われるものの内実に関するこの問題は、後にふたたび重要な様相をとって現われるはずである。さしあたってはしかし、これだけの素朴な疑問のままにとどめておこう。

エネルゲイアの非時間性ということについての先の疑問も、行為=目的の内実や質についての今の疑問も、ともに同じ疑問を共有していることに注意しておきたい。すなわちそれは、一方における「見る」「思惟する」「生きる」「楽しむ」等と、他方における「歩く」「建築する」「学ぶ」等とが、行為・行動の二つの種類として、頭からはっきりと固定的に区別されていること自体に対する疑問である。

さて、われわれがさしあたって思い浮かべた以上のような疑問点とも連関しつつ、その或るものをさらに押し進めて、アリストテレスの所論に対してかなり徹底した否定的批判を加えたのが、J・L・アクリルである。* 彼は、いま見られたライルの解釈を斥けながら、しかしわれわれと違って、「時間の内にない」ということはエネルゲイアに関するアリストテレスの見解とは認められないこと、エネルゲイア型の行為もやはり時間を通じて進行するものであることを、積極的に主張する。そして、この主張に際して提示した彼独自のテンス・テスト(現在＝完了)の解釈にもとづきながら、さまざまの行為・行動(あるいは動詞)についてアリストテレスが行なったような、一律全般的な種類分け(blanket classification)は成立しえないと判定する。しかもアクリルは、行為それ自身が目的であるか否かという、エネルゲイアとキーネーシスを区別するにあたってアリストテレスが提出した大きな一論点を、きわめて軽視しているのである。

* J. L. Ackrill, "Aristotle's Distinction between Energeia and Kinesis," *New Essays on Plato and Aristotle* (ed. R. Bambrough), 1965, pp. 121 sqq.

もしアクリルのこれらの主張が正しければ、エネルゲイアの思想に内包されていると見られた超時間的永遠性への指向といったことをはじめとして、およそわれわれがエネルゲイアとキーネーシスの区別の意味について前節までに論じた事柄も、その哲学的意義についてわれわれがいだいた期待も、すべて空しいものとなることは明らかである。この主題に関する彼のアリストテレス批判がラディカルなものであり、論述もそれなりに詳細であるだけに、アクリルの論文は、われわれがアリストテレスのエネルゲイア概念に寄せた期待の行方を見定めるための、ひとつのよき試金石となるであろう。そして、その論点を吟味検討することはまた、先に示したわれわれ自身の二、三の素朴な疑問を明確化してこれに対処するための手続きとしても、有効に役立つはずである。

7　J・L・アクリルの解釈

前節の最後に述べたような意図のもとに、必要な範囲内でアクリルの論点を一覧し、それらの論点に対するわれわれの態度決定を行なうことにしよう。

（1）　前節においてすでに見たように、G・ライルは、「見ると同時に見てしまう」というアリストテレスの言葉について、「見る」は terminus を告げる動詞（got-it verb）の一つであって、時間を通じて進行するような事柄を表示するものではない、というように解釈した。これに対してアクリルは、次のように反論する。

アリストテレスは、エネルゲイアの場合は現在が同時に完了であることを論じるにあたって、「もしそうでないとしたら、それは〔キーネーシスの場合と同じように〕いつかは終止しなければならないであろう」と言っている（『形而上学』Θ巻六章 1048b26～27）。この言い方は明らかに、アリストテレスの念頭にあるのが、時間を通じて進行する行為とそうでない行為との区別ではなくて、進行そのものに限りをもつような性格の行為と、そうでない性格の行為との区別、あるいは、必ず或る時に終止しなければならない行為と、必ずしも終止する必要のない行為との対比であることを告げている。それにまた、「見る」の場合がたとえどうであっても、少なくともエネルゲイアの例のいくつか、「思惟する」「観想する」「生きる」「幸福である」等は、ライルの言うような got-it verb ではなく、時間を通じて進行するものを示していることは明白である。

このようにして、「時間を通じて進行しえない」ということは、エネルゲイアについてのアリストテレスの考えの中にないし、またアリストテレスの挙げるエネルゲイア動詞はライルの言う got-it verb に対応するものではないと、アクリルは結論する。*

＊ *op. cit.*, pp. 125〜126.（主要点のみ）

（2） それでは、現在が同時に完了でもあるというアリストテレスの論点（テンス・テスト）を、どのように解すべきか。

或る人がtという時点でXという行為を始めるとする。t時点においては、「彼はXしつつある」(he is X-ing)とは言えない。それが言えるのは、tより後の或る時点wにおいてであり、そして、tからwまでの期間がどれほど短かくても、wにおいて「Xしつつある」と言えるときにはまた、「Xしつつあった」(he has been X-ing)とも言える。ここまでは、エネルゲイアの場合もキーネーシスの場合も同様である。

しかし、キーネーシス――例えば「家を建てる」――の場合は、w時点において「家を建てつつある」と言えるならば、t時点からw時点までに「家を建てつつあった」とは言えるけれども、しかし明らかに、同じその期間において「家を建ててしまった」(he has built a house)とは言えない。

他方これに対して、エネルゲイア――例えば「彫像を見つめる」――の場合は、w時点において「見つめつつある」とすれば、tからwまでのあいだに「見つめつつあった」と言えるだけでなく、「見つめてしまった」(he has gazed at the statue)ということも言える。そのあいだに彼がしたことに着目すれば、「見つめてしまった」と言うほかはないからである。

このようにして、「Xしつつある」(he is X-ing)と言える時点において「Xしつつあった」(he has been X-ing)とも言えるという点は、エネルゲイアの場合もキーネーシスの場合も共通であるが、しかし、同じ時点においてさらに「Xしてしまった」(he has X-ed)とも言えるのは、エネルゲイアの場合に限られることであって、キーネーシスの場合には不可能である。――「見ていると同時に見てしまっている」etc. という、エネルゲイアについてのアリストテレスの言葉を、アクリルはこのように解釈する。

見られるように、アクリルのこの解釈は、「Xしてしまった」と言えるかどうかということを、もっぱら、Xを始めてから現在に至るまでのあいだ——つまり、「Xしつつあった」ということが言える過去の時間帯——に着目して考える点に、その顕著な特色があるといえる。この解釈によれば、エネルゲイアの完了性(完全性にも通じる)ということは、tからwまでという、現在時点に先行する一定の長さの時間帯がなければ成立しえない——例えばt時点そのものにおいては成立しえない——わけであるから、およそいかなる意味においても「時間の内にない」(時間を通じて進行するものではない)というようなことは、アクリルの先の主張のとおり、ありえないことになろう。*

* 以上 *op. cit.*, pp. 127~128. Cf. (esp.) '*The perfect can always be used of the period preceding a moment at which the present can be used*' (Italics mine).

(3) しかしながら、『ニコマコス倫理学』K巻四章では、「見る」と同類である「快楽」(楽しむ)が「キーネーシスではない」ことの理由として、「なぜなら、キーネーシスはすべて時間の内にあり、また或るひとつの目的をめざすものだからである(例えば建築がそうである)」(1174a19~20)と語られていた。このアリストテレスの言い方は、アクリルの主張に反して、キーネーシスとまさにこの点で対比されている快楽(=エネルゲイア)が、「時間の内にない」ことを含意しているのではないか。

この点についてアクリルは、右の言葉(ἐν χρόνῳ……καὶ τέλους τινός)の中の「時間の内にある」だけを切り離して単独にキーネーシスの特質と解することに反対し、「時間の内にある」(ἐν χρόνῳ)ことと「或るひとつの目的をめざす」(τέλους τινός)こととが一体となって、キーネーシスであることの単一の基準を与えるものである、と主張する。すなわち、キーネーシスは無条件的に「時間の内にある」と言われているのではなく、ひとつの目的によって限定された一定の時間を占める、と言われているのである。したがってまた、これと対比されるエネルゲイアも、無条件的に時間の内にないというのではなく、キーネーシスの場合のような定まった時間の内にない、というだけである。――このように解釈することによって、アクリルはこの関門を切り抜ける。

だが、第二の難関が待っている。同じ章の少しあとでアリストテレスは、今度はもっとはっきりと、「このこと〔キーネーシスと快楽とが異なること〕はまた、動くということ(キーネイスタイ)は時間の内においてでなければありえないのに対して、楽しむことの場合にはそれが可能である〔時間の内においてでなく起こりうる――ἥδεσθαι δέ (sc. ἐνδέχεσθαι μὴ ἐν χρόνῳ)〕という事実からも、考えられるところであろう」(1174b7～9)と述べている。この発言を前にして、さすがにアクリルも困惑を告白するが('I am not quite clear what to say about this')、しかし気を取り直して次のように論じる。

――或る行為が時間の内においてでなくありうるという条件は、その行為がキーネーシスではないことを示すけれども、積極的にエネルゲイアであることを示すものではない。なぜなら、キーネーシスの始めと終りそのものは、いかなる時間のあいだも続かないという意味において、時間の内にないけれども、しかしそれ自身がエネルゲイアではないからである。このように、この条件を充たしても、必ずしもそれがエネルゲイアであるとはかぎらない。

アリストテレスは、ここではたんに、若干のエネルゲイア動詞を非持続的行為の表示に用いる可能性を認めて、その点をキーネーシス動詞に対するもう一つの対比点として補足的に挙げているだけであって、けっしてそれをエネルゲイアであることの必要条件とも十分条件とも考えているわけではない。エネルゲイアであるための必要にして十分な条件は依然として、先に見られた「Xしつつあると同時にXしてしまった」と言えるということなのである。――このように解釈することによって、アクリルはどうにかこの第二の難関を突破した(と彼は考えるが、しかし今度はかなり疑わしい)[*]。

＊　以上 *op. cit.*, pp. 130～131.

（4）　さて、これまでのところアクリルは、かなり無理をしながらも、とにかくアリストテレスの言っているエネルゲイアとキーネーシスとの区別を生かすための解釈につとめてきた。しかしここでアクリルは、この区別それ自体がアリストテレスの言うような意味において、果たして成立しうるかどうかという、重大な疑義を表明する。

エネルゲイア型の行為・行動とキーネーシス型のそれとが区別されるのは、「しつつある」と言えるときに「してしまった」とも言える（エネルゲイア）か、それとも言えない（キーネーシス）か、という点においてであった（そしてこのことをアクリルは、先に（2）で見られたように、現在時点に先行する期間との関連において解釈した）。

しかしそれならば（とアクリルは言う）、アリストテレスがキーネーシスの例とする「歩く」は、このエネルゲイアであるための基準を充たすのではないか。t時点で歩き始めた人は、その後w時点において「歩きつつある」と言えるとともに、（t時点からw時点までのあいだ）「歩いてしまった」とも言えるからである。「してしまった」とは言えないというキーネーシスの基準は、先に見た「建築する」（家を建てる）には当てはまるが、「歩く」にはうまく当てはまらないだろう（アクリルはこう言うが、しかしこの意味でならば、建築の場合でも、t時点からw時点のあいだの分だけ「建築してしまった」、その分だけ「家を建ててしまった」と言えるはずであろう）。

アリストテレスはおそらくこの点に気づいていて、『ニコマコス倫理学』K巻四章では、「歩く」を含めたキーネーシスについて、〈どこからどこまで〉（τὸ πόθεν ποῖ）ということがその形相を規定すると述べている。たしかに、この条件――例えば「A地点からZ地点まで」――が加わるならば、「A地点からZ地点まで歩きつつある」と言えるときに、「A地点からZ地点まで歩いてしまった」とは言えないし、「A地点からZ地点まで歩くこと」の「形相」は、Z地点に到達するまでのどの時点においても、未完成であるといわなければならない。

しかしそれならば(とアクリルは論じる)、アリストテレスが同じ箇所でキーネーシスとその点で区別・対比させている「楽しむ」(快楽)についても、まったく同じことが当てはまる。楽しむことはつねに必ず何かを楽しむことであるから、「歩く」の場合に「A地点からZ地点まで」を加えたのと同じように、「楽しむ」の場合にも、例えば「或る交響曲を(聞くことを)楽しむ」というように、目的語を加えて考えなければならない(この目的語は、むろん、「A地点からZ地点まで」とパラレルに、「その交響曲の最初から最後まで」という意味でなければならない)。すると、(例えば)「私は第九交響曲を楽しみつつある」と言えるときに、「私は第九交響曲(の最初から最後まで)を楽しんでしまった」とは言えないことになる。「私はA地点からZ地点まで歩いてしまった」という完了形と同じように、「私は第九交響曲(の最初から最後まで)を楽しんでしまった」という完了形(「形相」の完成)は、けっしてアリストテレスの言うように「いかなる時点においても」言えることではない。私がもし演奏の途中で呼び出されたとしたら、それまでに第九交響曲を楽しんでしまったと言うことはできない。それは、演奏者たちが演奏を中断させられた場合、演奏してしまったと言えないのと同様である。

このようにして、「歩く」がキーネーシスであってエネルゲイアではないことを示そうとするアリストテレスの手続き——〈どこからどこまで〉を加えて正確に記述すること——は、「楽しむ」もまた同じようにキーネーシスであってエネルゲイアではないことを示す結果になるであろう。一方、この〈どこからどこまで〉に相当する目的語を加えなければ、「歩く」も「楽しむ」も共にエネルゲイアの基準を充たすことは、先に見られたとおりである。このことは、結局、「歩く」とか「楽しむ」とかいったことそれ自体を頭から固定的に、キーネーシスあるいはエネルゲイアとして部類分けするのが無理であることを示すものである。*

* 以上 *op. cit.*, pp. 131~132. ——ここでアクリルは、Z・ヴェンドラー(Zeno Vendler, "Verbs and Times," *The Philosophi-*

cal Review, vol. 66, 1957, pp. 143 sqq.) がアリストテレスと無関係に行なった 'activity terms' と 'accomplishing terms' との区別を援用する(*op. cit.*, pp. 135～136)。ヴェンドラーの 'activity terms' の例は「走る」「荷車を押す」など、'accomplishing terms' の例は「一マイル走る」「円を描く」などであって、後者は前者と違って、一マイルを走り終え、円を引き終えるまでは成立しない(未完成である)。この区別の内容は、アリストテレスのエネルゲイアとキーネーシスとの区別に対応するものであるが、「走る」と「一マイル走る」といった例が示すように、或る動詞(「走る」「歩く」など)それ自体をどちらかに割り切って分類する(アリストテレスがしたように)のは不当である、とアクリルは論じる。

なおアクリルは、「速い」「遅い」が言えるかどうかという基準(『ニコマコス倫理学』K巻三章)については、これがアリストテレスにとって、問題の区別の真の根拠であるとはいえないとみなす(p. 136)。アリストテレスはこの基準を他の箇所では使っていないし、この箇所でも一般的な仕方で述べているわけではないからである。

(5) さて、われわれもまた先に、アクリルの言うこの 'blanket classification' に対する疑問を述べたが(第6節)、それは一つには、或る行為の目的がその行為自身の内に内在するかどうか、あるいは、その行為自体がそのまま端的に目的にほかならないかどうかという、エネルゲイアとキーネーシスを区別するもうひとつの基準に関連してであった。〈目的〉に関するこのアリストテレスの論点をアクリルがどのように扱っているかを、最後に簡単に見届けておきたい。簡単に、というのは、アクリルのこの点に関する論述そのものがきわめて簡単だからである。

すなわちアクリルは、アリストテレスが〈目的〉に関するこのひとつの価値論的な観点からエネルゲイアとキーネーシスとを区別した、それが区別の主要な観点であった、という想定を受け入れるのは、他にもそのことを告げる明確な証拠がないかぎり、速断で危険であるとみなす。或る行為がエネルゲイアであるかキーネーシスであるかという問と、他方、人がその行為をそれ自体のために為すかどうかという問とのあいだには、論理的な、あるいは心理的な、あるいは倫理的な関連があるかもしれない。しかしアリストテレスは、けっして前者の問への答を見出すための途として、後者の問に答えるべきだと提唱しているとは思えない。

このようにアクリルは、「目的」に関するこの価値論的観点をアリストテレスの区別にとって副次的なものであったと判定する。*

* *op. cit.*, pp. 137～138.

8　アクリル批判

前節において、アクリルの解釈と論評の主要論点を必要な範囲内で、(1)から(5)にわたって一通り見た。これらをさらに集約すれば、次の三点にまとめて示すことができる。

(A)　いわゆるテンス・テストについての独得の解釈。アリストテレスが提示した「しつつある」と同時に「してしまった」と言えるかどうかということを、エネルゲイアとキーネーシスとを区別する最も主要な——ほとんど唯一の——基準とみなしつつ、これを、現在時点に先行した時間帯に関連させて解釈する。この解釈は、エネルゲイア型の行為もまた「時間の内にある」(時間を通じて進行する)ということ自体においては、キーネーシスと同様であるという見解と表裏一体をなし、また次の(B)の論点の基盤ともなっている。〔前節の(1)(2)(3)〕

(B)　アリストテレスがキーネーシスの例として挙げる「歩く」と、エネルゲイアの例とみなされる「楽しむ」とのパラレル性の指摘。「歩く」も「楽しむ」もそのままでは共に、「しつつある」と同時に「してしまった」と言えるというエネルゲイアの基準を充たす。またもしアリストテレスの言うように、「歩く」のほうに〈どこからどこまで〉を示す限定句をつけるべきだとすれば、同じ手続きによって「楽しむ」もまた「歩く」と同じく、キーネーシスであることになると判定される。このことは一般に、こうした「歩く」や「楽しむ」その他を、頭からエネルゲイアとキーネーシスのどちらかに割り振ることの不当性を告げる。〔前節の(4)〕

(C) 或る行為がその行為自体を目的として為されるかどうか、という価値論的な観点からの基準は、アリストテレスにとって、エネルゲイアとキーネーシスとを区別するための主導的な基準ではなく、副次的なものでしかありえない。〔前節の(5)〕

――先にあらかじめ述べたように(第6節末)、もしアクリルのこれらの解釈が正しければ、アリストテレスのエネルゲイアの思想に内包されているとわれわれが見た哲学的意義(第4・5節)は、すべて崩壊することはあまりにも明らかであろう。エネルゲイアの概念は、右の(A)によれば、「時間を超えた永遠性」への指向というようなこととは、およそまったく関係がないことになるし、また(B)によって、対立概念であるはずのキーネーシスとの区別の根拠自体が危くなり、そして(C)によって、人間の生き方や行為のあり方における指導理念としての意義が、まったく稀薄になってしまうからである。われわれ自身がいだいた素朴な疑問(第6節)も、このアクリルの解釈と論評の中に組みこまれて、ひとつの仕方で徹底化されて現われているといえる。エネルゲイアの思想に期待された哲学的意義の行方を見定めるためには、われわれとしては、アクリルが提起したこれら(A)(B)(C)の論点の当否を確認した上でなければ、いずれにせよ先へ進むことができないであろう。

そこでまず、(C)の論点から吟味することにする。というのは、アクリル論文全体の中では、〈目的〉に関する観点は副次的なものにすぎないというこの論点の扱いそのものが副次的で簡単なものでしかないけれども、しかし事の内容は、アクリルの解釈がもつ全般的な性格とも本質的に関わり合っていると思われるからである。

もう一度、先に示した主要テクスト(第3節)をふり返ってみよう。そして、アリストテレスが『形而上学』Θ巻六章において、問題のエネルゲイアとキーネーシスとの区別を、そもそもどのような言葉で語り起こしているかをよく見てみよう。――「限りを有するような諸行為のうちのいかなるものも、〔それ自身が〕目的ではなく、目的と相関的であるような事柄に属する」と彼は始める。そのような〝行為〟は、「目的がまだ得られていない状態で動きの中にある」から、少なくとも完全な（テレイアー）行為であるとはいえない。それ自身がテロス（目的）でないものは、テレイアー（完全）でありえないからである。真に「行為」の名に値する完全な行為とは、「目的がその内に内在している」ような行為である。——

まぎれもなくアリストテレスは、或る行為がそれ自身を目的として為されるものであるかどうかという観点を提示することから出発し、彼が少しあとでそれぞれエネルゲイアとキーネーシスと呼ぶ行為の二つの型を、まさにこの観点を基準として区別することから始めている。そして、それに続いて、ほかならぬこの〈目的〉に関する観点からの区別のひとつの例証（οἷον）として、一方の行為はつねに現在がそのまま完了であるのに対して、他方は現在と完了とが乖離する、という事実を挙げているのである。そこに列挙されている動詞の現在完了形のすべては、したがって、その前に提示された目的実現の意味での完全性ということの、ひとつの徴表として語られているものにほかならない。*この箇所におけるアリストテレスの論述全体を支配している主導的な観点は、疑いもなく、〈目的〉に関するそれであるといわなければならない。

＊　同じく、「歩きつつあると同時に歩いてしまったとはいえないからである」ということが、「キーネーシスが不完全である」ということの説明（γάρ）として語られている（1048b30 sq.）。

もうひとつの主要テクスト『ニコマコス倫理学』K巻四章において強調されている、「見る」や「楽しむ」がつねにいかなるときにも完全（テレイアー）であるということ——つねにそれ自身の形相を完成させて（テレイウーン）いるということ——の意味内容も、この『形而上学』の箇所で語られた完全性のそれとまったく同じである。「建築する」その他のキーネーシスがこれと対比的に不完全（アテレース）であるとされるのは、キーネーシスはすべて「或るひとつの目的をめざすもの」だからであり、したがってその目標に到達するまでは、テロス(目的)未実現の——すなわち、アテレース(不完全)な——状態に終始するからにほかならない。ここで言われるキーネーシスが「或るひとつの目的をめざす」(τέλους τινός)ということは、『形而上学』の箇所の最初に言われている「目的と相関的」(περὶ τὸ τέλος)ということと正確に対応し、いずれも、〈目的〉がその行動の内になく(行動自身が目的ではなく)外にあることを述べている。

主要テクストにおけるすべてこのような歴然たる事実にもかかわらず、どうしてアクリルが、一方におけるエネルゲイアとキーネーシスの区別と、他方における〈目的〉の観点からみた行為の区別との間には何らかの関係があるかもしれない(there may be)けれども、しかし前者の〈目的〉に関する観点はアリストテレスにとってけっして、エネルゲイアとキーネーシスとの区別において主導的な基準をなすとは思えない、というようなことを言いえたのか、まったく理解に苦しむところである。アクリルが最も主要な——ほとんど唯一の——区別の基準とみなしたところの、現在が同時に完了でもあるかどうかという点が述べられている『形而上学』Θ巻六章のテクストだけでも、すでにそのような主張が成立しえないことを示していた。このいわゆるテンス・テストの記述はたしかに、その箇所の大きな部分を占めていて目立つけれども、しかし事柄自体としては、それは最初に提示された〈目的〉の観点を基準とする、行為の完全性と不完全性ということのひとつの例証として、従属的なかたちで言及されたものであることは、いま見られたとおりである。そして行為そのものの内におけるこの目的実現・未実現の意味での完全・不完全ということが、『ニコマコス倫理学』のほうでも主要論点をなしていることを想えば、それがアリストテレスにとって、エネルゲイアとキーネーシスとの区別において副次的な観点でしかないなどとは、とうてい考えられないであろう。

アクリルのしたことは結局、このように、〈目的〉に関する観点をことさらに軽視することによって事実上解釈から排除してしまい、実際にはこの観点の支配下にあってはじめて充分な意味をもつ現在＝完了についてのシンタクティカルな論点を、単独にただそれだけで取り出して、これをエネルゲイアとキーネーシスとの区別の解釈全体のかなめに据えることであった。だが、現在が同時に完了でもあるかどうかということの論点は、それに充分な意味を与えていた主導的な観点を剝ぎ取られて裸にされることによって、必然的に形骸化せざるをえないだろう。そして形骸化された論点をかなめとして解釈されたエネルゲイアとキーネーシスとの区別の全体は、不可避的にトリヴィアルなものとなるであろう。事実、アクリルのように解するならば、アリストテレスにおけるエネルゲイアとキーネーシスとの区別の意味は、結局のところ、彼がその論文の肝心の部分で大きく引用しているZ・ヴェンドラー(第7節二七一ページの注参照)が行なったのと同じような、さまざまの動詞または動詞句の用法的な区別と分類――それもヴェンドラーと比べて不完全な区別と分類――ということに、そのすべてが帰着することになるのである。

たしかに、アリストテレスが行なったことは、動詞または動詞句の用法的な区別と分類という一面をもっているといえる。しかし、彼がもっぱらただそれだけのことのためにエネルゲイアとキーネーシスとの区別を論じたというようなことは、大局的に見ても、そもそもありうるはずがないであろう。すでに見られたように、エネルゲイアはアリストテレスの形而上学と倫理学の最上層部分において重要な――まさに価値論的に重要な――役割を果たしている概念であり、そしてこのキーネーシスとの区別は『形而上学』と『ニコマコス倫理学』のなかで、それぞれそうした最上層部分を準備する箇所で論じられているのである。こうした大きな論述の流れをつらぬいているモチーフを想えば、アクリルの解釈は全体として、著しいトリヴィアリティを露呈しているといわなければならない。そのことがわれわれの診断したように、アクリルの(C)の見解からの必然的な結果であるならば、すべて以上のような意味をこめて、われわれはこの(C)の見解を全面的に斥けなければならない。

さて次に、アクリルの論述の中心をなす前記(A)の解釈であるが、すでに(C)の見解の不当性についての以上の確認は、この(A)の解釈の不当性をも、確実に予告していた。現在が同時に完了でもあるかどうかというアリストテレスの論点は、それを導いている〈目的〉の観点から切り離され、ただそれだけで取り上げられることによって、形骸化することが予測されたのである。

事実、この切り離しによって、アリストテレスのこの論点は、もっぱら、動詞の現在時称と現在完了時称との同時使用の可能・不可能というシンタクティカルな観点からだけ取り上げられることになり、* そしてこのことがさらに、その現在完了時称の使用を過去の時間帯に関連づけて理解する解釈(「Xの開始時点tから現在時点wまでのあいだにXしてしまった」)へと、アクリルを導いた。結果として、この解釈によれば、エネルゲイアの完全性(＝完了性)ということは、現在時点に先行する過去の時間帯に依存してはじめて成立しうるような完全性であることになり、その意味でエネルゲイアは、いわば時間に埋没しきっていることになる。

* しかし、ペナー(*op. cit.*, p. 444)も注意しているように、エネルゲイアの例となる ἥδεσθαι(楽しむ)という動詞には、ギリシア語としてはじめから現在完了時称の形がないことを考えれば、こういう純粋にシンタクティカルな論点はそれほどアリストテレスの関心になかったといわざるをえないであろう。

しかしながら、この解釈をもう一度、アリストテレスの発言のコンテクストの中に置いてみると、これはいかにも奇妙な解釈ではあるまいか。もちろんアリストテレスは、エネルゲイア型の行為が、行為開始から一定の時間(いかに短かくても)が経過した後に、はじめて完全であるなどとは言っていない。それは「いかなる時点においても完全である」と、彼は『ニコマコス倫理学』K巻四章で強調しているのである。同じことはそこで、さらにまた「〈今〉において起こることがひとつの全体である」(τὸ γὰρ ἐν τῷ νῦν ὅλον τι, 1174b9, cf. a17)という言い方で語られている。この言葉はとくに、どう見ても、エネルゲイア型の行為が「ひとつの全体であること」(＝完全性)が過去の時間帯に依存して成立する、という解釈とは相容れないのではないか。少なくとも言葉の直接的な意味に沿うかぎり、まったく逆に、エネルゲイアの全体性・完全性は今この現在においてーー過去のゆえにではなく端的に現在のゆえにーー成立するものなのだと、自然に解されるであろう。完了が現在と一致して切り離せないという事実もまた、本来は、まさにこのことを告げるものだったはずである。

しかも、「〈今〉において起こることがひとつの全体であるから」という右の言葉は、「楽しむこと」がキーネーシスの場合と対比的に、「時間の内においてでなく〔時間をとることなしに〕起こりうる」という言葉につづいて、その理由として語られたものである。アクリルはこのアリストテレスの発言に困惑しながら、強引にこれを処理しようとしたが（前節の（3））、しかしここまで来れば、もはやアリストテレスの言うエネルゲイアが、アクリル的な意味において「時間の内にある」ーー過去の一定の時間帯を引きずりながら時間の内に埋没しきっているーーと解する余地は、まったくないと言ってよいであろう。

アクリルが最初、アリストテレスの考えではエネルゲイアもキーネーシスも時間を通じて進行すること自体に変りはないという、一般的な主張のひとつの拠りどころとしたのは、『形而上学』Θ巻六章における「もしそうでないとしたら、それは〔キーネーシスの場合と同じように〕いつかは終止しなければならないだろう」（1048b26〜27）という言葉であった（前節の（1））。しかしこの言葉もまた、この前後の箇所をはじめとして主要テクストにおけるアリストテレスの論旨が以上再確認されたごときものであるならば、アクリルが主張するような意味のことをそこから積極的に引き出すことは、誤まりであろう。むしろアリストテレスは、エネルゲイア型の行為はいついかなる時点においても完全であり、端的に今この現在においてその形相を完成し目的を実現している以上、「いつかは終止する」かどうかというようなことは、その行為自体にとって、そもそもはじめから問題にならないということを言っているのである。

アクリルの(A)の論点については、以上で充分であろう。そして残る論点(B)は、この(A)と連動して崩壊するはずである。なぜなら、アクリルによる「歩く」(キーネーシス)と「楽しむ」(エネルゲイア)とのパラレル性の指摘は、いま吟味された(A)のテンス・テスト解釈――完了の意味を、過去の一定の時間のあいだ(開始時点tからw時点までのあいだ)歩いてしまった、楽しんでしまったと解する解釈――の上に立って行なわれているからである。

こうしてわれわれは、以上の吟味によって、エネルゲイアの思想の哲学的意義を最も脅かすかに見えたアクリルの解釈の実質的な部分を、斥けることができた。(C)に見られた解釈上の全般的態度が(A)の不当な解釈を結果せしめ、そしてその(A)が(B)の見方の基盤となっていたのである。われわれ自身がその前にアリストテレスの所論について提起していた素朴な疑問もまた、すべてが片づいたとはいえないにしても、そのひとつの徹底化としてアクリル的な形態をとるかぎりでは、処理されえたことになるであろう。

ただしかし、アクリルの議論のうち、エネルゲイアであるべき「楽しむ」もまたその本来の目的語を加えて考えれば(例えば「第九交響曲を楽しむ」)、〈どこからどこへ〉という条件が加わった「歩く」の場合と同様に、いついかなるときにも完全である(完了している)とは言えないという論点だけは、アクリルのような完全性(完了性)の解釈と独立別箇にでも、それ自体として有効に成立するのではないかという不安感が残るかもしれない。いったいこのことは、何を意味しているのであろうか。キーネーシスであるべき「A地点からZ地点まで歩く」と、エネルゲイアであるべき「第九交響曲(の最初から最後まで)を楽しむ」とが右の点でパラレルに見えるということの内には、どのような事柄が内包されているのであろうか。この問の追求によって、エネルゲイアとキーネーシスとの区別についてこれまで必ずしも表面に現われなかったいくつかの重要な問題点が、明るみに出されることになるかもしれない。そして、ペナー*がアクリルの議論のうちのこの点について行なった論評は、ちょうどそのことのために役立つであろう。

* (あらためて論文名を示すと) Terry Penner, "Verbs and the Identity of Actions——a Philosophical Exercise on the Interpretation of Aristotle," *Ryle* (ed. O. P. Wood & G. Pitcher), 1970, pp. 393 sqq.
アクリルを批判したこのペナーの長論文は、いくつものすぐれた着眼点を含んでいて(アクリル自身もこの論文を'good'と言っていた)、私がアクリルのテンス・テスト解釈(A)について述べた事柄も、いくつかの点でペナーの論述に負うている。ただし、批判の全体的な枠組となる観点は私のそれ(とくに、〈目的〉に関する基準の軽視を根本に置くこと)と基本的に異なっているし、また、後で指摘するように、彼自身が論文の副題に掲げた'philosophical exercise'の不足と思われる点もかなりある。

9　T・ペナーによる「歩く」―「楽しむ」のパラレル性のつき崩しと、二局面構造説

前節の最後に示した問題点に関するペナーの論述の要旨は、次のとおりである。

アクリルが示した「A地点からZ地点まで歩く」と「第九交響曲(の最初から最後まで)を楽しむ」とのパラレル性は、まず、いわゆる「遅速テスト」の適用によってつき崩すことができる。なぜなら、「私は速く(遅く)歩いている」と言えるのと同じように、「私はA地点からZ地点まで速く(遅く)歩いている」と有意味に言うことができるけれども、他方、「私は速く(遅く)楽しんでいる」とも、「私は第九交響曲を速く(遅く)楽しんでいる」とも、有意味に言うことはできないからである。すなわち、アリストテレスが『ニコマコス倫理学』K巻三章においてキーネーシスと快楽(一般にエネルゲイア)との相違点の一つとして指摘した、「速く」「遅く」が言えるか言えないかということは、〈どこからどこへ〉に相当する限定条件が加えられても、両者を区別する標識として変らずに妥当して、上記二つの文が実際にはパラレルではないことを告げるのである。*

* このことはむろん、「歩く」や「楽しむ」にかぎらず、一般にキーネーシスとエネルゲイアの他の諸例についても適合する。

アクリル(*op. cit.*, p. 136)は、この遅速テストについてのアリストテレスの注意をあまり重視しなかった。本稿第7節二七一〜二ページの注参照。

このことは何を意味するか。「速く」「遅く」は距離と時間を要因として成り立つものであるから、キーネーシスについてはつねに「速く」「遅く」が言えるということは、キーネーシスが〈どこからどこまで〉(距離、またはそれに相当する変化の度合など)と〈いつからいつまで〉という二つのことを、その同定の基準または条件(criterions or conditions of identity)として本質的に含んでいるということであり(『自然学』E巻四章 227b20〜26)、逆にまた、この二つを同定条件として含んでいるからこそ、つねに「速い」「遅い」が言えるのである。* このうち、〈どこからどこまで〉のほうについては、アリストテレスが『ニコマコス倫理学』K巻四章において、これをキーネーシスの〈形相〉を規定するもの(τὸ πόθεν ποῖ εἰδοποιόν, 1174b5)と言っていることは、すでに見られたとおりである。「A地点からZ地点まで」といった条件は、「歩く」の場合にたんに補うことができるというだけでなく、正確には、必ず補わなければならないのである。

* ペナー(p. 414)は、キーネーシスのこの二つの同定条件がさらに、『自然学』Z巻の運動論を通じてくり返し現われることを指摘してその箇所を列挙している(e.g. 235a14, 237a19〜20, 239a23〜24, 241a25〜29, as well as 234b11, and 232b20, 236a30〜31, b3〜4, b10, 237a25, b23)。

こうして、二つの不可欠の条件である〈どこからどこまで〉と〈いつからいつまで〉とを共に明記して、「私は歩いている」というキーネーシスのあり方を記述すれば、次のようになる。

(∃x) (I am doing x & x is a walking & x is from A to Z & x is between t′ and t″).——①

他方、これと対照的に、「楽しむ」——そして一般にエネルゲイア——については「速く」「遅く」が言えないということは、エネルゲイアは∧どこからどこまで∨と∧いつからいつまで∨とを、その同定条件として含まない、ということを意味する。それでは、アクリルが論じたような「A地点からZ地点まで歩く」と「第九交響曲(の最初から最後まで)を楽しむ」との外見的なパラレル性は、何に由来しているのであろうか。

かりに「私は第九交響曲を速く楽しんでいる」というこの奇妙な文が、そもそも何らかの意味をなすとしたら、それはどのような場合であるかを考えてみよう。それは、交響曲の演奏そのものが(何かの事情で)速く進む場合にほかならないであろう。つまり、「楽しんでいること」が速く進むわけはないから、「速く」という副詞を右の文に無理にでも適用しようとすれば、それは「交響曲」という語に含まれている隠されたキーネーシス動詞(例えば「(交響曲を)演奏する」)にかかるよりほかはない、ということである。

このささやかな言語的実験によって明らかになることは何か。それは、「私はA地点からZ地点まで歩く」と一見同じ構造に見える「私は第九交響曲(の最初から最後まで)を楽しむ」という文は、実は、「楽しむ」というエネルゲイア動詞のほかに、隠されたキーネーシス動詞を含んでいて、この二つの局面からなる事態を述べているのだ、ということである。すなわち、その論理構造は次のようになる("φ-ing"は隠されたキーネーシスを示し、"of(x, y)"は「私の楽しみ」と「第九交響曲」とのあいだの関係を示す)。

(∃x) (∃y) (x≠y & I am doing x & y is being done & x is an enjoying & y is a φ-ing & of (x,y) & y is from the first chord to the last chord & y is between t′ and t″).——②

「私はA地点からZ地点まで歩く」の論理構造を示した先の命題①を、この命題②と比べるならば、両者の違いは明白であろう。「私はA地点からZ地点まで歩く」と「私は第九交響曲(の最初から最後まで)を楽しむ」とは、こうして、文法的にはパラレルであるが論理的にはパラレルでないのである。後者の場合、∧どこからどこまで∨と∧いつからいつまで∨を必然的に含むのは、したがってまた、いかなる時点においても完全である(完了している)と言えないのは、変項yによって示されるキーネーシス(φ-ing)のほうだけであって、変項xが示すエネルゲイアはそうでない。「楽しむこと」自体は、交響曲を楽しむのであれ、映画を楽しむのであれ、食事を楽しむのであれ、その発動のいかなる時点においても完全である。∧どこからどこへ∨と∧いつからいつまで∨という条件を免がれているからである。アリストテレスの言っていることは正しく、アクリルのパラレル性の指摘は、見かけ上のものにすぎない。*

* 以上 *op. cit.*, pp. 411～422, 444～445.

以上が、アクリルが提起したこの問題に対するペナーの直接の答であるが、彼はさらに、「私は第九交響曲を楽しんでいる」という文の分析に見られたような、事態の二局面的構造の把握("two entity" theory と呼ばれる)を他のさまざまの場合にも適用し、敷衍して行く。

例えば、キーネーシスである「歩く」の場合には必ず∧どこからどこまで∨を補わなければならないと言われたが、それなら、はっきりした目的地なしにただ何となく歩きたいから歩いているというような場合は、どう解したらよいか。アリストテレスはこの場合についても"two entity" theory をとったであろうと、ペナーは論じる。つまり、このような通常単一の行動と呼ばれるものは、純粋の自然的能力(この場合歩行能力)の行使というエネルゲイアの面と、それに伴う運動というキーネーシスの面との、「いわば、内側の面と外側の面」から成っているのである*(したがってその論理構造は、先と同じように、xとyの二つの変項を使って表わされ、キーネーシスを示すyのほうには、距離と時間に関わる同定条件 'from A to Z' と 'between t' and t''' とがつくことになろう)。

* *op. cit.*, pp. 439～440.

あるいはまた、「建築する」はアリストテレスにおいて、一般にはキーネーシスの典型例であるにもかかわらず、『ニコマコス倫理学』K巻五章(1175a34)では「建築を愛好する人々」(οἱ φιλοικοδόμοι)が、幾何学者や音楽愛好者などと並んで「楽しみ(快楽)とともに現実活動する人々」(οἱ μεθ' ἡδονῆς ἐνεργοῦντες)の例として語られていることは、不整合の感じを与えるかもしれないが、これも先と同じ仕方で説明できるであろう。つまりそのような場合も、事態は、純粋の建築活動、すなわち能力の行使そのものとしてのエネルゲイアの面と、それに伴う動きの過程としてのキーネーシスの面との、二局面構造をもっていると解されるのである。

ただしアリストテレスは、この箇所の前後では、そうしたひとつひとつの活動(エネルゲイア)と快楽との関係について、必ずしも快楽がそのままエネルゲイアであるのではなく、快楽が現実活動(エネルゲイア)と「共住」してそれを完成させる(συνῳκειῶσθαι……τῇ ἐνεργείᾳ ἣν τελειοῖ, 1175a29～30)とか、それぞれに固有の快楽が一緒になって現実活動を増進させる(συναύξει……τὴν ἐνέργειαν ἡ οἰκεία ἡδονή, 1175a30～31)とか、快楽は現実活動と密接不可分である(σύνεγγυς ταῖς ἐνεργείαις καὶ ἀδιόριστοι, 1175b32)とかいった言い方で表現している。このことを考慮に入れたうえで、前述の二局面構造の上に「快楽」(楽しみ)の要素をさらに加えて表記するならば、「楽しみとともに建築に打ちこむ人」の場合の論理構造は次のようになる。

(∃x) (∃y) (∃u) (I am doing x & x is an enjoying & I am doing u & u is a housebuilding & u is from shapelessness to shaped house & u is between t′ and t″ & I am doing y & y is an exercizing of my housebuilding skills & germane (x,y) & associated (y,u) & x≠y). ——③*

＊ 以上、*op. cit.*, pp. 447～449から直接関係ある論点のみを抽出。なおまた『魂論』でも、同じく一般にはキーネーシスの典型例であるはずの「建築する」が、エネルゲイアの例であった「思慮する」と組にされて、変様を蒙ることのない(したがってキーネーシスではない)現実活動の例として語られている。(B 5. 417b8～9: διὸ οὐ καλῶς ἔχει λέγειν τὸ φρονοῦν, ὅταν φρονῇ, ἀλλοιοῦσθαι, ὥσπερ οὐδὲ τὸν οἰκοδόμον ὅταν οἰκοδομῇ. Cf. Γ 7. 431a3～7)。アクリル(*op. cit.*, pp. 140～141)もこの箇所を疑問点のひとつとして問題にしていたが、ペナー(p. 447, n. 47)はこれもまた、「建築すること」がここでは純粋の技術(能力)行使の局面から見られているからだと説明する。

10 ペナー批判(1)

——論理構造式の修正と、その意味するところ

以上のようにしてT・ペナーは、アクリルの論じた「歩く」と「楽しむ」とのパラレル性を、直接には「遅速テスト」の適用によって、さらにはその "two entity" theory によって、つき崩すことに成功した。そしてさらに、問題視されるさまざまの事例——例えば、目的地なしにただ歩きたいから歩いているという場合や、楽しみとともに建築する人の場合(『ニコマコス倫理学』K巻五章)や、「建築する」が「思慮する」と同類のものとして扱われる場合(『魂論』B巻五章)など——を、同じ二局面構造説の適用によって巧みに説明した。

ペナーがアクリルの重要視しなかった「遅速テスト」の意義に着目したこと、とくに、この「遅速テスト」が、〈どこからどこまで〉と〈いつからいつまで〉という二条件を含むか含まないかという、キーネーシスとエネルゲイアのあいだの本質的な区別と結びついていることを指摘したのは、疑いもなく正当であり、アクリルが見のがしたアリストテレスの思想の重要な点をよく明るみに出したものとして、高く評価してよいであろう。

しかしながら、ペナーは、自分が提出した二局面構造解釈がさし当ってどのような帰結をもたらすか、そしてその

帰結がさらにどのような哲学的問題を惹起するかということに、まったく気づいていないように見える。ペナーの「アリストテレス解釈における哲学的訓練」(彼の論文の副題)は、アクリルのそれよりも一歩進んでいるといえるけれども、これで充分であるとはとうてい言えないのではないか。われわれは、ペナーの言う"philosophical exercise"を、彼の到達したところからもう少し先へ進めなければならない。

まず、いくつもの事例についてペナーが意欲的に提示している論理構造のフォーミュレイションが、彼自身の二局面構造説に照らして、はたしてこのままでよいかどうかを検討してみよう。

そもそもペナーの二局面構造説とは、彼自身の説明によると、次のようなものであった。

「一般に、私が行なう或る動きの内に自然的能力(a natural faculty)が含まれているならば、私が意図すると否とにかかわらず、私は、(a)その能力を行使しつつあるとともに、(b)それに伴う動きをなしつつあるのであり、後者は速くまたは遅くなされるが、前者はそうでない(I am both (a) exercizing the faculty and (b) carrying out the associated movement, the latter quickly or slowly, the former not)。そして人は、意識的に一方だけを他方から切り離して選ぶことはできない。こうして、ふつう単一の行動と考えられているものは、実際には二つの行動らしきもの(two action-like entities)であることがわかる」(pp. 439〜440)

この説明は、先に見られた「ただ歩きたいから歩く」といった事例(キーネーシスの典型例である「歩く」がエネルゲイアとなるように思われる場合)に関連して語られたものである。いうまでもなく、文中の(a)が歩行能力という一つの自然的能力の行使としてのエネルゲイアの面、(b)がそれに伴う運動としてのキーネーシスの面であり、「私はただ歩きたいから歩いている」という事態のうちには、この二つが原理的に区別されながら、しかも分ちがたく結びついているというのである。

さてしかし、事情がかくのごとくであるならば、例えば「私はA地点からZ地点まで歩いている」という明確なキーネーシス表示文も、あらためてこれを見直さなければならなくなる。前節で見られたように、ペナーはこの場合の論理構造を

(∃x) (I am doing x & x is a walking & x is from A to Z & x is between t′ and t″).——①

と書いて、これを「私は第九交響曲(の最初から最後まで)を楽しんでいる」という場合の論理構造式②と対照させて、両者はアクリルの主張に反して、けっして論理的にはパラレルではないと論じた。

けれども、この「A地点からZ地点まで歩いている」という事態にしても、当然そこには、歩行能力という一つの「自然的能力」の行使が含まれていなければならない(歩行能力を行使せずして、そもそも歩けるわけがないだろう)。すなわち、いま引用したペナーの一般的見解に従えば、この場合もやはり、(a)自然的能力(歩行能力)の行使というエネルゲイアの面と、(b)それに伴うA地点からZ地点までの動きというキーネーシスの面からなっていることになる。とすれば、ペナーの右の論理構造式①は、ペナー自身の注意に従って、さっそく

(∃x) (∃y) (x≠y & I am doing x & y is being done & x is an exercizing of my faculty of walking & y is a φ-ing (walking) & of (x,y) & y is from A to Z & y is between t′ and t″).——①′

と訂正しなければならないであろう。そして、この①′は、「私は第九交響曲を楽しんでいる」という場合の、

(∃x) (∃y) (x≠y & I am doing x & y is being done & x is an enjoying & y is a φ-ing & of (x,y) & y is from the first chord to the last chord & y is between t′ and t″).——②

という先述の論理構造式と、こんどはペナーの主張に反して、完全にパラレルである。つまり、「私は第九交響曲を楽しんでいる」という文が、ペナーの言うように「かくされたキーネーシス動詞」をもっているとすれば、「私はA地点からZ地点まで歩いている」という典型的なキーネーシス表示文は、かくされたエネルゲイア動詞をもっているというべきであり、どちらの文が表示する事態も、二局面構造であるという点では同等なのである。

げんにペナー自身も、キーネーシスのもう一つの典型例「建築する」についてアリストテレスが語っている、「楽しみとともに建築する人」の場合を、x(楽しみ)とy(建築作業という動き)のほかに、u(建築能力の行使、すなわち、かくされたエネルゲイア動詞)を加えて、前章で見られた③のように記述していた。かりに「楽しみ」の要素をこのペナーの③から取り除いて、たんに「私は建築しつつある」という場合を考えれば、

(∃x) (∃y) (x≠y & I am doing x & y is being done & x is an exercizing of my housebuilding skills & y is a housebuilding & of(x, y) & y is from shapelessness to shaped house & y is between t′ and t″).——③′

という、①′および②とまったく同型の論理構造式となることはいうまでもない。

他方、典型的にエネルゲイア型と思われる「観想する」(テオーリアー、テオーレイン)について考えてみよう。ペナーは、アリストテレスが強調する観想的活動の快楽を、先と同様にして

(∃x) (∃y) (I am doing x & I am doing y & x is an enjoying & y is a contemplating & germane(x, y) & x≠y).

——④

と記述している(p. 448)。

ところで、アリストテレスは『ニコマコス倫理学』K巻七章・八章において、観想的活動は最も自足的であり、活動のために必要なもの(τὰ ἀναγκαῖα)が他の種類の活動と比べて少ない、という意味のことを、再三にわたって強調的に語っている(1177a29~b1, 1178a23~28, 1178b33~1179a9)。ペナーはこのアリストテレスの言葉を――おそらくは正当に――「その活動に伴う動きのために必要なものがより少ない」(fewer of the things necessary *for carrying out the movements associated with* the exercizing of the virtues in question, p. 440, n. 40)という意味に解する。すなわち、観想の活動といえども、なお不可避的にキーネーシスを伴う(ただそのキーネーシスのために必要なものが他の種類の活動よりも少ない)のであって、このことを説いたアリストテレスの言葉に、ペナーの“two entity”theoryはよく合致すると主張するのである。

それならばしかし、先のペナーの論理構造式④は、この彼自身の主張に従って、「楽しむ」と「観想する」のほかに、このキーネーシスを示す変項をもう一つ加えた形に訂正されなければならないであろう。そしてここでもまた、「楽しみ」の要素を取り去ってたんに「私は観想しつつある」という場合を考えてみると、その論理構造式は、先の①′や②′や③′と同型のものとなる(念のため労をいとわず書いておく)。

(∃x) (∃y) (x≠y & I am doing x & y is being done & x is a contemplating & y is a φ-ing & of (x, y) & y is from A to B & y is between t′ and t″).――⑤

さて、以上見られた事柄は、われわれに何を告げるであろうか。さし当って言えるのは、次の諸点である。

ペナーはその二局面構造説によって、アクリルの論じた意味での「楽しむ」と「歩く」との間のパラレル性をつき崩すことに成功したが、しかし――ペナーは気づいていないけれども――まさにその同じ二局面構造説は、ふたたび別の形でのパラレル性を招来することになった。すなわち、これまで見てきたように、「私はA地点からZ地点まで歩いている」(→①′)も、「私は第九交響曲を楽しんでいる」(→②)も、さらに「私は建築しつつある」(→③′)も、「私は観想しつつある」(→⑤)も、これらキーネーシスとエネルゲイアの諸事例とされるものは、いずれも同じように二局面的構造(あるいは、「楽しみ」の要素を加えれば三局面的構造)をもつかぎりにおいて、論理的にパラレルであるといわなければならない。

そしてこのことによって、さまざまの行為・行動を頭からエネルゲイア(「観想する」「見る」「思惟する」etc.)とキーネーシス(「歩く」「建築する」etc.)とのどちらかに配属させるカテゴリカルな区別は、ふたたび崩れ去ることになる。アクリルの疑問も、もともとこのような“blanket classification”に対して向けられていたのであった。ただし、注意しなければならないのは、アクリルの場合は、彼が「テンス・テスト」に与えた先述のような解釈によって、エネルゲイアとキーネーシスとのあいだの原理的な区別までも否定されてしまうことになるけれども、ペナーの二局面構造的な把握においては、アリストテレスが提示したエネルゲイアとキーネーシスとの原理的な区別そのものは確保され、生かされている、ということである。自説からの帰結の見きわめにおける上述のような眼力不足にもかかわらず、この点だけは依然として、ペナーの解釈のメリットと言ってよいであろう。

さてそこで、以上の批評を踏まえてわれわれが問わなければならないのは、次のことである。

まず、これまでのところわれわれは、ペナーの二局面構造説を前提としたうえで、そこからさし当ってどのような事柄が帰結するかを見てきた。ではこの前提それ自体、ペナーの提出した二局面構造説そのものは、この問題に関するアリストテレス解釈として正当化されうるかどうか。――あらかじめ言っておくと、私としては、これまでペナーによる言及が見られたテクストの諸箇所に加えて、さらに広く後で見るようなアリストテレスのさまざまの発言を考慮するとき、この問に対して肯定的に答えざるをえないと思う。ペナーの論説に批判を加えながら、かなり長くかかずらってきたのも、ひとつはそのためであった。

そして次に、もしこの二局面構造的な解釈が正当であるとすれば、この解釈から帰結することが見られた以上すべての事柄は、いったい何を意味するのであるか。それはアリストテレスにとって、どのような哲学的問題を惹起することになるか。このことを、われわれはできるだけ遠くまで追求しなければならない。

11 ペナー批判(2)

——エネルゲイアとキーネーシスのそれぞれの〈主体〉は何か

しかしながら、前節末に示した問題に取りかかる前に、そのための準備の意味もこめて、ペナーの論述自体において修正もしくは明確化を要する点をもう一つ、どうしても確認しておかなければならない。これもまた、非常に重要な問題と関係しているからである。それは次の点である。

ペナーがさまざまの事例について提示している論理構造式を通覧すると、彼は、エネルゲイアの面を記述するときにはつねに必ず「私は……している」(I am doing……)と書いているが、他方、キーネーシスの面を記述するにあたっては、あるときは「私は……している」と書き(先に見られた論理構造式①と③=Penner, p. 417(6); p. 449(12))、あるときは「……がされている」(……is being done)と書いている(②=Penner, p. 419(7))。キーネーシスの面については、どちらの表現をとるべきかにペナーはまったく無関心であるとしか思えない。*

* さらに、本稿では取り上げなかったが、肉体的快楽の場合のフォーミュレイション(Penner, p. 448(8); p. 449(11))にお

いては、キーネーシスの面についてのこの点の表記をまったく省略してしまっている。

けれどもこの点は、けっして無関心であることが許されるような些末な事柄とは思えない。われわれはここでもまた、ペナーの「アリストテレス解釈における哲学的訓練」の不足を補わなければならない。そして、ペナー式のフォーミュレイションをアリストテレスの見解に即して行なうとすれば、キーネーシスの面の記述はけっして「私は……している」(I am doing……)であってはならず、必ず「……がされている」(……is being done)でなければならないことを確認し(すでにわれわれは先に示した①′と③′において、この点についてもペナーの記述をそのように修正しておいた)、さらにこのことが、どのような問題につながっているかを見届けなければならない。

〈動〉(キーネーシス)という事態は、「動かすもの」と「動かされるもの」との二つのファクターから成り立っている(自己運動者の場合も含めて)とみなされる。では、〈動〉の主体のありかを正確にとらえようとするとき、〈動〉はこの二つのファクターのどちらの内にあると厳密には言うべきか、という問題がアリストテレスにはあった。この問題に対して彼は、『自然学』Γ巻において、先に見られた〈動〉の正式の定義――「可能態においてあるものの、その当の可能態としての資格における、現実態」(本稿第2節参照)――を提示したのち、この定義にもとづいて次のように判定を下す。

「困難な問題とされている点も、これで明らかになる。すなわち、〈動〉は動かされうるもののほうの内にあるのである。なぜならそれは、動かしうるものによる、動かされうるものの現実態だからである」(Γ3. 202a13～14)むろん、〈動〉という一つの事態において、「動かしうるもの」の現実態と「動かされうるもの」の現実態とは、事実上は別々のものではない。それは例えば、同じ一つの坂道が上り坂でもあり下り坂でもあるのと、同様である。しかし、定義の上では、両者は同じではない。そして、事実上は同じ一つのものである事態を〈動〉という観点からとらえるかぎり、〈動〉は「可能態においてあるもの（＝動かされうるもの）の……現実態」と定義される以上、〈動〉の主体（すなわち、「……の現実態」という主語的属格の形で表わされるべきもの）は、厳密には、あくまで「動かされうるもの」のほうなのである。これがアリストテレスの見解であった。

同じ論点と同じ見解は、『形而上学』Θ巻八章（1050a23～b3）において、さらに明確に示されている。アリストテレスはこの箇所で、（1）ある能力を行使すること自体が窮極目的であり、そのことから別の所産が生じないような行為（例えば「見ること」の場合、視力の行使自体が目的であって、見ること自体のほかに別の所産が生じるわけではない）と、（2）結果として別の所産が生じるような場合（例えば「建築すること」においては、建築作業自体とは別に家という所産が生じる）とを区別して、次のことを指摘している。

すなわち、結果として別の所産が生じる（2）の場合には、

「その現実態は作られるものの内にある。例えば、建築することは建築されるものの内にあり、織ることは織られるものの内にあり、その他同様である。全般的にいって、〈動〉は動かされるものの内にある＊」

＊ ここで言われる例えば「建築されるもの」（τὸ οἰκοδομούμενον）とは、『自然学』Γ巻一章におけるのと同様、完成された「家」という所産そのものではなく、「家」へと形作られつつある石や木材などの素材（「家となりうる」という可能性をもつもの）のことである。ロスのこの箇所への注は、『自然学』Γ巻一章への注と同様、誤まっている。

これに対して、（1）の場合には、

「その現実態は活動者自身の内にある。例えば、見る活動は見る者の内にあり、観想は観想する者の内にあり、生きることは魂の内にある。したがって幸福もまたそうである〔魂の内にある〕。幸福であることは、生きることの或る形態であるから」

ここで提示されている(1)の場合と(2)の場合との区別が、エネルゲイアとキーネーシスとの区別とまったく同じものであるかどうかは、けっして速断することはできない。* けれども、少なくともここで挙げられている例——(1)の例としての「見ること」「生きること」「観想」「幸福」、(2)の例としての「建築」——は、これまで見てきたエネルゲイアとキーネーシスとのそれぞれの例と同じものであるし、事実また(2)に関する事柄はここで、「全般的にいって、〈動〉(キーネーシス)は動かされるものの内にある」という言葉で総括されている。したがって、この(1)と(2)の区別は、アリストテレスの考えの中で、事実上エネルゲイアとキーネーシスとの区別と、重なり合っているとみなすことができるであろう。

* アリストテレスにおいて、(1)当の活動自体のほかに特定の所産が生じない場合と、(2)所産が生じる場合とのこの区別は、あるときは〈行為〉(プラークシス)と〈製作〉(ポイエーシス)との区別を示し(e.g. *Ethica Nic.* Z 5. 1140b6〜7)、あるときはまた〈観想〉(テオーリアー)の活動を、〈行為〉と〈製作〉を合わせた広義の実践的活動から区別するために用いられている(e.g. *Ethica Nic.* K 7. 1177b1〜4, 13〜15, 18, 20)。〈観想〉と対比される意味での〈行為〉も、広義における何らかの所産や成果をもたらすからである。
いずれにしても、ペナー(p. 439, n. 37)は、この(1)と(2)の区別を、エネルゲイアとキーネーシスの区別と同一のものと見ている。われわれにとってはしかし、この点が後にきわめて重要な問題となるであろう(本稿第14節)。

このようにして、先述の『自然学』Γ巻三章における見解表明と併せて、キーネーシスの主体はけっして「動かすもの」の側に、「活動者自身」の側にあるのではなく、あくまで「動かされるもの」のほうに、活動者によって働きかけられる対象のほうにあるというのが、アリストテレスの堅持した考えであったことが知られる。したがって、このかなり特色のあるアリストテレスの見解に沿うかぎり、もしペナーのように二局面構造的な記述をするとすれば、エネルゲイアの局面については、「活動者自身」としての「私」を主語として“I am doing……”と書くのが正しいが、しかしキーネーシスの局面については、動かされている対象をそのまま直接に主語とすることはできないにしても、やはり必ず、「……がされている」(……is being done)と受動的に書くのが本来であろう。少なくとも、けっしてエネルゲイアの面と同じように、「私」(活動者自身)を主語(主体)に置いてはならないことは明らかである。

いずれにせよ、アリストテレスがキーネーシスの(およびエネルゲイアの)主体のありかについて、これほどまでにはっきりと見解を表明している以上、この点の表記についてペナーのように無差別・無関心であることは許されないであろう。

そしてこの点はけっして、たんにフォーミュレイションの仕方についてのテクニカルな問題にはとどまらない。――いったい、アリストテレスにとって、エネルゲイアとキーネーシスとのそれぞれの主体は、さらにつきつめて考えると、何でなければならないだろうか。

エネルゲイアの主体は「活動者自身」であるとみなされるべきことが、いま見られた。「活動者自身」とは、先の『形而上学』Θ巻八章のテクストによれば、例えば、見ることの場合は「見る者」、観想の場合は「観想者」、そして生きることや幸福であることの場合は「魂」であると語られていた。生と幸福については、その主体として「魂」(プシューケー)が名指されている。しかし、ここで挙げられている「見る」という感覚・知覚の能力も、「観想する」という思惟・思考の能力も、アリストテレスが『魂論』B巻三章(414a29〜32, cf. B 2. 413a23〜25, b12〜13)で挙げている魂の能力(αἱ δυνάμεις τῆς ψυχῆς)にほかならないのである。とすれば、見ることや観想することの場合もまた、生きることや幸福であることの場合と同じく、その主体はさらに窮極的には、魂(プシューケー)であるといわなければならないであろう。

周知のように、アリストテレスが『魂論』B巻において正式にプシューケーの諸能力として挙げるのは、右の感覚能力や思惟能力のほか、生長・生殖の能力、欲求能力、そして運動の能力である。われわれはこれまで、見ることや観想することにとどまらず、例えば歩行能力の行使や建築能力の行使などの、一般に「自然的能力の行使」をエネルゲイアとして扱ってきた。これら歩行能力や建築能力もまた、それぞれ運動能力と技術知の能力のひとつとして、当然プシューケーの能力とみなさなければならない。自然的能力の行使としてのエネルゲイアとは、すべて、プシューケーの能力の行使にほかならないのである。こうして一般に、キーネーシスと対置される場合のエネルゲイアの主体は、プシューケーでなければならない。*

＊　「魂」を「プシューケー」という原語のカナ書きに代えたのは、「プシューケー」が本来、「魂」「心」「生命」という意味をカバーする語であって、「魂」という訳語だけでは狭すぎるからである。

では、キーネーシスについてはどうであろうか。その主体は、〈動〉を構成する「動かすもの」と「動かされるもの」との二つのファクターのうち、「動かされるもの」のほうでなければならないことが、先に言われた。運動（すなわち、場所的なキーネーシス）の能力の行使は、いま見られたようにプシューケーの働きであるが、運動という事態そのものは、定義上、その能力行使によって動かされるもののほうに主体があると、アリストテレスは考えるのである。では、キーネーシスの主体とされるこの「動かされるもの」（τὸ κινούμενον――「動くもの」の意味にもなる）とは、どのような本性のものでなければならないか。

エネルゲイアとキーネーシスとの区別を論じた主要テクストの一つ、『ニコマコス倫理学』K巻四章（本稿第3節を見よ）をふり返ってみよう。そこでは、快楽や見ることがキーネーシスそれ自体でもなく、またそれのキーネーシスというものもありえないことの理由として、一般にキーネーシス（および生成）とは「部分へと分けられうるもの」（τὰ μεριστά）についてのみ言えることである、と注意されていた（1174b10〜11）。すなわち、「動かされ」また「動く」ところの当のもの、キーネーシスの主体でありうるものは、分割可能という性格のものでなければならないのである。

このことは、『自然学』Z巻において、キーネーシスを含めた「変化」(メタボレー)一般の分析のなかで確認される重要な論点の一つであった。——すべて変化は、何か(A)から何か(B)への変化である。変化するもの(x)は、それがBにおいてあるときには、もはや変化していないし、Aにあるときには、いまだ変化していない。しかるに、xがAから変化して最初に至る状態(性質的変化の場合)または位置(場所的運動の場合)がBであるとすると(つまり、AとBが変化の過程における相接続した状態または位置であるとすると)、xがAからBへと変化しつつあるとき、xがAとBの両方においてあることも、AとBのどちらにもないということも、ともに不可能である。だから、その場合、Xの一部はAに、一部はBにあるのでなければならない。したがって、変化するものはすべて、必ず分割可能なもの(διαιρετόν)でなければならない、と結論される。*

* *Phys.* Z 4. 234b10〜20. Cf. Z 9. 240a19〜26; *Metaph.* Γ 5. 1010a15〜22. ——プラトンの『パルメニデス』156 C〜D における、同様の変化の分析との比較が後に問題となろう(本稿第15節)。

そして「分割可能なもの」とは、ある一定の大きさをもつもののことにほかならない。事実、右の『自然学』Z巻四章においても、「分割可能なもの」(ディアイレトン)という言葉は、少し先で「大きさ(をもつもの)」(メゲトス)という語によって置きかえられている。*

* Z 4. 234b29, 34. ——このように、動きまたは動かされるものは、分割可能で大きさをもつものでなければならないから、逆に、みずからは動くことのない不動の第一動者は、分割不可能で部分をもたず、いかなる大きさももたない(ἀδιαίρετόν ἐστι καὶ ἀμερὲς καὶ οὐδὲν ἔχον μέγεθος)ということになる(*Phys.* Θ 10. fin.)。

そしてさらに、「大きさをもつもの」とは、例えば数学における線分や平面図形であってもよいが、しかし動や変化という自然学的な主題の枠内では、それはむろん質料を有する物体であり、物でなければならない。アリストテレスの自然学的著作のなかでは、「大きさ(をもつもの)」(メゲトス)という語は、しばしば「物体」「物」(ソーマ)と同義に用いられる。* アリストテレスにとって、キーネーシスの主体となるもの、「動き」または「動かされる」ところのその当のものは、こうして結局、物体(物)にほかならない。「キーネーシスは、自然的物体がなければありえない」(『天体論』A巻九章 279a15〜16)のである。

* *De Generatione et Corruptione* A 5. 320a29〜31, 321b15〜16; *De Caelo* A 6. 273b23〜25.

このようにして、われわれは本稿において最初、アリストテレスにおけるキーネーシスとエネルゲイアとの対置をかりに「運動の論理」と「活動の論理」との対置と呼び、前者を「物があって、その物が、時間・空間の中で動く」と簡略的に表示していたが、この「物があって、その物が……」という表示は、字義通りにアリストテレスの見解の表示であったといえる。そして、これに対する「活動の論理」の主語(主体)となるのは、窮極においてプシューケー(心、魂、生命)であることが確認されたわけである。

12 二局面構造的解釈の不可避性

さて、これだけの手続きを経たうえで、先に提出された問題(本稿第10節末)に立ち帰ることにしよう。その問題とは、ペナーが行なったような二局面構造的な把握はアリストテレス解釈として正当であるかどうか、そしてもし正当であるとすれば、さし当りそこから帰結することが見られた事柄――簡単にいって、アクリルの解釈に見られたのとはまた違ったかたちでのパラレル性の招来――は何を意味し、どのような哲学的問題を惹起することになるか、ということであった。

前節の考察の結果を考慮に入れて、われわれは二局面構造解釈を、「いかなる行為・行動も必ず、(a)プシューケーの自然的能力の行使としてのエネルゲイアの面と、(b)物の動きとしてのキーネーシスの面とからなる」という主張として示すことができる。この主張は、(1)アリストテレスがキーネーシス型の例として挙げるいかなる行動も必ず(a)の面を含み、他方また、(2)エネルゲイア型の例として挙げるいかなる行為も必ず(b)の面を含む、というかたちに言いかえることができるから、もしアリストテレスがこの(1)と(2)の見解にコミットしていることが認定できれば、右の二局面構造解釈は、アリストテレス解釈として正当であることになるであろう。

このうち、(1)人間のすべての行動が必ず(a)のプシューケーの能力行使という面を含むということは、事柄自体としては自明に近い。すでにわれわれはこの見地から、キーネーシスの典型例とされる「歩く」や「建築する」の場合の論理構造式を、(a)と(b)を含む二局面構造的な①′や③′の形で示したのであった(本稿第10節)。事実また、アリストテレスとても、前節で言及された『魂論』B巻で彼が挙げている思考能力、感覚能力、運動能力から生殖・生長の能力に至るまでの、これら「プシューケーの諸能力」のどれ一つも関与しないような人間の行動が、そもそもありうるなどとは考えないであろう。すでに見られたように、彼が同じ『魂論』B巻の第五章(417b8~9, cf.「7. 431a3~7)において、他の箇所ではキーネーシスの例とする「建築すること」を、エネルゲイアの例とされる「思慮すること」と同列に並べて、変様を蒙ることのない(したがってキーネーシスではない)現実活動の例として語っていることや、また『ニコマコス倫理学』K巻五章(1175a34)において、「建築を愛好する人々」を「楽しみとともに現実活動する人々」の例として語っていることは、やはりアリストテレスが事実上、右の(1)の見解にコミットしていることを示すものといえる。

では、(2)はどうか。アリストテレスは、人間に可能なかぎりでの最も純粋なエネルゲイア型の活動である、知性

（ヌゥス）の現実活動態としての「観想」について、それが他の種類の活動とくらべて必要物がより少ないということ（最も自足的であること）を、そのすぐれた特質の一つとして語っていた（『ニコマコス倫理学』K巻七章・八章——本稿第10節参照）。目下の問題の枠内でとらえると、このアリストテレスの論旨は、やはりペナーのように、その現実活動に伴うキーネーシスのために必要なものがより少ないという意味に解するほかはないように思われ、したがって、われわれがまさにこの点でのペナーの不徹底を批判しつつ論理構造式⑤の形で提示したように、エネルゲイアの典型例である「観想」の活動といえども、なお不可避的に（b）のキーネーシスの面を伴うという、（2）の見解を示すものと受けとらなければならないと思われる。

事実また、アクリルもペナーも注意していないけれども、アリストテレスがこの（2）の見解をとっていることをさらに強く示すような発言に、われわれは他にも出会うのである。それは、エネルゲイアの特質であった非時間性ということに関連してである。

キーネーシスが時間の内にあるのに対して、エネルゲイアは本質的に非時間的であるということについては、この点がエネルゲイアとキーネーシスとの原理的な区別にかかわるかぎり、われわれはアクリルの解釈を批判しつつ、これが間違いなくアリストテレスの基本的見解であることを再確認した（本稿第7節）。しかしながら、実際の人間における活動のあり方が問題となる場面では、アリストテレスの語り方はおのずから異なってくる。なぜなら、この場面では、「すべて人間のことは、連続的に現実活動をつづけること（συνεχῶς ἐνεργεῖν）が不可能である」（『ニコマコス倫理学』K巻四章 1175a4〜5）というのが、実情であると言わざるをえないからである。だからまた、この観点から見られるとき、「固有の快楽はもろもろの現実活動《エネルゲイア》を、より長時間つづくもの（χρονιωτέρας）たらしめる」（K 5. 1175b14）ということが、同じ『ニコマコス倫理学』K巻において語られることになる。

そして、先にわれわれは、エネルゲイアの典型例であった「観想」の活動について、ペナーが言及した「必要なものがより少ない」という点(自足性)だけを問題にしたが、そもそもアリストテレスが『ニコマコス倫理学』K巻七章において、この知性の観想的活動こそが人間にとっての「完全な幸福」にほかならないことを論じるにあたって、そのすぐれた特性としてそれよりも先に挙げているのは、観想的活動が他の活動とくらべて「最も連続的である(最も長つづきする)」(συνεχεστάτη, 1177a21)ということであった。のみならず、この観想的活動が人間の完全な幸福でありうるのは、この活動が「完全な生の長さを得たならば」(λαβοῦσα μῆκος βίου τέλειον, 1177b25)という条件のもとにおいてであると、彼は言うのである。もともと、幸福(これもエネルゲイアの例の一つであった)の実現のためには、それに応じた生(これもエネルゲイアの例であった)の長さを必要とするという考えは、『ニコマコス倫理学』の最初から見られるものであった(A 7. 1098a18 sq., A 10. 1101a11〜13, al.)。

「最も連続的である(長つづきする)」とは、最も長時間持続するということであり、「生の長さ」とは時間の長さにほかならない。時間に関するこうした事柄は、エネルゲイアと対置されるキーネーシスについてのみ、言われうることであったはずである。キーネーシスならぬエネルゲイアの典型的なあり方としての知性の観想的活動について、アリストテレスが右のように語らなければならなかったことは、かなり深刻な事態を告げている。この事態の意味するところは、いずれもう少し詳しく解明されなければならない。さし当ってはしかし、もしアリストテレスがそのときどきによってまったく矛盾したことを語っているのでないとすれば、われわれとしてはやはり、彼が問題のどのような場面においてそれぞれの発言をしているかを区別して、解釈するほかはないであろう。

すなわち、アリストテレスは一方において、彼が大切なモチーフを託したエネルゲイア概念それ自体の意義を明確に打ち出すために、時間性に関する点も含めてキーネーシスとの原理的な区別・対比を鮮明に提示するとともに、他方しかし、人間におけるその実際の発動においては、どれほどエネルゲイア型の活動であっても、時間の制約下にあり、「物」が主体となるキーネーシスの要素を伴わざるをえないと見ている(すなわち、上述の(2)の見解をとっている)、と解さざるをえないのである。

このようにして、本稿の最初からこれまでに見られたアリストテレスのすべての論述を考慮に入れて、その諸発言を整合的に解釈するためには、われわれはどうしても、この章の最初に示したかたちでの二局面構造解釈をとらざるをえないことが、確かめられたと思う。すなわち、人間のいかなる行為・行動も、互いに原理的に区別された二つの要素または局面、(a)プシューケーの自然的能力行使としてのエネルゲイアと、(b)物の動きとしてのキーネーシスとからなる、というのがそれであった。*

* 二局面構造解釈を提出したペナー自身は、それがすべての行為・行動に妥当するとは必ずしも言っていない。彼は、「ほとんどの行為」(most actions, p. 451)についてこの解釈が妥当すると言い、あるいは「もし私の行なう或る動きの内に自然的能力が含まれているならば」(*if* there is a natural faculty involved in some movement I carry out, *then*……, pp. 439〜440)という条件文の形でこの解釈を主張している。しかし、ペナーのこの用心深さ(?)がまったく何の意味ももちえないことは、以上見られたこと(第10節で見た彼自身が言っていることも含めて)から明らかであろう。

そしてこのように、いかなる行為・行動も(a)エネルゲイアの面と、(b)キーネーシスの面との両面からなるとすれば、当然、アリストテレスが『形而上学』Θ巻六章その他で表明した、行為・行動そのもののカテゴリカルな分類——エネルゲイアとキーネーシスとのどちらかにきっぱりと分類すること——は、不可能になる。このことは、すでに見られたとおりである(本稿第10節末)。アリストテレスの意図を汲んで言えるのはただ、(a)の面が主となるような、よりエネルゲイア的な行為と、(b)の面が主となるような、よりキーネーシス的な行動とのあいだの、相対的な程度の差異があるということだけであろう。ただし、相対的であるにせよとにかくこのような差異が成立するのは、エネルゲイアとキーネーシスとの原理的な区別が確保されているからにほかならない。

――以上が、われわれの素朴な疑問(本稿第6節)から出発して、アクリルやペナーの解釈を検討・批判しながら、アリストテレスの語るところに導かれて到達した当面の帰結である。

13　アリストテレスへの問

さてそれでは、帰結として確認された以上すべての事柄はさらに何を意味し、どのような問題を惹起するであろうか。

まず直視しなければならないのは、人間における最もエネルゲイア的な活動とても必ずキーネーシスの面を伴って、不完全なエネルゲイアとしてしか発動しえないということは、とりもなおさず、エネルゲイアが実際上は必ずキーネーシスに類同化され、あるいは還元されることにほかならない、という事実である。「不完全なエネルゲイア」とは、もともとキーネーシスの呼称にほかならなかったからである(『自然学』Γ巻二章201b31~32その他――本稿第2節参照)。前節で見られたように、「エネルゲイア」という語について「より長時間つづく」とか「最も連続的である(長つづきする)」とかいった時間にかかわる形容語が語られていることや、知性の観想的エネルゲイアが完全な幸福であるための条件として「完全な生の長さを得たならば」と語られていることは、ここであらためて、まさにこのキーネーシスへの類同化を告げる証左として確認されなければならないであろう。「生の長さ」とは、まぎれもなく〈いつからいつまで〉(between t' and t'')というキーネーシスの同定条件を示す表現にほかならない。つまり、『ニコマコス倫理学』K巻四章で強調的に語られていた、「キーネーシスが完全であるのは、要する時間の全体においてであるか、あるいは、その完成時においてであるかである」(1174a21)という、エネルゲイアと対比的なキーネーシスの特色が、知性(思惟)のエネルギアとしての「完全な幸福」について、そのままあてはまることになるのである。それはもはや、「いかなる時点においても完全である」とはいえないし、また「幸福であると同時に幸福になってしまっている」ともいえないことになる。

そして、もしこのように、人間のすべての行為が実際にはキーネーシス的なあり方としてしか発動しえず、最もエネルゲイア的な活動でさえキーネーシスに類同化されるのであるならば、そもそもエネルゲイアとキーネーシスとの区別を立てること自体が、あまり意味がないのではないか。——われわれはアリストテレスに対して、こう問わなければならない。

われわれのこの問に対して、アリストテレスは、おそらく次のように答えるであろう。

——たしかに人間にとっては、完全に純粋なエネルゲイアというあり方は不可能であり、その意味では「キーネーシスへの類同化」が避けられないということを認めてもよいであろう。けれども、これもすでに認められたように、エネルゲイアとキーネーシスとの原理的な区別が確在していることによって、人間のさまざまの行為や活動のあいだには、そのような「類同化」そのもののうちにあってなお、ある行為・活動がどの程度エネルゲイア的(非キーネーシス的)であり、どの程度キーネーシス的(非エネルゲイア的)であるかという、差異と序列が存在する。そしてこの差異と序列は、人間の生き方に指針と目標を与える。なぜならば、この差異と序列において、キーネーシス的な行為とは、その行為自体以外の他のもののゆえに選ばれるものを意味するのに対して、エネルゲイア的な行為とは、それ自身のゆえに選ばれる行為、当の行為自体が目的であるような行為であって、その最高の形態が知性(思惟)の観想活動にほかならず、これが人間の窮極的な幸福を保証するものだからである。人間は、これを目ざして生きなければならない。このように、エネルゲイアとキーネーシスとの区別は、それにもとづく行為間の差異と序列が生き方に対するひとつの明確な指針と目標を与えるものである以上、あまり意味がないどころか、きわめて重要な意味をもっているのである。

——『ニコマコス倫理学』K巻六章(1176a35〜b9)と七章(1177a17〜b26)の論述は、われわれの先の問に対して、このように答えているように思われる。

しかしここまで来て、あらためてこの『ニコマコス倫理学』K巻六章・七章の論述について疑問となるのは、なぜアリストテレスがここで直接語っているような活動間の差異と序列が、そのまま彼の言う意味での価値的な差異と序列でなければならないか、ということである。価値的な差異と序列であってこそ、それは重要な意味をもつといえる。しかしこの点は、必ずしも一見そう見えるほどには、自明でもなければ必然的でもないのではないか。

そもそもこの差異と序列は、アリストテレスが右の箇所で〈幸福〉の問題へと考察の主題を移したときに、

「もろもろの現実活動のうち、或るものは必要(必然)な活動であり、他の事柄のゆえに選ばれる活動であるが、或るものはそれ自体として選ばれる活動である〔したがって〈幸福〉は、明らかに後者のうちに求めなければならない〕」

(K6. 1176b2〜3)

という言葉によって導入されている。これは「他の事柄のゆえに選ばれる(望ましい)活動」と「それ自体として選ばれる(望ましい)活動」とのあいだの、すでにそれ自身価値的な差異の表明にほかならないが、この差異が実際に意味するところは、すぐ後で説明されているように、その活動自体とは別に何らかの目的ないし所産が存在するような活動と、そうでない活動との区別である。この区別の観点は、第七章に入って知性の観想活動がもつすぐれた特質が列挙されるにあたっても一貫して、今度は観想的活動と実践的活動との価値的な差異——前者の優位——を説明するための観点として、くり返し強調されている。*

＊ K 7. 1177b1〜4, 13〜15, 18, 20. ——活動自体とは別の所産・成果の有無ということはすでに述べたように（本稿第11節二九五ページの注参照）、〈行為〉と〈製作〉を区別するための観点としても用いられるが、〈完全な幸福〉を論ずるこの重要な場面では、〈行為〉もまた広義の所産・成果・目的を別に有するとみなされて、この観点から〈観想〉と対比されることになるのである。そしてアリストテレスにとっては、しばしば語られる〈行為〉と〈製作〉の区別（*Ethica Nic.* Z 2. 1139b1〜3, Z 4, 1140a2〜6, 16〜17, Z 5. 1140b6〜7; *Polit.* A 4. 1254a5〜8）よりも、〈観想〉と〈行為〉＋〈製作〉とのあいだに引かれる区別のほうが、初期の『プロトレプティコス』（Frr. 6, 12, 13, 14, al.）以来この『ニコマコス倫理学』K巻に至るまで一貫して、根本的に重要であったと見ることができる。本書第六章「観ること（テオーリアー）と為すこと（プラークシス）」、第二章「形而上学の存在理由」参照。

当の活動自体とは別の（広義の）所産が結果として生じるような活動と、そうでない活動とのあいだのこの区別は、すでにわれわれが『形而上学』Θ巻八章において出会ったところのものであり、そこでは、この区別がアリストテレスにおいて、事実上エネルゲイアとキーネーシスとの区別と重なり合っていることが見られた（本稿第11節）。この事情は、いまの『ニコマコス倫理学』の箇所においても同様であるといえるけれども、いずれにせよ、ここで価値的な差異と序列として前面に立てられているのは、このような区別の観点にもとづく活動間の差異と序列なのである。

しかしながら、この区別——行為・活動における特定の目的・成果・所産の有無——がそれ自体として価値的な優劣を意味するということは、果たして一般的に自明なことであろうか。けっしてそうとは思えない。いったい、或る目的を目ざして努力すること、そしてその成果として何らかの所産が別に生じるということが、なぜそのことだけで、その行為や活動の価値が低いことの徴候とみなされなければならないのだろうか。また逆に、なぜ知性の観想的活動は実践的活動（正義・勇気等の倫理的徳にもとづく政治的活動や倫理的活動）とくらべて、観想すること自体のほかに何も所産や成果が生じないという理由によって、価値が高いと判定されなければならないのだろうか。——われわれはふたたびアリストテレスに対して、このように問わなければならないであろう。

この点についてのアリストテレスの答は、結局のところ、それが神のあり方にほかならないからである、ということであったし、事実また、それ以外にありえないはずである。

むろんその前に、知性の活動が最もすぐれているのは、知性（ヌゥス）そのものが人間の内なる最もすぐれたもの、最も神的なものであるからだ、という論点がある（K7. 1177a13～17, 19～21）。しかしこの論点は、それだけでは必ずしも、ほかならぬ知性の観想的活動——上述の特色をもつ活動——こそが最もすぐれているということの論拠にはならないであろう。* げんにプラトンも、知性（ヌゥス）が人間の内なる最もすぐれたもの、最も神的なものであるということは、アリストテレスに劣らずこれを強く主張する（むしろこの点は、アリストテレスがプラトンから学んだところであるというべきか）。けれども、この同じ主張を共有しながらも、アリストテレスが言う意味での観想的活動の実践的活動に対する優位性ということは、プラトンの考えにはない。例えば〈技術〉についての見解ひとつとってみても、そのことは明らかであろう。一般に〈技術〉はむろん何らかの所産のためにあるから、アリストテレスにおいては知性の観想的活動から排除されて、正式の場面では第一級の価値を与えられないけれども、プラトンにおいては、〈技術〉は「知性の所産」であり、あるいは知性と並んで万有の生成と秩序の根源に位置づけられる。** 知性そのものが「作るもの」（ポイウーン、デーミウールグーン＝「原因」）とみなされているからであり、*** これが『ティマイオス』の宇宙創造のミュートスにおいて、万有の作り主（ポイエーテース、デーミウールゴス）としての神となって現われることは、周知のところであろう。——こうして、人間にとって知性の（行為的・製作的活動でなく）観想的活動こそが最もすぐれた活動であるとアリストテレスが主張しうるためには、知性それ自体が神的であるということのほかに、どうしても別の論拠と前提が必要である。その論拠・前提となるのがすなわち、知性が「神的であること」の内容をなすところの、アリストテレス独自の神概念にほかならない。

＊　アリストテレス自身も、『ニコマコス倫理学』K巻七章の最初の部分では、一般に知性の活動であることそれ自体と、とくに観想的活動であることとを、一応区別しているように見える(1177a17～18: ὅτι δ᾽ ἐστὶ θεωρητική, εἴρηται)。
＊＊　『法律』第一〇巻 890 D, 892 B, al.
＊＊＊　『ピレボス』26 E～27 B＋30 D～E.

そのような神概念は、『ニコマコス倫理学』の第八章に進んでから全面的に表に現われる(1178b7～23)。よく知られたこの箇所の記述のすべてを、逐一ここでくり返す必要はあるまい。要するに、最もすぐれて最も幸福な存在としての神々は、およそいっさいの実践的な行為(プラークシス、プラッティン)をなさず、ましてや物を作る(ポイエイン)こともなく、その活動はただ観想の活動あるのみ。したがって、人間のさまざまの活動もまた、この至福の神々の活動のあり方に最も近く最も似た活動のあり方——行為でも製作でもなくただ観想の活動——こそが、最も幸福を保証すると説かれているのである。

この独自の「神まねび」の思想を展開するアリストテレスの言葉は雄弁であり、格調高くさえある。しかしながら、先のわれわれの問に対する答として見るならば、このアリストテレスの説明が説明としての効力をもちえないことは、おのずから明らかであろう。なぜなら、「なぜ観想のための観想活動は、所産を伴う実践(行為・製作)の活動よりもすぐれているか」という問に対して、「それは最もすぐれている神々の活動にほかならないからである」と答えることは、論理的には「それは最もすぐれているから最もすぐれているのである」という同語反覆でしかなく、新たに加わっているのはただ、「神々」という名前による情動的な権威づけだけだからである。

むろんまた、このアリストテレスの神の観念そのものも、きわめて興味ぶかい特色をもっていることは事実であるが、けっして一義的に自明なものではなく、万人の承認する神の観念であるというわけには行かないであろう。それは、例えばプラトンにおける神の観念とくらべてみても大きく異なっている。プラトンの神は上述のように、作り主・製作者(ポイエーテース、デーミウールゴス)として語られるような神だからである。また、アリストテレスは正しさという倫理的徳性を、それが行為にかかわる徳性であるがゆえに神々の活動から排除したが(1178b10~12)、至福の神に範を求めるプラトンの同じ「神まねび」の思想においては、「神は可能なかぎり最も正しくあるがゆえに、最も神に似るとは最も正しい人間になること」というのが、その中心的な論旨となっているのである(『テアイテトス』176B~C)。

しかしそれにしても、アリストテレスの神は、行為せず、ものを作らず、ただ観想するのみという。ではいったい、何を観想するのであろうか。その知性の思惟活動は、何を思惟するのであろうか。――この問は、アリストテレス自身が『形而上学』Λ巻九章(1074b21~35)において実際にたずねている問(τί νοεῖ;)であった。しかしいまは、この問がアリストテレスの思想の中では必然的に行き着かざるをえない答――「思惟の思惟」ということ(αὐτὸν ἄρα νοεῖ, ……καὶ ἔστιν ἡ νόησις νοήσεως νόησις)――の意味について、論じることはひかえなければならない。目下の考察にとっては、われわれの先の問に対するアリストテレスの答について、その説明としての効力を見届けることが、必要にして十分な手続きだったからである。

すなわち、本節においてわれわれは最初、もともとの問題であったエネルゲイアとキーネーシスとの区別に関連するアリストテレスの諸発言を踏まえたうえで、人間における最もエネルゲイア的な活動ですらも事実上キーネーシスへ類同化されなければならないとすれば、そもそもエネルゲイアとキーネーシスとを区別すること自体が、あまり意味をもちえないのではないか、という疑問を提出した。これに対するアリストテレスの答は、この区別にもとづく活動間の差異と序列が、人間の生き方に指針と目標――最高の幸福――を与えるものである以上、重要な意味をもつということであった。われわれはこの点に関する『ニコマコス倫理学』の記述に即して、ではなぜ、この活動間の差異と序列がそのような価値的な意味をもちうるのかと、ふたたび問うていたのである。

こうして、この最後の問に対する「それは神々の活動のあり方を範とし基準とする差異と序列であるからだ」というアリストテレスの答が、いま見られたように、トートロジーに帰着して答としての効力をもたず、その神観念も一義的な自明性と普遍性をもたないとすれば、少なくともそのような神のあり方を無条件的に信じることを決意するのでないかぎり、われわれはふたたび最初の問へと押し戻されることになり、エネルゲイアとキーネーシスとの区別の意味についての疑問は、依然、疑問のまま答えられずに残されていることになる。

14　二種類の区別原理

エネルゲイアとキーネーシスとの区別を語るアリストテレスの言葉を最初に正面から受け取めたとき、われわれはそこに内包されるはずの重要な意味を積極的に認めることができた(本稿第4節〜第5節)。しかしいま、アリストテレスとの問答を重ねた末、この区別が結局はあまり意味をもちえないのではないかという疑問が、解消されないまま残されることになってしまった(前節)。なぜこのような結果になったのか。今や、この点を省みることを通じて、アリストテレスにおけるこの問題についての総括を行なうための準備に取りかからなければならない。

当初の展望とは裏腹の目下の疑問はどこから起こったかというと、それは直接には、最もエネルゲイア的な活動でも事実上はキーネーシスへと類同化されると見られること、そしてこの点をめぐっての、実践(行為・製作)に対する観想の価値的な優位を表に立てたアリストテレスの説明に承服できなかったこと、に由来していた。

そこで、あらためてまず考えてみなければならないのは、なぜこのようにキーネーシスへの類同化だけが、一方的に問題とならなければならなかったか、という点である。一方的にと言うのは、その前に確認された「いかなる行為・行動も必ず、(a)エネルゲイアの面と、(b)キーネーシスの面との両面からなる」という二局面構造的把握にもとづくかぎりでは、もし(b)への類同化が問題とされるなら、(a)への類同化、すなわち、エネルゲイアへの類同化ということも、それとまったく同等に考えられてよいはずだからである。

すなわち、われわれはこの二局面構造解釈が不可避であることを確認するにあたっての手続きとして、(1)キーネーシス型の例として挙げられるいかなる行動も必ず(b)の面とともに(a)のエネルゲイアの面を含む、(2)エネルゲイア型の例として挙げられるいかなる行為も必ず(a)の面とともに(b)のキーネーシスの面を含むという、この(1)と(2)の見解をアリストテレスがともに有していることを見届けてある(第12節)。問題となったキーネーシスへの類同化ということは、この(2)のほうの見解を示すアリストテレスの諸発言にもとづいて、「最もエネルゲイア的とみなされている活動でさえも必ず(a)の面とともに)(b)キーネーシスの面を含み、そして事実上はキーネーシスのあり方において発動する」というかたちで導き出されたものである。それならばしかし、少なくとも事柄自体としてはまったく同等に、(1)のほうの見方に即して、「最もキーネーシス的とみなされている行動でさえも必ず(b)の面とともに)(a)エネルゲイアの面を含み、そして事実上はエネルゲイアのあり方において発動する」という、逆の方向の類同化を表示する命題を立てることができるはずである。そして、はじめに展望されたエネルゲイア概念の意義が生かされるためには、この命題の可能性を積極的に追求するほかはないことは明らかであろう。

この可能性に対して、アリストテレス自身の思考は、どのような反応を示すであろうか。キーネーシスの典型例であった「建築する」を、彼が場合によっては事実上エネルゲイアとして扱っていることが先に見られた。じっさいまた、「建築する」にせよ「歩く」にせよ「学ぶ」にせよ、プシューケーにそなわる自然的能力の行使という観点を視座に据えてこれを見るならば、いずれもそれ自体がエネルゲイアとみなされることが可能であろう。けれども、この可能性はアリストテレスにおいて、けっして全面的に追求され展開されることはなかった。全般的に見れば、明らかに彼は、これら「建築する」の類いを頭からキーネーシスとみなす見方を、つとめて固定させようとしているといわざるをえないし、そのことによって右の可能性をみずから閉ざしているのである。

なぜであろうか。それはほかでもない、まさに前節において表面化された観想と実践(行為・製作)との区別が、アリストテレスの思考のうちに最初からモチーフとして強く働いていること、そしてこの区別――それはまた何らの所産も伴わない活動と特定の所産(広義の)を伴う活動との区別でもあった――が、エネルゲイアとキーネーシスとの区別の上に重ね合わされていることによる、と思われる。前者の区別によるかぎり、例えば「建築する」という行為はいかにしても、特定の所産を伴うところの製作活動のほうに分類されるよりほかはないであろう。それゆえに(――観想と実践(行為・製作)の区別＝エネルゲイアとキーネーシスの区別、という上述の重ね合わせによって――)「建築すること」はキーネーシスである、と認定されているのである。

本稿第3節に示したわれわれの主要テクストの一つ、『ニコマコス倫理学』K巻四章(1174a19～29)における「建築」の扱い方は、暗黙のうちに行なわれるアリストテレスのこのような思考の動きを、よく示しているといえないだろうか。この箇所において、「神殿の建造」という建築活動を見る目は、はじめから「神殿」という〈所産〉のほうに固定されていて、「建築」とは、作業の開始からこの〈所産〉が出来上るまでの過程の全体として規定されている。そして、その途中のどの部分をとってみても、そのように規定された「建築」として不完全である(当然であろう、それは要するに部分は部分であって全体ではないということに尽きる)ということが、「すべてのキーネーシスは不完全である」ことの例証として語られているのである。

キーネーシス(物の動き)そのものをこのような仕方で、エネルゲイアと対比的に「不完全である」と記述することは、アリストテレスの立場として当然であり、正当でもある。しかし、「建築」という人間の行為が、いかなる意味においてもこのようなキーネーシスでしかありえないとまでは、これまでにも見られたように、本来は言えないはずである。にもかかわらず、ここでは(ここだけではないが)、「建築」があたかも自明であるかのようにキーネーシスとして扱われているのは、いま言ったように、観点がもっぱら〈所産〉のほうに固定されていること、すなわち、「建築」が基本的には観想と実践(行為・製作)の区別の観点からとらえられ、その把握がそのまま、エネルゲイアとキーネーシスの区別の中へ平行移動させられていることによるのである。同じことは、「歩く」「学ぶ」「織る」など(いずれも広義の所産——到達地、学習成果、製品等——が伴う)についても言える。

そして同じことはまた、逆の意味において、エネルゲイアの例とされる「見る」「観想する」「思惟する」「生きる」「幸福である」等についても言えるであろう。すなわち、これらは特定の〈所産〉を伴わないがゆえに一律にエネルゲイアの例とされるのであって、例えばしかし「観想する」という種類の活動それ自体がつねに必ずエネルゲイアとしてしか発現しないとは、すでに見られたように、アリストテレス自身も主張することができないはずである。——これを要するに、アリストテレスがエネルゲイアとキーネーシスへの分類として語ったところの、これら行為・行動の種類分け——一方における「見る」「思惟する」等と、他方における「建築する」「歩く」等——は、本来は、特定の所産や成果を生じない観想型の活動と、特定の所産や成果が生じる実践(行為・製作)型の活動との区別を基準とした分類なのであって、照準ははじめからこの区別に合わされている。だからこそまた、エネルゲイアとキーネーシスとが原理的に区別されるときの観点から見るならば、行為・行動の種類そのもののこのカテゴリカルな分類は、崩れ去らざるをえないのである。

アリストテレスが重ね合わせた二つの区別原理は、こうして、もともと別種の区別原理であるといわなければならない。このことは、エネルゲイアとキーネーシスとの区別が元来は、真の行為とそうでないものとの区別であったのに（『形而上学』Θ巻六章——本稿第3節を見よ）、観想と行為・製作の区別においては、この同じ〈行為〉（プラークシス）が反対側の項に現われることからも、端的にうかがわれるであろう。〈行為〉対〈真の行為でないもの〉＝〈観想〉対〈行為〉というこの等置は——かりにどれほど「行為」という語が異なった意味合いをもたされて使われているのだとしても——やはりどう見てもおかしいのである。

また、この二つの区別原理は「目的の内在か外在か」という観点を共有するように見えるかもしれないが、これも外見上のことにすぎないであろう。なぜなら、例えば「建築」という活動がすでに述べたような意味でエネルゲイアとみなされる場合、「家」や「神殿」といった〈目的〉ないし〈所産〉は、家（神殿）を建てるための知の行使というかたちで、そのプシューケーの能力の行使活動自体の内に吸収もしくは内在化されているといわなければならないからである。『ニコマコス倫理学』K巻五章でアリストテレスが語っていた「歓びとともに建築活動に打ちこむ人々」の活動は、まさにそのようなあり方のものというべきであろう。それはけっして、活動そのものの外にある目的や所産に向かっての、たんなる〈動き〉ではない。

このような見方——あらゆる行為・行動におけるエネルゲイアの面の積極的な追求——の可能性は、しかし以上のように、もうひとつの異質の区別原理がその上にかぶせられることによって、一般的には蔽いかくされてしまった。こうして皮肉なことには、かえって、最もエネルゲイア的であるはずの活動について、キーネーシスへの類同化とわれわれが呼んだ事態のほうが、一方的に表面に現われる結果となっているのである。そして、この点についてわれわれがアリストテレスの説明に承服できなかったのも、同じこの観想と実践（行為・製作）の区別を価値的な原理として立てることに対してであった。われわれが直面させられた疑問は、こうして、同じ一つの根から由来していたといえるであろう。

15　最終章——総括と展望

前章の診断結果にもとづいて、われわれの到達した地歩からアリストテレスの思考を再構成し、本稿においてこれまでに出会った諸論点についてのコメントを加えながら、エネルゲイアとキーネーシスとの区別の意味を総括してみよう。

(1)　アリストテレスにおいて最初から最も強く働いているモチーフは、観想と広義の実践(行為・製作)との区別であり、後者に対して前者が価値的に優位にあるという見方であった。もともと、この区別とこの見方は彼にとって、初期の『プロトレプティコス』以来、のっぴきならない重要な意味をもつものであった(本稿第13節三〇七ページの注参照)。「第一哲学」を頂点とする彼の学問体系における、それぞれの対象領域や人間の知的機能の厳重な区分(『形而上学』E巻一章、『ニコマコス倫理学』Z巻一章以下、など)も、この区別に対応するものであるし、またすでに見られたように、神の観念において表立って現われるのも、結局はこの区別にもとづく観想的活動の優位性と神性の思想であった(われわれはしかし、この考えに必ずしも承服できなかった)。

(2)　観想と実践(行為・製作)——前者からは当の活動自体と別に特定の所産が何も生じないが、後者からは特定の所産(広義の)が生じる——のこの区別は、『形而上学』Θ巻六章その他で語られている(i)「見る」「思慮する」「思惟する」「生きる」「善く生きる」「幸福である」等と、(ii)「歩く」「建築する」「学ぶ」「健康になる」等とのあいだのタイプの区別を、正確に指し示している。すなわち、この(i)と(ii)への分類は、本来は、観想と広義の実践(行為・

製作)との区別にもとづく分類であった。

(3)　しかしアリストテレスはここで、おそらくはこの(i)のグループの行為(観想型)と(ii)のグループの行為(実践型)との区別を強化し、(ii)に対する(i)の価値的な優位を根拠づけるために、エネルゲイアとキーネーシスというもうひとつ別の区別原理を導入してこの分類と結びつけ、(i)のグループの行為(「見る」「思惟する」その他)はそのまま一義的にエネルゲイアであり、(ii)のグループの行為(「建築する」「歩く」その他)はそのまま一義的にキーネーシスであると主張した。

けれども、その際彼がエネルゲイアとキーネーシスのそれぞれに正当に帰したところの、両者のいくつかの原理的な特質を基準にして見るかぎり、この区別はけっして、行為の種類そのものの(i)と(ii)への区分と、一義的に対応しない。げんにまた、この一義的な対応の主張はアリストテレス自身においても、必ずしも一貫して厳格に保持されているとはいえなかった。われわれとしては、エネルゲイアとキーネーシスとの区別原理に従うかぎり、人間のいかなる行為も――(i)のグループのそれも(ii)のグループのそれも――エネルゲイアの面とキーネーシスの面との両面からなると解さなければならない、と判断した。

(4)　ただし、アリストテレスがエネルゲイアとキーネーシスとの対比点として挙げた事柄のうち、「速い・遅いが言えない(エネルゲイア)か、それとも言える(キーネーシス)か」(いわゆる遅速テスト)という区別基準は、ほぼそのまま上記(i)と(ii)への行為の分類と合致しているように見えるし(本稿第9節参照)、また同じことは(かなり問題はあるが)ある程度まで、「現在が同時に完了でもある(エネルゲイア)か、それともそうではない(キーネーシス)か」という、いわゆるテンス・テストについても言えるように思われる。

すなわち、われわれの日常語法では、(i)のグループの行為を表わす動詞は、遅速テストに対してはマイナスの反応を示し（例えば「月を速く（遅く）見ている」「ある事柄について速く（遅く）思惟にふけっている」「速く（遅く）生きている」etc. とは自然に言えない）、テンス・テストに対しては大体においてプラスの反応を示す（「月を見つつある」＝「月を見てしまっている」etc.）。また逆に（ii）のほうの動詞は、遅速テストに対してはプラスの反応を示し（「速く（遅く）家を建てつつある」「速く（遅く）歩いている」etc. と自然に言える）、テンス・テストに対してはマイナスの反応を示すものが多い（「家を建てつつある」≠「家を建ててしまっている」、「ギリシア語を学びつつある」≠「ギリシア語を学んでしまっている」etc.）。だからこうした区別基準は、（i）のグループの諸行為はエネルゲイアであり、（ii）のグループの諸行為はキーネーシスであるという主張を支持するように思えるであろう。

しかしながら、すでに見られたように、（ii）のグループの行為、例えば「建築する（家を建てる）」という行為も、それがプシューケーの能力（家を建てる知）の行使であるかぎりにおいてはエネルゲイアなのであり、したがって、そのようなエネルゲイアとしての建築活動のあり方は、テンス・テストと遅速テストに対しても、本来は上記とは逆の反応を示すはずである。なぜなら、「家を建てる知というプシューケーの能力の行使」としての建築活動の〈形相〉は、その発動とともにつねに完全に実現しているし、「速く」「遅く」ということは、この活動の本質にとって何の関わりもないからである。それがしかし、日常語法においては両テストに対して上記のような反応を示すのは、われわれの日常語法そのものの中に、「建築する」その他（ii）のグループの行為に対する、まさにそのような見方が組みこまれているからにほかならない。

すなわち、われわれの常識は（ii）のグループの行為については、これを純粋に自然的能力の行使と見るよりも、その所産・成果のほうを重要視する抜きがたい傾向をもっている。常識にとっては、何を建て、どこまで歩き、どれだけのことを学んだかが関心事であり、家を建てつつあること、歩きつつあること、学びつつあることよりも、建ててしまったこと、歩いてしまったこと、学んでしまったことが（また、論文を書きつつあることよりも書いてしまったことが！）重要なのである。まさにそれゆえに、現在と完了とが引き離され、またその所産・成果が「速く」達成されたか「遅く」達成されたかが語られるのである。これは疑いもなく、われわれの常識とは、人間の生存と行動のための便宜性・有効性・効率性ということに合わされて形成されているからであろう。

日常語法の中には、常識のこのような見方が組みこまれていて、それゆえに、右のような意味での明確な所産・成果を有しない（i）のグループの行為を表示する動詞と、（ii）のグループの行為を表示する動詞とでは、先の両テストに対して互いに異なった反応を示さざるをえない。元をただせば生存と行動のための有効性ということから由来しているこのような語法上の事実を、アリストテレスは、（i）の観想型の行為は一律にエネルゲイアであり、（ii）の実践型の行為は一律にキーネーシスであるという主張のために援用したのである。しかしこの援用が効力をもちうるのは、くり返し言うように、あくまで日常語法の内においてだけであることを確認しなければならない。

（5）　しかし、ただ援用しただけではない。アリストテレスは、日常語法の中に組みこまれている常識のこのような見方――（ii）のタイプの行為について所産や成果のほうに関心を向ける態度――をさらにその極端まで押し進めて、もはや常識的とはいえない一つの哲学的見解へと変形させたことになる。すなわち、（ii）のタイプの諸行為はキーネーシス――もの（物）の動き――にほかならないがゆえに、その主体は行為する人ではなく、行為の所産や成果に向かって「動かされるもの（物）」のほうであるとする見解が、それである。すでに取り上げた（本稿第11節）『形而上学』Θ巻八章におけるアリストテレスの言葉をふり返ってみよう。

「（能力の）行使自体のほかに、結果として何か別の所産が生じる場合は、その現実態は作られるものの内にある。例えば、建築することは建築されるものの内にあり、織ることは織られるものの内にあり、その他同様である。

全般的に言って、動(キーネーシス)は動かされるものの内にある」(1050a30〜34. ——「の内にある」は主体のありかを示す)

「建築すること」や「織ること」(ⅱ)のタイプに属する行為)について、ここで言われているように、能力の行使そのものとしてこれを見るのではなく、その所産のほうに観点を向けるということは、常識がとる見方でもあった。しかし、その同じ観点からさらに、「建築すること」や「織ること」がキーネーシス(もの(物)の動き)の一形態とみなされて、その主体が「建築されるもの」(家へと建てられつつあるもの)や「織られるもの」(織られつつあるもの)のほうにあると言われるとき(これは〈動〉の定義を説明した『自然学』Γ巻一章に見られるのと同じ見解である)、常識はこれにとまどうであろう。常識は——「見ること」や「観想すること」の主体が「見る人」「観想する人」であるとアリストテレスがつづけて言うのと同じように——「建築すること」や「織ること」や一般に「作ること」の主体も、当然、「建築する人」であり、「織る人」であり、「作る人」であるとみなすだろうからである。

いずれにせよ、このアリストテレスの見解に従えば、ここで挙げられている〈製作〉(ポイエーシス)の事例だけでなく、彼がキーネーシスと呼ぶ(ⅱ)のグループに属する諸行為のすべてについて——すなわち、「歩く」「学ぶ」などについても——、その主体は、所産(広義の)や成果に向かって何らかの意味で「動かされるもの(物)」のほうにあると考えなければならない。

しかし、このように(ⅱ)のグループの行為を、それが人間の行なう行為であるにもかかわらず、頭から〈物の動き〉と同一視することは、常識の見方から出発して到達した反常識的な見方であるだけでなく、事柄自体としても明らかに行き過ぎというべきであろう(だからこそ、この頭からの同一視はアリストテレス自身においても、ときに揺らぐのが見られたのである)。そして、(ⅱ)の種類の行為に対してアリストテレスが一般的にとった、この過度の価値低減の措置は、前節で見たように、結果的にはかえって、(i)のタイプの活動の「キーネーシスへの類同化」という事態だけが一方的に表面に現われるというかたちで、価値を強化しようとした(i)の諸行為へとはね返ってくることになった、ともいえるのである。

(6)　要するに、アリストテレスが提示したエネルゲイアとキーネーシスとの区別において、重要なのはこの区別への原理的な着眼そのものであり、その着眼点を生かすことである。それを妨げているのは、以上見られたように、彼がこの区別の上に重ね合わせた観想と実践(行為・製作)というもうひとつの区別原理、およびそれにもとづく上記(i)と(ii)への行為の種類分けであった。したがって、この後者はアリストテレスにとって抜き差しならぬ重要なモチーフであるとしても、われわれとしてはこれを、エネルゲイアとキーネーシスの区別から引き離さなければならない。

この引き離しは、彼の神概念の内容に大きくひびくけれども、しかし〈純粋のエネルゲイア〉であることとの規範性そのものは変らない。そして、それを範とする人間の生き方と行為のあり方については、蔽いかぶさっていた「(i)型の諸行為＝エネルゲイア、(ii)型の諸行為＝キーネーシス」という不当な種類分けが除去されることによって、本来の着眼点に内包されていた貴重な示唆が、積極的に生かされることになるであろう。すなわちそれは、人間のすべての行為は、これをプシューケーの自然的能力の行使として見るとき、そして行為者自身がまさにそのようなあり方の行為と生をみずからのものとすることに徹するとき、エネルゲイアの原理的特質として挙げられた諸性格――目的内在性、完全性、非時間性、現在がそのまま完了であること、など――を有することができるのではないか、という示唆である。それはまた、「永遠性ということを終りなき時間の持続としてではなく、非時間性として解するならば、現在のうちに生きる者こそが永遠に生きることになる」(Wenn man unter Ewigkeit nicht unendliche Zeitdauer, sondern

Unzeitlichkeit versteht, dann lebt der ewig, der in der Gegenwart lebt.)* ということでもある。「生の長さ」の縛めは、そのとき消失するであろう。

＊ L. Wittgenstein, *Tractatus Logico-philosophicus*, 6. 4311.

人間におけるこのような〈現実活動態〉は、アリストテレスの言うごとく、知性（ヌゥス）の活動に窮極するであろう。しかしその活動は、アリストテレスの言う意味での「観想」だけに局限されなければならない必然性はない。人間は、どのような行為・行動・製作にも、〝心をこめる〟ことができるはずである。

（7） しかしながら、保留条件は依然残存する。人間の主体的な生き方と行為のあり方における右のような可能性は、われわれはこれを疑いなく確言することができる。けれども、その前に確認された二局面構造的解釈によれば、神ならぬ身の人間の生と行為は（エネルゲイアの面とともに）不可避的にキーネーシス——物の動き——の面を伴わざるをえないとされていたのである。

この制約は結局、世界の一部としての人間にとっての制約であり、そしてそれはさらに詰るところ、アリストテレスの世界解釈の中に「運動の論理」（「物があって、その物が、時間、空間の中で動く」）とわれわれが呼んだところのものが、抜きがたく強力に根を張っていることから由来する制約にほかならないであろう。人間の行為について二局面構造的解釈が避けられなかったのは、プシューケーの能力行使としてのエネルゲイアが、世界を規制する「運動の論理」の制約下にあることからの必然的な帰結であると思われる。

プシューケーの能力行使としてのエネルゲイアということは、世界全体として見れば、人間だけに限られることではない。アリストテレスは『魂（プシューケー）論』（B巻一章〜三章）において、プシューケーとその諸能力を、植物までを含めた有機体（σῶμα φυσικὸν ὀργανικόν）の全体にわたってとらえている。獣が駆け、鳥が鳴き、花が開き、葉が繁り……一寸の虫、一木一草にいたるまで、およそ生きとし生けるものの生命の営みは、すべてプシューケーの能力の発現であり、エネルゲイアなのである。知性(ヌゥス＝思惟能力)の働きはその頂点にあり、これをもつ人間は先述のように、エネルゲイア性のほとんど極限を望みうると考えられた。しかし結局は、こうしたプシューケーを有する生物の世界は、プシューケーなき物体としての無生物界を含めた世界の全体ではなく、「可能的に生命をもつ自然的物体の第一の現実態」と定義されるプシューケーの諸能力の働きは、生命をもたない物体を合わせた世界を全体として規制する「物(物体)とその運動の論理」の制約の中にあり、その頑強な抵抗に出会わざるをえないであろう。

こうして、この点に関するアリストテレスの世界解釈上の立場は、「有機体においては、有機体のエンテレケイアまたはエネルゲイアとしてのプシューケーの働きによって、物(物体)とその運動の論理が部分的に緩和される」という見方に帰着することにならないだろうか。これは、ホワイトヘッドが“vitalism”と呼び、心・生命と、物・物質との二元のあいだの妥協であるとして批判した考え方と、軌を一にする立場であるといえる。*

* A. N. Whitehead, *Science and the Modern World*, Cambridge U. P. (repr. 1953), pp. 98, 128.

(8)　もし事情がかくのごとくであるならば、われわれは先にアリストテレスの行為論において、上述の(ii)の類型の諸行為を頭からキーネーシスとみなすことの不当性を指摘したけれども、問題はこのキーネーシスそのもののとらえ方——「運動の論理」的なとらえ方——にあるといわなければならない。アリストテレスのエネルゲイア・モチーフが最初われわれの期待したような仕方で、世界解釈全般の内にも充分に生かされるのを見るためには、彼のキーネーシスのとらえ方を徹底的に洗い直してみなければならないであろう。これは本稿に許された範囲を超える仕事である。しかし、若干の基本的な事柄だけは最後に見ておきたい。

「運動の論理」とは、何よりもまず、キーネーシス(動、運動)の主体となる運動体(τὸ κινούμενον)の確在の論理である。*

これはアリストテレスにおいて、キーネーシスとは実体に依存してある属性ないし様態のようなものであって、実体なしにはありえないという、彼の基本的な立場から要請される考えである。** そして、自然におけるキーネーシスにとって、不可欠の主体となるこの運動体は、「物」「物体」でなければならない。われわれはすでに、この見方が成立する事情の一端を見た(第11節)。そこで一つの重要なポイントになっていたのは、『自然学』Z巻四章(234b10~20)その他において見られたように、アリストテレスがキーネーシスを含めた変化(メタボレー)の分析によって、「変化するもの」はすべて必ず「分割可能なもの」(すなわち、一定の大きさをもつもの)でなければならぬと考えたことである。

* Cf. (e.g.) *De Gen. et Corr.* B 11. 338b15: ἡ γὰρ κίνησις ἀκολουθεῖ τῷ κινουμένῳ. ――キーネーシスは、主体となる動く当のもの(ὅ=τὸ κινούμενον)、動く場所・領域(ἐν ᾧ)、時間(ὅτε)の三つの要因からなる(*Phys.* E 4. 227b20~26)。

** Cf. (e.g.) *Metaph.* Λ 5. 1071a1~2: τῶν οὐσιῶν ἄνευ οὐκ ἔστι τὰ πάθη καὶ αἱ κινήσεις.「実体がなければ、様態(属性)や動は存在しえない。」

動や変化のいわば現場を分析するにあたっての彼のこの思考は、プラトンが『パルメニデス』(156 C~D)で行なっている同様の変化の分析とくらべるとき、ある重要な特色をもっていることが知られるのであって、われわれはここに、アリストテレスにおいて上述の意味での「運動の論理」が成立する最も具体的な場面を同定することができるように思われる。

プラトンの行なった変化の分析を、アリストテレスのそれについての先のわれわれの記述(二九八ページ)にできるだけ揃えて述べると、その論旨は次のようなものであった。

――xがAという状態からB(あるいはむしろ、非A)という状態へと変化しつつあるとき、xはAであるのでもないし、Bであるのでもないはずである。しかし、変化が行なわれる時間の内のどの瞬間をとってみても、xはまだAであるか、すでにBであるかのどちらかである。したがって、xがAでもBでもないはずの「変化しつつあるまさにそのとき」を、時間の内に同定することはついにできない。「変化しつつあるまさにそのとき」というのは、非時間的な「忽然」(エクサイプネース)としか呼びようのない「奇妙な或るもの」である。――変化――片ときも恒常的な自己同一性を保持しないこと――とは、感覚的世界の基本的性格である。プラトンは、「忽然」という「奇妙なもの」へと導かれるこの分析において、変化そのものの現場における「AでもなければB(あるいはむしろ、非A)でもない」という非合理な事態を、まさに感覚界がもっている非合理な特質として、そのまま認めたといえる。それは例えば『国家』第五巻末に見られるような、感覚と思わくの世界の事物についての、「どちらであるとも、どちらでもないとも、固定的に考える(παγίως νοῆσαι)ことはできない」(479c4～5)という認定と確実につながっている。

これに対してアリストテレスは、すでに見られたように、同じく変化の現場において考えられる「AでもなければB(非A)でもない」という非合理なあり方を、非合理なるがゆえに「不可能」として斥け、代りに、「〈変化するもの〉の一部はAであり一部はB(非A)であることが必然」であると考えることによって、〈変化するもの〉はすべて必ず部分へと分けられうるようなもの(一定の大きさをもったもの)でなければならぬという、まったく違った結論へと導かれたのである。これによって、物(物体)としての〈運動体〉・〈変化体〉の確在の要請が絶対必然となることは明らかであろう。それはアリストテレスがプラトンと違って、感覚界における変化に内包される矛盾・非合理をそのまま認めることを欲せず、これを右のような説明(λόγον διδόναι)によって回避しようとしたことによる。*

＊　この点についてはなお『形而上学』Γ巻五章 1010a16～22 参照。

動や変化をこのように、物の動き・変化としてとらえることは、常識にとってはほとんど不可避の見方である。そうしなければわれわれは、生存や行動のために事態に対処する的をしぼれないからである。科学もまた、この想定の上に立って世界を見ることによって有効に進められてきた。ただしかし、これが動や変化の、そして動と変化が支配するこの世界の、窮極的なあり方であるかどうかは、また別の問題である。げんに、いま見られたプラトンの変化の分析と感覚界のとらえ方からは、物としての運動体の窮極的な実在を前提とするこのような見方は、必ずしも帰結しないし、世界解釈全般の図柄も、おのずから違ってくるであろう。* それはしかし、アリストテレスにとっては、少なくとも動と変化の分析の場面では、必然的に要請される見方であった。そして先に、ある種の類型の諸行為をキーネーシス(物の動き)と同一視する、彼のそれ自体としては反常識的な見解が、元をただせばしかし、所産や成果に関心を向ける常識の見方に根をもっているのが見られたが、このキーネーシスそのもののとらえ方もまた、変化のパラドクス(反常識)を本能的に回避しようとする、生存と行動の有効性に合わされた常識のうちに根をもっているといえないだろうか。

* この点については、本書第二章、第四章、第五章において論じられた(なお『ギリシア哲学と現代——世界観のありかた』(第VI章参照)。

しかし、アリストテレスにおいて「運動の論理」がこのように、常識に根ざしつつ強力であればあるほど、はじめに述べたように、それに鋭く対置されたエネルゲイア概念のもつ意味は貴重であるといえるのである。ただ、これがすべて以上のような制約を突破するのを見るためには、われわれは彼のキーネーシスの定義——「建築」その他を例に用いるその不当な例証を取り去り、またこの定義から導き出された必ずしも正当と思えない諸見解を取り去ったときに残る、キーネーシスをほかならぬエネルゲイア(エンテレケイア)として規定する定義そのもの——に再度目を据えることから、出発し直さなければならないであろう。

あとがき

プラトンとアリストテレスを導きとして、世界観構築における哲学の基本問題をできるだけ明確化して考究すること――これがここ何年ものあいだ、私の研究と仕事の中心にあった一つの有力なモチーフである。本書には、このモチーフに沿って書かれた七篇の論文を選んで収めた。『イデアと世界』という書名は、プラトンはもとよりアリストテレスの正確な理解のためにもまず――そして最後まで――問題となるのはプラトンの中心思想イデア論であり、そしてこのイデア論をどのように理解するかということが、世界の哲学的な見方の基礎と方向を決定せずにはいないという、本書の全体を支える基本的認識の一表現としてつけられたものである。

全体を二部に分け、第I部には一般的なテーマを直接の論題とした三篇の論文を集め、第II部には、プラトンとアリストテレスの哲学における特定の問題を扱った研究論文を二篇ずつ配した(第三章の論題はこの原則から外れるように見えるが、これもしかし、専門誌に載せた研究論文と異なって専攻外の広い読者のために書かれたその性格上、第I部に入る)。著者のおおよその意図としては、第I部の諸論文は、一般的な主題との取り組みがいずれもプラトンやアリストテレスに関する特定の問題へと集束して行く方向を示し、第II部は逆に、プラトンやアリストテレスに関する特定の問題を直接の主題とした〝専門的〟研究が、おのずから一般的な広い問題連関への展望をひらくという方向を狙ったつもりである。

一つ一つが独立した論文として完結していながら、扱われる問題が相互に密接につながっているので、ときにある程度の重複した記述が現われることがあるのは、お許しねがわなければならない。相互につながっているその問題の中身が具体的に何であるかについては、それぞれの論文自身をして語らしめるほかはないであろう。ここでは、全体を理解していただくための参考として、本書の刊行にいたるまでの私の歩みの一端をふり返りながら、一つ一つの論文の成立事情について説明を加えておきたい。

執筆の年代順に言うと、本書のなかでは第五章の「知るもの、生きるもの、動くもの」が最も古く、二〇年以上も前に書かれた論文である。当然、今見ると書き改めたい点も多く、また注で挙げられる参考文献にはとくに時代的制約が目につく。しかしこの論文は、〈プシューケー〉の問題を中心にプラトンおよび古代ギリシア一般の自然観を理解するための私なりの布石を最初に置いたものとして、私には重要な意味をもっている論文であり、内容上本書の構成から外せないので、多少の加筆のほかは原形のままここに収録した。当時は、コリングウッドの『自然の観念』(R. G. Collingwood, *The Idea of Nature*) の影響を受けていたように思う。

そのころ——つまり昭和三十年代の前半ころ——英米を中心とする世界の学界では、分析哲学の潮流がG・ライルなどによってプラトン研究の中に導入されてからすでに久しく、その影響下に、イデア論解釈とプラトン哲学の発展について活潑な論争が行なわれつつあった。それはとくに『パルメニデス』のいわゆる「第三の人間」の問題の解釈に集中したが、大きく単純化していえば、『パルメニデス』でプラトンがみずから提示しているこうした問題点が実際にイデア論にとって致命的なものとみなして、そのことを自覚したプラトンは以後中期の形而上学的なイデア論を捨てて認識論的・言語分析的な仕事へ向かったと見る分析派の論客たちと、これに反対する伝統派の学者たちとのあいだの論争であった。

問題が問題だけに、私もこの論争の成行きに深い関心を寄せざるをえなかった。一般に分析哲学系統の論者たちの議論は、しばしばあまりに些末に走るきらいはあるけれども、概していえばその清朗な空気は私の性に合っており、かくれていた問題点——それは彼ら自身の議論の基底にある暗黙の前提であることもあるのだが——をあらわにするのに役立つ。この場合も、専門誌につぎつぎと発表される論文を読みながら、私には、この論争の当事者たち——伝統派の一部も含めて——のイデア論の受けとめ方や問題の記述・表記の仕方における、かなり共通した観点と用語の枠組が目につくようになった。それは当初、プラトンのテクストが告げるイデア論のありのままの思想が肝心の点で歪められているのではないかという素朴で漠然とした疑問にすぎなかったが、やがてこの疑問は私のなかで、のちに私が「哲学の伝承におけるアリストテレス的諸概念のプラトン哲学への滲透現象」(本書九七ページの注記*を参照)と呼ぶようになった一つの問題意識へと、しだいに明確な輪郭をもって形をむすんで行った。そしてこの問題は、もはや当面の論争の範囲をこえて、またプラトン哲学の解釈上の問題にもとどまらず、存在と善、事実と価値、理論知と実践知、思惟される実在と感覚される現象、物と知覚、哲学と科学、哲学と文学といった、哲学そのもののさまざまの局面における最も基本的な諸問題と深く確実に関わり合っているという見通しが、ますます動かしがたいものとなって行ったのである。

その間の学界の事情については別に「プラトンと現代」(『理想』一九六七年)という論文で紹介したし、また同年に岩波講座『哲学』第一巻に〝現代における哲学の使命〟について論じることを求められたときも、この問題意識を核に置いて「哲学の哲学性」という論文を書いた(いずれも『実在と価値——哲学の復権』(筑摩書房、一九六九年)に所収)。そして、本書の「言葉」(第一章)と「観ること(テオーリアー)と為すこと(プラークシス)」(第六章)も同じころ、同じ問題意識のもとに書かれたものである。

このうち「言葉」は、近来脚光をあびて人々の口にされることの多いあれこれの言語理論に立ち入ることをむしろ意識的に避けて、ひたすら言葉に関係するいくつかのごく基本的な事実の確認につとめ、その確認作業の全体のなかから、主語―述語構造を実体―属性の区別と直結させる用語法の身分を洗い出すことを中心として、上述のような哲学の基礎的問題の図柄を浮かび上がらせようとしたものである。

また、同じ問題関心から私はアリストテレス哲学の形成過程の究明へと向かい、一九六七年(昭和四十二年)から大学の研究講義において、断片の形で伝えられるアリストテレスの初期著作が示している思想の正確な取り押えを課題としていたが(六九年のいわゆる大学紛争で中断)、その成果の一部をまとめて一九七〇年(昭和四十五年)の日本西洋古典学会で発表した原稿が「観ること(テオーリアー)と為すこと(プラークシス)」である。この特定の問題をめぐってもまた、私は〝世界の学界〟に流布されている多くの論述のなかに、先にふれた「滲透現象」の諸形態をこの目で見たように思った。

この学会発表ののち、私は翌一九七一年(昭和四十六年)、私の内に形づくられていたすべて以上のような研究課題を鍛えて発展させたいという気持をいだきながら、一年間の在外研究に出た。ロンドン大学の古典研究所(Institute of Classical Studies)に所属しながら学期中はオクスフォードとケンブリッジに週一回ずつ通う生活を七カ月つづけたあと、アメリカに渡って、幸いにしてプリンストンの高等研究所(The Institute for Advanced Study)のメンバーの資格をあらかじめ得ていたので、この恵まれた環境の中で五カ月間、あらためて集中的なテクスト調査と文献読みに没頭することができた。そして、その結果得られた新たな知見をかねてからいだいていたモチーフと重ね合わせながら、本書第四章の論文の原文である "'Έχειν, Μετέχειν, and Idioms of 'Paradeigmatism' in Plato's Theory of Forms" の土台となった草案を作製し、研究所のパーマネント・メンバーであるH・チャーニスに見せて意見を求めた。研究所とまったく別組織であるプリンストン大学にはG・ヴラストスがいて、今あなたをアタックする論文を準備中だと、彼に話したものである。

翌年に帰国してから、チャーニスから得た意見と教示を参考にしながら、この草案を正式の原稿に書き上げ、これが最終的には一九七四年の *Phronesis* 誌に掲載された。この論文は、W・K・C・ガスリーが“challenging article”と評したように、イデア論を中心とするプラトン哲学の発展のとらえ方において、分析派はもとよりチャーニスを代表格とする伝統派の解釈ともいくつかの重要な点で異なる見解を表明しているが、私としてはすべての細部にわたってこれで片づくと思っているわけではなく、むしろ私にとって今後の研究と考察のための新たな出発点・土台を据えたという意味において重要であったと考えている(第四章の「後記」一四四〜一四五ページを参照)。

ついで、この論文の執筆によって得たいくつかの事実認識が内包している哲学的な意味を〈形而上学〉全般に関するより広い問題連関のなかで論じたのが、一九七三年(昭和四十八年)の終りごろ書かれた「形而上学の存在理由」(第二章)である。この題名は、一九七四年(昭和四十九年)の日本哲学会における特別報告のために私に与えられたテーマの題名そのままであるが、内容的にも、多少の単純化はあっても学会での討論に資するために、問題をできるだけはっきりした形で提出しようという意識がつよかった。そのためにあるいは、アリストテレスの哲学の扱い方がいくらか〝殺伐非情〟(同論文四四ページ)でありすぎるように見える結果となったかもしれない。この報告に対する特定質問者の役を引き受けられた大森荘蔵氏との議論が、楽しく記憶に残っている。

同じ一九七四年(昭和四十九年)の一月から七六年(昭和五十一年)一月まで、私は京都大学文学部における管理職的な役を仰せつけられ、当時のまだ殺伐とした学内状況のなかでは激務としかいいようのないその任務の上に、『プラトン全集』(岩波書店、初版一九七四〜七八年)の共同編集者および訳者としての仕事が同時に重なって、他のことにはまったく手も足も出ない状態となった。この状態は結局、『プラトン全集』の最終巻「総索引」の編集・作製の作業をようやくのことで完了した一九七七年(昭和五十二年)の末までつづいたが、その間かろうじて別に執筆発表することのできた論文が、本書第三章の「プラトン的対話形式の意味とその必然性」である。

この論文は、先に在外研究からの帰国後二年間にわたって続けた「哲学と文学」をテーマとする大学での研究講義をふまえて書かれた。古代ギリシアにおける哲学の形成と確立という重要な出来事を、アリストテレスが重視する「自然学者」の系列とは別に——したがってアリストテレス哲学の立場から自由に——跡づけようとするとき、どのような〝事実の線〟が浮かび上がってくるであろうか。哲学における観想知(理論知)と実践知の問題と関連するこのような懸案の考察課題を念頭に置きながら、岩波講座『文学』から与えられた論題について考えをまとめたのがこの論文である。

本書の最後の論文「現実活動態」(第七章)は最も新しく、昨年夏に書き上げられた。これも、学部長の任期が終った一九七六年(昭和五十一年)から「範型性(パラデイグマ)と現実性(エネルゲイア)」という題目で再開した研究講義の一部にもとづいている。これまでしばしば、プラトンのイデア論をアリストテレスの用語と観点から解放するというさし迫った課題のために、後者の用語と観点が歴史的に果たしたネガティブな役割の側面を強調せざるをえなかったけれども、しかしアリストテレスの哲学そのものがプラトンのイデア論とも対応し呼応するような、今日のわれわれの哲学的思惟を導くべき重要な思想を内包していることはいうまでもない。この論文は、アリストテレス哲学のそのような積極面に光を当てることを意図して、彼の〈現実性〉(エネルゲイア)の思想を取り上げたものである。アリストテレスの錯綜した思考の動きを解明することに予期以上に悪戦苦闘しなければならなかったが、それによって得たものは私にとって大へん貴重であった。

以上、多少私事にわたる点のあったことはお許しねがうとして、本書の内容をよりよく理解していただくための一助となればと思い、一つ一つの論文の背景をなす事情を時代的にふり返って説明したしだいである。ここで扱われた主題を私は、先ごろ別に刊行した『ギリシア哲学と現代——世界観のありかた』(岩波新書、一九八〇年)において、歴史的にも問題的にもさらに広い展望のなかに組みこんで展開することを試みた。逆にいえば、本書に収めた諸論文は、この新書版において論述した〃世界観のありかた〃の内容の要所要所を支える礎石をなすものである。これらの礎石がけっして万全のものでないことは充分に自覚しているけれども、さらにその堅牢ならざる部分、補強ないし修復を要する点を指摘し教示していただくことが、私の心からの願いである。

巻末の行きとどいた三種類の索引は、広川洋一氏によって作製されたものである。同氏によってまた、本書全体にわたり出典箇所などの誤記がいくつも正された。これらの絶大な労に対してはひたすら感謝のほかはない。

各論文の転載・再録を快く御承諾いただいた出版社各位には、ここに厚く御礼申し上げる。また、担当編集者として万事につけ大きな尽力をいただいた岩波書店の大塚信一氏、助手としていつもながら校正その他に多くの手をかりた今林万里子君に、併せて謝意を表したい。

一九八〇年十月

藤沢令夫

初出一覧

	原題	掲載誌(発行年)
第一章	言　葉	梅原猛・橋本峰雄・藤沢令夫編、筑摩書房刊『哲学のすすめ』(一九六九)
第二章	形而上学の存在理由	日本哲学会編『哲学』(一九七四)
第三章	プラトン的対話形式の意味とその必然性 ——文学と哲学——	岩波講座『文学』第4巻(一九七六)
第四章	"Ἔχειν, Μετέχειν, and Idioms of 'Paradeigmatism' in Plato's Theory of Forms"	*Phronesis*, vol. XIX, No. 1(1974)
第五章	知るもの、生きるもの、動くもの ——プラトン『法律』第一〇巻の神学思想とその背景、古代自然観におけるプシューケー論について——	九州大学『哲学年報』第22輯(一九六〇)
第六章	観ること(θεωρία)と為すこと(πρᾶξις) ——イソクラテス、プラトン、および後期アリストテレスとの比較におけるアリストテレス『プロトレプティコス』の哲学思想——	『西洋古典学研究』XXI(一九七三)
第七章	現実活動態 ——アリストテレスにおけるキーネーシス(あるいは運動の論理)とエネルゲイア(あるいは活動の論理)との対置について——	『哲学研究』539 540号(一九八〇)

■岩波オンデマンドブックス■

イデアと世界――哲学の基本問題

1980年11月27日　第1刷発行
2015年2月10日　オンデマンド版発行

著　者　藤澤令夫《ふじさわのりお》

発行者　岡本　厚

発行所　株式会社　岩波書店
〒101-8002　東京都千代田区一ツ橋2-5-5
電話案内　03-5210-4000
http://www.iwanami.co.jp/

印刷／製本・法令印刷

ISBN 978-4-00-730171-1　　Printed in Japan

索　　引

事項索引

→　指示された項目を見ること
⇨　併せ参照のこと

ア　行

カ　行

サ 行

タ　行

マ　行

ヤ　行

ラ　行

ワ　行

近代人名索引

古代のそれについては出典
索引を参照利用されたい
→ 指示された項目を見ること

タ　行

ナ　行

ハ　行

マ　行

ヤ　行

ラ　行

出 典 索 引